Harald Mühlbeyer

Grindhouse-Kino

Für Sandra.

Und für Nina, Moritz und Philip (allesamt minderjährig!).

Und für alle, die über die Jahre die Grindhouse-Filmreihe besucht haben.

Hinweis:
Für eine bessere Lesbarkeit wird in diesem Buch – sofern nicht anders angegeben – die grammatikalisch männliche Form für alle Geschlechter verwendet.

Harald Mühlbeyer

Grindhouse-Kino

Schund – Trash – Exploitation deluxe!

MÜHLBEYER
FILMBUCHVERLAG

Bibliografische Information der Deutschen Nationalbibliothek:

Die Deutsche Nationalbibliothek verzeichnet diese Publikation in der Deutschen Nationalbibliografie; detaillierte bibliografische Daten sind im Internet über http://dnb.d-nb.de abrufbar.

Inh. Harald Mühlbeyer
Frankenstraße 21a
67227 Frankenthal
www.muehlbeyer-verlag.de

Umschlagbild:
Blood Rage © Prism Entertainment Corporation

Umschlaggestaltung: Steven Löttgers, Löttgers-Design Birkenheide / Harald Mühlbeyer

ISBN:

978-3-945378-65-6 (Print)
978-3-945378-66-3 (Epub)
978-3-945378-67-0 (Mobipocket)
978-3-945378-68-7 (PDF)

Druck: BoD, Norderstedt
Printed in Germany

Inhaltsverzeichnis

Grußwort

»Guten Morgen, Inspector Edwards. Ich bin's, der Kartoffel!«

Als Grußwort eigentlich ausreichend, bedarf dieses Zitat aus DAS GRAUEN KOMMT NACHTS (siehe S. 52) an dieser Stelle vermutlich doch eines Zusatzes.

Was empfindet ein Mensch beim Betrachten eines Films, in dem ein solcher Ausspruch wirklich nur die Spitze des Eisberges darstellt? Für einige von uns dürfte freudiges Entzücken weit oben auf der Liste an Emotionen sehen. Das ist bei mir nicht anders, aber in erster Linie verspüre ich oft eines: Dankbarkeit. Einer solchen Darbietung, in der sich sowohl darstellerische Leistung, Drehbuch, Regie als auch die deutsche Synchronfassung mehrfach selbst übertreffen, kann man eigentlich nur mit einer Reaktion begegnen: sich aus dem Sitz erheben und applaudieren. Ich bin in solchen Moment zutiefst dankbar dafür, dass Menschen einen solchen Film auf die Zivilisation losgelassen haben und dass ich Zeuge davon werden durfte.

Überhaupt bin ich sehr vielen Menschen dankbar, und nicht nur denjenigen, welche für jene Werke verantwortlich sind. Denn ohne das Cinema Quadrat in Mannheim und einen gewissen Boris, der die Grindhouse Double Feature-Reihe 2007 begründete, hätte ich heute nicht die Möglichkeit, meine Leidenschaft für das filmisch Abseitige mit so vielen Menschen zu teilen. Nachdem ich die Filmreihe einige Jahre zu spät entdeckt hatte, nahm Boris mich sozusagen in die Grindhouse-Familie auf und teilte mit mir sein riesiges, extrem fundiertes filmisches Wissen, an das ich vermutlich nie heranreichen werde. Wir wurden Freunde und haben die Filmreihe zunächst einige Jahre gemeinsam gestaltet, eher er mir seinen Schatz (die Filmreihe; leider nicht ebenso seine Sammlung) vollständig überließ. Ich danke dir, mein Freund. Ich danke dir, Cinema Quadrat.

Durch das vorliegende Buch fühle ich mich gerne an manche Abende erinnert, welche die 42nd Street Manhattan oder das deutsche Bahnhofskino der 60er, 70er und 80er Jahre ins Cinema Quadrat nach Mannheim transportierten. Zum Beispiel jenen Abend in der Adventszeit, als MAD FOXES (siehe S. 169) aufgeführt wurde: Vor mir saß ein Zuschauer, der ob des Gezeigten vor Lachen völlig überfordert und zur Leinwand abwinkend laut rief: »Hör auf, hör auf, ich kann nicht mehr!«. Wie kann ich für solche Reaktionen und solche Momente etwas anders empfinden als große Dankbarkeit? Ich hoffe, der Mann vor mir tat dies ebenfalls.

Dass Harald Mühlbeyer sich nun die Mühe gemacht hat, das Grindhouse Double Feature mit einem eigenen Buch zu würdigen, ist für uns alle ein großes Glück und für mich eine große Ehre! Er bietet den Leserinnen und Lesern nun die Möglichkeit, viele der bisher in Mannheim gezeigten Filme erneut zu erleben, und zeigt mit seiner Auswahl auf wunderbare Weise, dass es tatsächlich nicht immer nur um Lachen über die Vorgänge auf der Leinwand geht. Harald ist Zuschauer und Fan des Grindhouse Doubles Features der ersten Stunde und kennt die Reihe somit länger als ich! Neben einer Handvoll weiterer Zuschauer — ihr wisst, wer ihr seid! — zähle ich Harald zum absolut harten Kern des Publikums beim Grindhouse. Für all das, besonders aber für dieses Buch habe ich vor allem ein Wort übrig: Danke!

Max Dudenhöffer, Kurator der Grindhouse-Reihe

Einleitung

Ich erinnere mich noch gut an meinen ersten Grindhouse-Abend im Cinema Quadrat. Es war der zweite überhaupt, im November 2007; die Programmankündigung hatte mich neugierig gemacht, ohne mich wirklich darauf vorzubereiten, was einen da erwarten würde. »Grindhouse« – das war damals in aller Cineastenmunde, weil Robert Rodriguez' und Quentin Tarantinos Doppelschlag Planet Terror / Death Proof rauskam, und zwar in Deutschland *nicht* als Double Feature, sondern einzeln, und nun, in Mannheim, im kommunalen Kino, da sollten also wirkliche Doppelvorstellungen laufen von 70er-Jahre-Filmen... Ich habe damals Thriller – en grym film gesehen, und es war ganz klar, warum: Christina Lindberg in einem Rape-and-Revenge-Film, in dem sie einäugig, mit Augenklappe, umherzieht, um blutige Rache zu nehmen, da lässt Kill Bill grüßen; und das Krasse daran: dass in die Filmhandlung von irgendwemsagenwer 'nem Produzenten Hardcore-Sexszenen eingeschnitten wurden, sichtlich mit ganz anderen Darstellern, und damit war von vornherein klar, was dieses ominöse »Grindhouse« sein soll.

»Grindhouses«: Das sind die amerikanischen Schmuddelkinos, berühmterweis' Reih an Reih in der New Yorker 42nd Street, da, wo anno 76 der Taxi Driver seine Angebetete auf ein verhängnisvolles Date ausführt. In den Grindhouses liefen normalerweise Double Features, und zwar nicht A- und B-Filme wie in den goldenen Hollywood-Jahren, sondern B- und B- oder F- und G- oder gar X-, Y- und Z-Filme: Also die Filme, vor denen die Eltern warnten. Die deutsche Entsprechung wäre ungefähr das Bahnhofskino, wo Exploitationfilme am laufenden Band liefen, bei denen Anfang und Ende nicht wichtig waren, sondern der Moment den Reiz ausmachte.

Das wirkliche, authentische Grindhouse-Feeling: Verdienstvollerweise hält das Mannheimer Cinema Quadrat diese ganz besondere Filmsparte im Lichte des Projektors, diese Filme, denen Tarantino und Rodriguez in ihren Post- und Metafilmen die Referenz erweisen. Allmonatlich läuft hier im Doppelprogramm – und mitunter als Triple, und auch schon mal sechs oder sieben Filme an ganz besonderen Special-Tagen – Obskures und Abseitiges, simpel gemachtes Genrekino, Horror, Thriller, Action, Abenteuer, Western, Science Fiction, Blaxploitation, Sexploitation... Alles Filme, die man sonst kaum in Deutschland zu sehen bekommt, liebevollst kuratiert von zunächst Boris, der dann den Stab weitergab an Max. Die Grindhouse-Reihe, bei der sich zwischen all dem

Schäbigen, zwischen ihren Schmuddel- und Trashfilmen immer wieder Perlen finden, hat sich recht schnell eine ganz beachtliche Fanbasis erarbeitet; sie ist zum Treffpunkt geworden. Das Dolle ist nämlich, dass hier wirklich mit beiden Händen reingefasst wird in den Schmodder der Filmgeschichte, dass hier die Filme gezeigt werden, die tatsächlich Tarantino und Co. geprägt haben, dass eben nicht die »Kultfilme« oder das »Mitternachtskino« mit Jodorowsky, Lynch, den Coens und so weiter gespielt werden, also die Filme, die den B- oder C-Film zur Kunst transzendieren. Und auch keine »schlechtesten Filme aller Zeiten«; denn ein wirklicher Grindhouse-Film will in erster Linie Film sein, nicht Grindhouse. Aber Grindhouse-Filme nehmen billigend in Kauf, lächerlich zu wirken; mitunter ist eine mögliche unfreiwillige Komik wissentlich einkalkuliert; und ab und zu sind die Filme zugleich als Persiflagen ihrer selbst gestaltet. Und deshalb kann ihnen die Zeit nichts anhaben, ja: Die Jahrzehnte seit ihrer Veröffentlichung fügen ihnen weitere Ebenen von Trash-Charme und Pop-Nostalgie hinzu.

Lernend stieg ich im Cinema Quadrat ein in die Grindhouse-Nächte, in unvergessliche Kinoerlebnissen mit Filmen, die mal auf sehr direkte, dann wieder auf einfallsreich verspielte Weise originelle Ideen anderer verwursten; in denen auch mal die großen Ambitionen des Regisseurs mit den produktionstechnischen Realitäten aufs Komischste zusammenkrachen; in denen dann wieder mit den Mitteln des Kinokonventionen nach den Sternen zu greifen versucht wird; in denen sich große Wahrheiten hinter plakativen Plattheiten verbergen; oder in denen sich schlicht der Spaß der Filmemacher auf den Zuschauer überträgt. Wenn Kunst von Können kommt, sind die Grindhouse-Filme Manst: Weil die Filmemacher einfach mal machen, mal sehen, ob ein Film rauskommt. Es wird gedreht, egal, welche Mittel da sind, egal, wie schlecht Schauspieler und Ausstattung sind, *no matter what.* So sind höchst skurrile, einfallsreich durchgedrehte, völlig verrückte Werke entstanden, die in den versteckteren Ecken der Filmgeschichte darauf warten, gefunden zu werden.

Im Laufe der Grindhouse-Jahre habe ich mich auch immer wieder sehr gerne sekundärliterarisch weitergebildet – Julia Reifenbergers *Girls with Guns* über das Rape&Revenge-Untergenre etwa, oder Marcus Stiglegger mit *Nazi-Chic und Nazi-Trash* bzw. als Mitherausgeber des *Fulci*-Buches vom *Deadline*-Magazin, natürlich Christian Kessler; auch Peter Vogls (in diesem Verlag erschienenen) Bücher *Hollywood Justice* über Vigilanten im Film und *Das großes Buch des kleinen Horrors* wären hier zu nennen; sowie Daniel Kulles Monographie *Ed Wood – Trash und Ironie*. Wobei Kulle auch eingehend den Trash-Begriff untersucht, eine kleine Theorie des Mülls aufbietet:

> Als Müll kommen daher zwei verschiedene Dinge in Betracht: sowohl das ehemalige, nun außer Gebrauch geratene Objekt, wie auch das Nicht-Objekt, derjenige Bestandteil der materiellen Welt, der es nicht geschafft hat, zu einem Objekt geformt zu werden. Ein gebrauchtes Papiertaschentuch ist Müll der ersten Sorte, Holzspäne entsprechen der zweiten. Auf den Film bezogen heißt dies, dass es auf der einen Seite konkrete Abfallprodukte gibt, wie die Filmstreifen, die im Schneideraum auf dem Boden landen; auf der anderen aber auch solche Filme, die außer Gebrauch geraten, ökonomisch nicht mehr verwertbar sind oder von den Archiven als nicht wert angesehen werden, aufbewahrt zu werden.

Doch ganz vorne steht natürlich die Betrachtung dieser Müll-Filme. Ich schaue – zusammen mit einem Haufen anderer regulärer Grindhousebesucher (und Besucherinnen, das will ich extra betonen!) – mit Lust diese Filme, die versuchen, *Film* zu sein: Vieles ist nämlich natürlich No-Budget-Unsinn und deshalb sehr komisch, unfreiwillig. Und ich staune über die kleinen Meisterwerke, die immer wieder aufpoppen, und über die höchst wirkungsvollen Genrevariationen, die es nie geschafft haben, in irgendeinen seriösen oder relevanten Filmkanon aufgenommen zu werden.

Das Grindhouse-Kino ist vielfältig; und immer wieder lädt es zu Überraschungen ein. Weil eben nicht alles immer Trash ist, und nicht immer alles ironisch rezipiert werden kann. Immer wieder kommen da unvermutet ein Film, ein Filmemacher daher, der seine Sache wirklich *gut macht*, und den vielleicht nur die Umstände in bestimmte Produktionsverhältnisse getrieben haben. Der es aber schafft, trotz allem *seinen* Film durchzuziehen: Der Zuschauer kann sich dann einfinden, eingrooven in eine Film-Zeit, wo nicht die Siegerfilme, also die Klassiker, die Filmgeschichte definieren, sondern die ganz normale Filmkost, die es ja immer auch gibt und die immer irgendwann in Vergessenheit zu geraten droht. Manche Horrorfilme gehen tatsächlich unter die Haut; und bei

Action/Crime/Sex ist der Film oft genug von Anfang an auf reinen Spaß aus, der sich sogar über die ganzen Veränderungen der Zeit wie der Kinogucksituation rettet.

Und immer wieder überrascht vielleicht nicht der Film als Ganzes, aber immerhin diese eine Idee, diese eine Aktion oder diese eine Filmfigur: In einzelnen Elementen kann sich die ganze Fantasie des Filmemachers konzentrieren, da sieht man Möglichkeiten des Films, des filmischen Erzählens, die man nicht mal geahnt hat – gerade im Grindhousekino, wo sowas wie Stringenz nicht gefragt ist. Wenn man »Handlung« als die Organisation des Filminhalts betrachtet, dann haben viele der bei der Grindhouse-Reihe in Frage kommenden Filme keine »Handlung«: Nicht dramaturgische Gestaltung ist ihr Ziel, sondern das Aufhäufen von Aktionen, von *action*: Es geht um das, was passiert, nicht um die Konstruktion dahinter. Die Konzentration auf das filmische Geschehen unter Vernachlässigung von dessen Zusammenhang verhindert vieles – Figurenentwicklung zum Beispiel, Charaktertiefe, und wahrscheinlich auch das, was gemeinhin als »Sinn« oder »Bedeutung« aufgefasst wird –, es ermöglicht aber auch das Ausagieren von Fantasie, wahllos und mutwillig meinetwegen.

Was man in der Grindhouse-Filmreihe lernt, manchmal auf die harte Tour: Wie sich zwischen Filmemacher und Film und Publikum Verhältnisse aufbauen, miteinander anbandeln, manchmal schräg und quer verwickelt, manchmal ganz *straight* fesselnd. Es ist halt so: Man lacht ja bei Grindhouse-Filmen, meistens. Weil die Ambitionen der Filmemacher fehlgehen beispielsweise. Oder weil die Filme so dermaßen in ihrer Entstehungszeit gefangen sind. Und es ist natürlich auch so: Es geht den Grindhouse-Filmen um die Erregung niedriger Bedürfnisse, meistens. Niedriger *männlicher* Bedürfnisse. Da darf die Dame auf der Leinwand ruhig auch mal ein, zwei Kleidungsstücke nackiger sein als nötig. Naja, is' klar: Die Zielgruppe des Bahnhofskinos ist der alleinreisende Herr an sich, die Rollenverteilung im damaligen Ottonormalverbraucherhaushalt war ja ganz eindeutig: Frauen hätten zwischen Kochen und Kinderzüchtigen gar keine Zeit für solchen Instantfilmgenuss von Action und/oder Sex als Nummernrevue.

Und der heutige Zuschauer (Frage: auch die Zuschauerin?) findet sich in den Zwiespalt geworfen: Man sieht auf der Leinwand etwas, das *wie für einen gemacht ist*, und sieht zugleich, wie es *gerade nicht für einen gemacht ist*, weil man eben doch sich unterscheidet von dem Protozuschauer, den sich die Regisseure und Produzenten ausgemalt haben, um für ihn den Film zu machen. Es reizt also nicht nur die Diskrepanz zwischen filmemacherischem Wollen und filmemacherischem Können zum Lachen, sondern auch die Diskrepanz zwischen produzentischem Idealzuschauer und Cinema-Quadrat-Grindhouse-Reihe-Realzuschauer. Und es ist für mich immer wieder eine besondere Lust, mich einzufühlen in diesen Zuschauer, den der Film will, und dabei ich selbst zu bleiben, analysierenderweise, ach, da kann ich mich freuen, weil so viel Ironie irgendwo drinsteckt in diesem Diskrepanzenzwiespalt…

Das macht den Reiz dieser Filme aus. Sie haben immer eines im Blick: das Publikum. Nicht der Goldene Irgendwas auf'm Festival oder der Oscar für Relevanz, sondern die Masse macht's beim Billigfilm im Billigkino der 1970er. Spektakuläres und Spekulation, Reißerisches und Zerrissenes, Populäres und Popkulturelles dienen der Sehlust der Zuschauer, deren niederste Sinne angesprochen werden, und dabei lassen die Filmemacher gerne auch ungefiltert all die Ideen und Gefühle und Stories der Volksseele, also den Polit- und Sozialdiskurs ihrer Zeit, kräftig aufgemischt mit einfließen: Filme als Zeitgeisterbahnfahrten.

Der zweite Film an meinem ersten Abend, nach dem schwedischen Sexthriller, war SISTER STREETFIGHTER II, in dem die Martial Arts-Action immer wieder einfriert zum Standbild, in das dann die jeweils nun folgende Kampfsportart schriftlich eingeblendet wird: Als würde der kundige Sportreporter dem unbedarften Zuschauer die Feinheiten der Pferdedressur erläutern, wenn man eigentlich nur so 'ne Hottehüreiterei sieht. Da fühlte ich mich an der Hand genommen, ich wusste, hier durfte ich getrost Neues lernen, geführt von den Filmen selbst wie auch von den kundigen Kuratoren. Seit 2010 versuche ich, im Online-Filmmagazin **Screen*shot*** diese Grindhouse-Erlebnisse und ihre Wirkung auf mich in Buchstabenform nochmals aufleben zu lassen.

Eine Auswahl dieser Texte bildet nun dieses Buch. Sie sollen nicht veschimmeln im Ablagestapel des World Wide Web. Wobei ich betonen muss, dass dieses Buch nicht das komplette Programm der Filmreihe abbildet; ich bin zwar regelmäßig, aber nicht jedes Mal Gast der Filme. Ebenso wichtig ist, dass bei meinen Einordnungen es sich letztlich um eigenes Empfinden handelt, großteils beruhend auf den Hinweisen, die Boris bzw. Max in ihren Einführungen gaben. Es besteht also keinerlei Gewähr auf Akuratesse, zumal zwischen Filmgucken und Darüberschreiben auch schon mal ein paar Wochen liegen können, ich hab schließlich auch nicht unendlich Zeit. Jetzt aber, in der kinolosen

Zeit des Lockdown, da hab ich grad nichts anderes zu tun, als dieses Buch zusammenzustellen. Außerdem: Das Cinema Quadrat – drittältestes kommunales Kino in Deutschland! – feiert im Oktober 2021 sein 50. Jubiläum. Schließlich: Wenn man die Filme schon nicht gesehen hat – denn wo laufen die schon!?! – oder sie schon wieder halb vergessen hat, mag es vielleicht, hoffentlich, erquicken, wenigstens über sie zu lesen. Und dabei den Spaß an der Grindhouse-Reihe zu feiern.

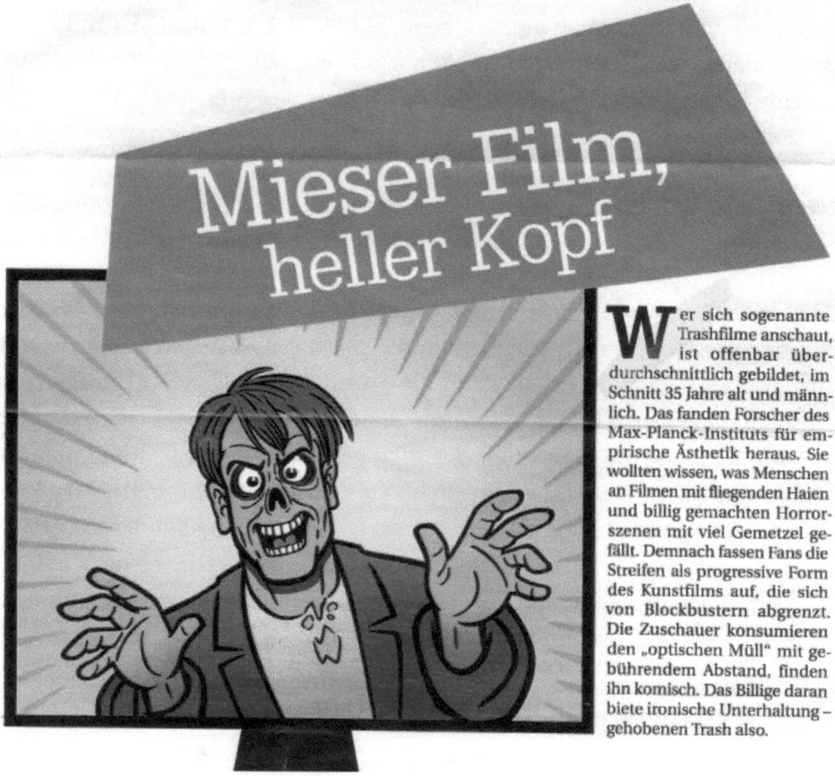

Mieser Film, heller Kopf

Wer sich sogenannte Trashfilme anschaut, ist offenbar überdurchschnittlich gebildet, im Schnitt 35 Jahre alt und männlich. Das fanden Forscher des Max-Planck-Instituts für empirische Ästhetik heraus. Sie wollten wissen, was Menschen an Filmen mit fliegenden Haien und billig gemachten Horrorszenen mit viel Gemetzel gefällt. Demnach fassen Fans die Streifen als progressive Form des Kunstfilms auf, die sich von Blockbustern abgrenzt. Die Zuschauer konsumieren den „optischen Müll" mit gebührendem Abstand, finden ihn komisch. Das Billige daran biete ironische Unterhaltung – gehobenen Trash also.

Wissenschaftliche Bestätigung der ganzen Chose in der Apotheken Umschau 10/2016 – mit Dank an den aufmerksamen Herrn, der regelmäßig beim Grindhouse-Double-Feature wie auch in Apotheken 'rumzuhängen pflegt.

Das Haus an der Friedhofsmauer

Quella villa accanto al cimitero

Italien 1981, Regie: Lucio Fulci.

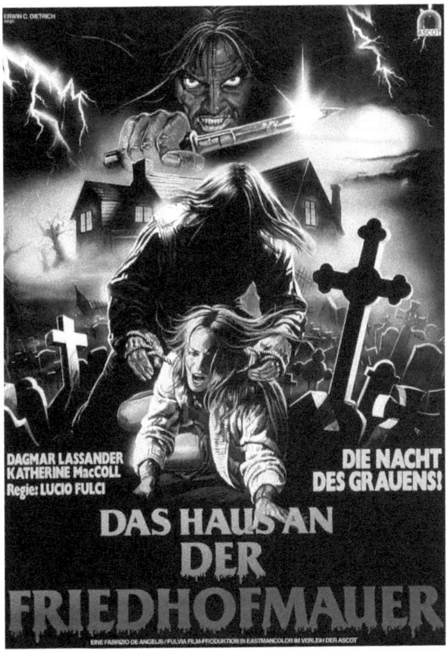

Dies ist einer der wenigen Filme, die über die Jahre gar zweimal in der Grindhouse-Reihe liefen; und ich muss direkt um Entschuldigung bitten. Das Urteil, das bei der ersten Aufführung von Das Haus an der Friedhofsmauer gefällt habe, war zu harsch:

> Recht vorhersehbar ist Lucio Fulcis The House By the Cemetary – nur, dass es nicht um Zombies geht, ist überraschend, vor allem wegen des in dieser Hinsicht etwas irreführenden Titels. Ein *haunted house* in *good ole New England* steht im Mittelpunkt, drumrum im Garten Kreuze und Grabsteine, auch im Wohnzimmer eine Grabplatte; ein unheimlicher Babysitter, ein geheimnisvolles Geistermädchen, der Angriff einer blutrünstigen Fledermaus, unheilschwangeren Geräusche aus dem Keller und diverse Splatterszenen sind die Zutaten. Die Familie im unheimlichen Haus, ein holder Knabe mit blondem Haar ahnt Böses, der Papa, Historiker, erforscht den Selbstmord eines Kollegen, die Mutter nimmt Tabletten gegen Halluzinationen – das alles ist uninspiriert zusammengerührt, und lächerlich wirken die ständigen wiederholten Aktionen: Jemand kommt heim und ruft nach den anderen, die aber nicht da sind; und wenn einer dann allein ist, dann geht er in den dunklen, dunklen Keller. Dort lauern die Splattereffekte.
>
> Ann, das Kindermädchen, hat ein ähnliches Antlitz wie eine Schaufensterpuppe, die wir zuvor gesehen habe: Ihr Kopf fiel ab, Blut quillt hervor, die Maskenbildner taten alles, um das Halsin-

> nere echt aussehen zu lassen. Zeuge davon: Ein Mädchen, offenbar ein Geist mit telepathischen Fähigkeiten. Doch das alles – inklusive dem Babysitter – sind Nebenkriegsschauplätze, die gar nichts mit irgendwas anderem zu tun haben, deren Wirkung des Unheimlich-Seltsamen deshalb verpufft, ja: sich nie entfalten kann. Das Beste an dem Film: Der Unhold ist ein untoter Geist, ein Mad Scientist des 19. Jahrhunderts, mit dem feinen Namen Dr. Freudstein.

'n paar Jahre später war mein Blick verändert, geweitet vielleicht, und natürlich ist im Laufe der Grindhousenächte meine Persönlichkeit gereift. Wiewohl natürlich zutreffend ist, dass Fulci in seinem Haunted-House-Horror das Erwart- und Vorhersehbare bietet (zuverlässig krass, selbstverständlich), mitsamt einem Keller, der alle anzieht, so dass irgendwann jeder, auch wider besseres Wissens, hinunter muss, hinunter zu diesem uralt-totlebendigen Monster… Und jawoll, es passt alles nicht so recht zusammen, wenn man es in eine logische, vor allem kausale Reihenfolge bringen wollte. Aber wer will das schon (außer meinem eigenen Ich von vor hmpfs Jahren)?

Nein, wenn man den Film (wieder)sieht, muss man schon anerkennen, wie geschickt Fulci mit all seinen Versatzstücken spielt. Das geht am Anfang los, als wir dieses unheimliche Haus sehen mit Friedhofskreuzen drumrum, und weil wir vom Filmtitel fehlgeleitet wurden, denken wir, es geht um den Friedhof, mithin vielleicht um Zombies, aber nein: Im Haus haben wir zwar eine halbnackte Dame, die postcoital ihren Geliebten sucht, der in den labyrinthischen Zimmern verschwunden scheint, und wir haben unheimliche Geräusche und wir haben eine schrecklich zugerichtete Leiche und einen bösen Angreifer mit ledrig-halbverwestem Arm, der ihr ein Messer durch den Hinterkopf bis vorne aus dem Mund raus durchs Hirn stößt – aber kein Zombie, nein.

Und wir springen in eine bürgerliche Wohnung mit einem Schwarzweiß-Foto an der Wand, das eben jenes Haus zeigt, und hinter dem Vorhang im Fenster dieses Hauses – ist das ein Mädchen mit warnend erhobener Hand? Und der acht-, neun-, höchstens zehnjährige Bob starrt auf dieses Foto, und er hört die Stimme des Mädchens, er soll bloß nicht in dieses Haus ziehen… Aber genau das haben seine Eltern vor. Weil der Papa nämlich Wissenschaftler ist und –

was für ’ne Quatsch-Prämisse! – die Forschungen seines Mentors fortsetzen will, der in diesem Haus verrückt wurde, seine Freundin killte und sich selbst erhängte. Das ist wissenschaftlicher Einsatz!

Kurz und gut: Abfahrt. Unterwegs sieht Bob wieder seine junge Freundin, die aus dem Foto, und bekommt von ihr eine grässliche große Puppe. Die Maklerin ist mehr als seltsam, aber das haben Immobilienmakler so an sich. Das Mädchen sehen wir später vor einem Schaufenster mit Kleiderpuppen, Papa, Mama, Kind, und der Frauenpuppe fällt der Kopf ab, ein blutiges Gemetzel, die Special-Make-up-Leute haben hier ihr Bestes getan: Wahrscheinlich, weil das Setup des Films so langsam vor sich geht, dachte Fulci, ein bisschen Blut und Innereien, die aus einem Hals quellen, können nicht schaden. Auch, wenn's nur eine Schaufensterpuppe ist. Im Haus taucht eine Babysitterin auf, mit Augenbrauen so dick wie Holzbalken, an denen man sich aufhängen könnte; und während Bob mit seiner Geisterfreundin im Garten um die Grabsteine herum Fangen spielt oder auch mal Shining-mäßig sein ferngesteuertes Autochen durch die Flure rasen lässt, während der Herr Wissenschaftler allerhand Geheimnisse um den mysteriösen Mr. Freudstein herausfindet, der früher mal in diesem Haus gewohnt hat, entdeckt die Frau Mama oben im Herrenzimmer eine Grabplatte. Irgendwann schleicht die Maklerin durchs Haus, bricht in dieser Grabplatte ein, kann ihren Fuß nicht befreien und etwas unheimlich Böses kommt auf sie zu. Sticht ihr in Titten und Hals und schleift die blutige Leiche in den Keller. Am nächsten Tag wischt die Babysitterin das Blut weg, als sei nichts gewesen. Sie ist aber gar nicht böse! Nein, sie befindet sich nur ebenfalls im Bann dieses Kellers, dessen Tür verrammelt und kaum aufzukriegen ist, alle sind von diesem Keller angezogen, und er ist sooo unheimlich!

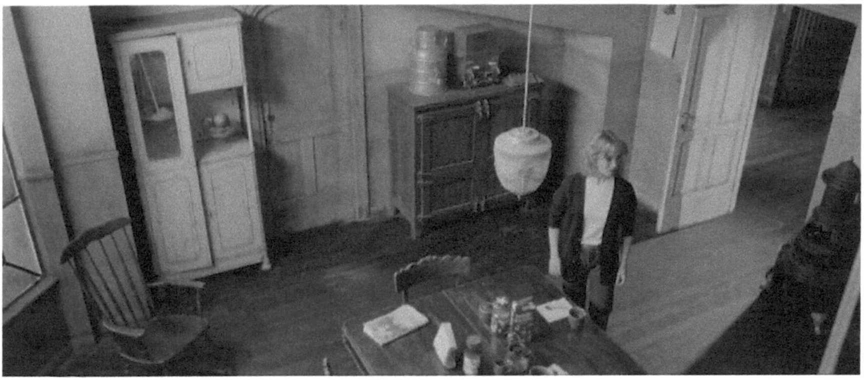

An diesem Punkt zeigt sich Fulcis Meisterschaft. Weil's nämlich nie um eine stringente oder konsequente Handlung geht, sondern um die Stimmung, die er heraufzubeschwören vermag. Und da sitzen wir und staunen über die Kameraarbeit, wenn die Mama in der Küche steht, nicht weiß, was vor sich geht, die Kamera dann von ihrem Gesicht spiralförmig im Kreis nach obensteigt, um auch noch die Kellertür einzufangen in diesem Bild, aufgenommen direkt neben der Deckenlampe. Jawoll, darum geht es: Dass eine Geschichte, so doof sie ist, gut erzählt wird! Und das tut Fulci hier, mit all dem zusammenhanglosen Quatsch, der dann eben doch in eine Spur findet, einer nach dem anderen geht in den Keller und wird gemetzelt, und hier dürfen dann auch die Jungs vom Make up wieder ran, wenn aus dem Bauch des Monsters nach einem Messerstich madendurchsetzter Durchfall quillt.

Der Junge übrigens – Darsteller Giovanni Frezza war damals neun Jahre alt! – steht daneben, und mal ehrlich: Hat er da nicht einen Knacks fürs Leben bekommen? Und das nur, weil Frezza einer der seltenen knallblonden blauäugigen italienischen Jungs ist, die man finden konnte, noch dazu hat er eine seltsame Kopfform, der Schädel riesig gegenüber dem kleinen Gesicht, dafür große Augen und runde Bäckchen. Seine Freundin, das Geistermädchen, ebenfalls gesegnet mit überdeutlichen Kindchenschema-Merkmalen, fast schon grotesk. Wie überhaupt alle im Film irgendwie schräg aussehen, *type-casting* eben, um die Wirkung der Bilder zu verstärken… Um die geht es schließlich, das gelingt Herrn Fulci. Er mischmascht Motive des Horror- und Gruselkinos zusammen, und es passt doch irgendwie alles unter einen Hut (an dessen Seiten Blut rausquillt).

THE DEVIL'S SWORD

GOLOK SETAN / DER HERR DER KROKODILE

Indonesien 1984. Regie: Ratno Timoer.

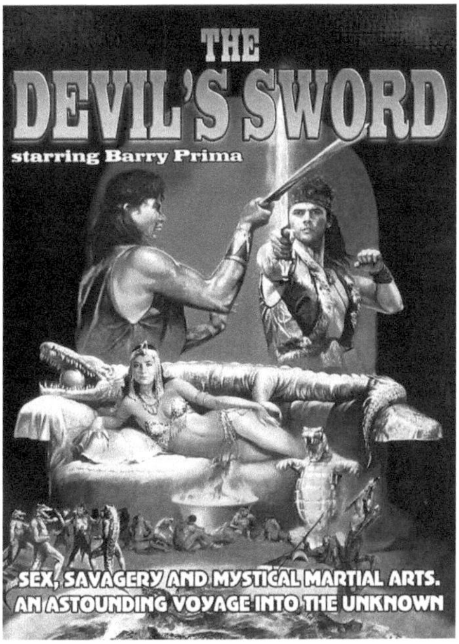

Ratno Timoer, der in diesem Film so etwas wie Regie zu führen behauptet, haut alles auf eine Art zusammen, bis nur noch ein Haufen Sperrmüll übrig bleibt. Aber andererseits: Wer wühlt nicht gerne in anderer Leutes Sperrmüll!

Am Anfang sehen wir einen Proto-Gandalf auf einem Berg bei der Meditation. Ein Meteor crasht ins Gebüsch. Der brennende Dornbusch hat es in sich: Unser Gandalfimitat schleppt einen Klumpen geschmolzenes Metall in seine Bambushütte, die ihm nebenbei als Schmiede dient (wie es eben so ist auf dem Dorf), und er kloppt sich etwas zusammen, was wir im weiteren Verlauf des Films als absolutes Superschwert kennenlernen sollen. Nach einem Vorspann, der immer wieder reichlich bekloppt einen Opferungsritus unterbricht, geraten wir ins Unterwasserreich der Krokodilsgöttin, der gerade ein junger Mann gebracht wird, als Götzengabe von der Dorfbevölkerung über die Klippe geschubst. Interessant hierbei: Göttin inklusive ihrer Ehrenjungfrauen/Priesterinnen/Ministrantinnen (wozu braucht dieses notgeile Weib überhaupt weibliche Gefolgschaft?) sind nur dann nackig, wenn man sie von hinten sieht. Steht die Kamera vorne, habense 'n Bikini an. Da wird die Zensur aber schön an der Nase rumgeführt!

Jedenfalls ist die Unterwasserkönigin total geil auf frisches Männerfleisch. Ihre sechs, sieben Diener dürfen sie von Kopf bis Fuß ablecken, aber das reicht ihr so wenig wie die regelmäßigen Opfergaben. Nein, sie will mehr, sie will diesen einen Typen, der jetzt gerade dieses Mädel heiraten will! Und mit ein bisschen Zauber lässt sie Banjujaga erscheinen, uh, ein böser Halbgott, der auf einem Felsen (!) herumfliegt und im Dorf landet und hier alle massakriert.

Dieses Massakrieren ist aber die Schuld des Dorfältesten, der sich weigert, den Bräutigam rauszugeben: Wenn die Krokodilsgöttin alle jungen Männer raubt, wird das Dorf aussterben! Also weigern wir uns und werden dafür alle getötet! Ist halt so'n Ding mit der Logik. Gegen die Martial Arts-Künste von Banjujaga kann keiner antreten, am ehesten noch die Frau Braut, die ihm ziemlich zusetzt, weil sie nämlich viel stärker ist als ihr weichlicher Bräutigam. Auf einem edlen Pferde reitet schließlich Mandala daher, auch ein Halbgott, aber auf der guten Seite der Macht, dann Kampf, aber trotzdem Verlust des Bräutigams. Der steht nun im Bann der Krokodilsbraut und fickt sie nach allen Regeln der Kunst (außerhalb des Bildrahmens).

So. Ein Mann, der auf Felsen reitet, ein edler Ritter auf einem Pferd, dazu ein paar Krokodilsmänner mit lächerlichen Masken aufm Kopp, da fehlt nur noch ein Schlangenzauberer und eine Hexe. Und, natürlich, der Martial Arts-Meister, der Mandala zu sich ruft, um für's Gute zu kämpfen. Weil der Bräutigam nur Nebenkriegsschauplatz war: In Wirklichkeit, das erfahren wir jetzt, geht es um das Teufelsschwert vom Anfang. Das muss gefunden werden von den Guten, weil sonst die Bösen die Welt beherrschen. Aber wo ist es? Niemand weiß es. Der alte, weißbärtige Obiwan-Imitator muss gegen die Bösen antreten, aber das geht schlimm aus, und Mandala muss ihm das Bein absägen mit seinem Schweizer Taschenmesser. Und überraschenderweise kommt nun heraus, dass das Schwert im Schwertberg versteckt ist. Dort treffen alle aufeinander, aber erstmal dezimieren sich die Bösen – also der fiese Banjujaga und die böse Hexe und der hinterhältige Schlangenmann – gegenseitig, in der Höhle weiß die Kamera nicht mehr so genau, wo hinten und wo vorne ist, wir sind total verwirrt, bis es endlich wieder zu einem Kampf kommt, da wissen wir, woran wir sind! Und sind total begeistert, dass unser Held und sein Widersacher aus ihren Handflächen Laserstrahlen abschießen können.

Die Krokodilskönigin lässt im Übrigen nicht locker mit ihrem lebenden Dildo, aber auch sie kriegt ihr Teil. Weil hier in der Unterwasserhöhle wird dann auch gekämpft. Der Zeremonienmeister mit seinem langen Stock (der aber nie beim Rummachen mit der Göttin erwischt wird) haut kräftig mit drauf, der Bräutigam, unter göttlicher Hypnose, muss erlöst werden, eine Krokodilsstatue spuckt Feuer und Laserstrahlen. Die Göttin langt kräftig zu mit ihrem roten Schal. Habe ich erwähnt, dass alles sagenhaft scheiße aussieht? Das ist natürlich das Tolle daran, und hui, fliegen da die Leute durch die Luft, kloppen sich wie blöde, und wofür das Ganze? Damit die indonesische Filmwirtschaft auch mal was zum Vorzeigen hat! Und jawohl: Die 80er-Jahre-Frisuren sitzen, das Blut spritzt, und man hat auch irgendwoher ein Bluescreen-Studio gefunden für die ganz aufwändigen Aufnahmen. Dass am Ende aus einem Holzkäfig Kannibalen ausbrechen und herumwüten, darf keinen mehr wundern.

CURSE OF THE DOG GOD

INUGAMI NO TATARI

Japan 1977. Regie: Shun'ya Itô.

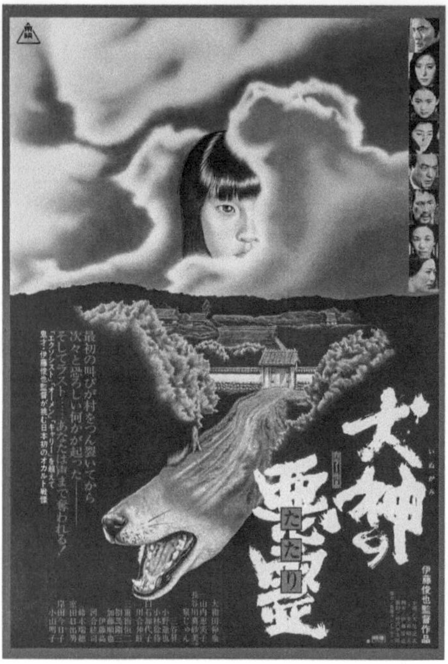

Völlig unvorhersehbar dieser Film; der zudem verblüffend vorausschauend ist. Wäre THE CURSE OF THE DOG GOD bekannter, wäre die Welt nicht so erstaunt über die Katastrophe von Fukushima gewesen. Alles ist hier schon vorgezeichnet, in prophetischer Klarheit!

Das japanische Kino ist voll von Metaphern wider das Atomzeitalter. Godzilla ist die metaphorische Verkörperung von Little Boy und Fat Man; zwei Banden, die von einem herrenlosen Samurai gegeneinander ausgespielt werden, symbolisieren Hiroshima und Nagasaki; und verschiedene Versionen über ein Verbrechen im Lustwäldchen bedeuten zehntausende verlorene Geschichten von atomisierten Toten. Aber diese Interpretationen sind natürlich höchste Kunst der Hermeneutik, die nicht jeder verstehen muss. Ganz eindeutig dagegen THE CURSE OF THE DOG GOD, der sowohl metaphorisch als auch ganz konkret vor dem Atom warnt. Es geht um die Suche nach Uran im rohstoffarmen Japan, drei junge, enthusiastische, übermütige Männer sind im Jeep unterwegs und geraten außer sich vor Freude, als der Geigerzähler über 30.000 geht. Dabei überfahren sie einen Schrein für den Hundegott und gleich darauf auch noch einen echten Hund. Zack, fährt der Fluch in sie, und zehn Filmminuten später sind zwei von ihnen tot. Der Dämon ist entfesselt, die Geister, die sie fanden, werden sie nicht mehr los, die Gefahr des Atoms wütet in Form eines bösen Gottes. Wenn der Bergbaukonzern dann das Uran abbaut, wird es konkret: Ein wildgewordener Bohrer rast unten im Bergwerk wild herum und verfolgt und durchlöchert zwei Arbeiter. Und selbstverständlich kann es nicht gut gehen, wenn Uran aus dem Berg mit Schwefelsäure herausgewaschen werden soll. Tepco-like versuchen die Uranarbeiter die Verseuchung des Grundwassers zu vertuschen; und Kano, der einzige integre Uraningenieur – der einzige der Uransuchenden vom Anfang, der überlebt hat –, kann natürlich nichts ausrichten, weil da draußen immer noch der Hundegott wütet.

Was man immer in den Nachrichten hört: Es gebe in Japan keine Antiatomgesinnung; die Katastrophe von Fukushima sei völlig überraschend gewesen – THE CURSE OF THE DOG GOD führte bereits 35 Jahren vorher die Gefahren haarklein vor. Und ist dabei unheimlich unterhaltsam, weil er alles tut, was man von einem Grindhousefilm verlangen kann: Schon vor dem Sündenfall mit dem Hundegottschrein sehen wir zwei nackte junge Damen sich im Wildwasser tummeln, Kano und seine Kumpels beobachten sie heimlich, und – als wärs ein Almenjodlerbumsifilm: Kano fällt vom Baum ins Wasser, hahaha! Später schlägt der Fluch zu, Kanos Freunde sterben auf unheimliche Weise – der eine wird von Hunden aufgefressen, Tierhorror! –, und Kanos Frau nimmt den Fluch auf sich, um Kano zu schützen. Sie wird wahnsinnig, ist auch noch schwanger, Rosemarys Baby und der Exorzist treffen sich zum Kaffeekränzchen, allerdings auf japanisch: Ein Priester fuchtelt furchtbar herum, ein Medium wedelt mit Papierstreifen aus dem Aktenvernichter, wilde Bewegungen und groteske Fratzen lassen den Dämon im Leib der Lady hervortreten; sie stirbt dann im Schnee. Und der Film wird zum Hinterwäldlerhorror, ein alter Bauer will sein Land nicht an die Urancompany verkaufen – er hat Angst vor der Atombombe –, es kommt zu diversen Ausschreitungen, an denen der Hundegott kaum Schuld hat, eine Art Fronleichnamsprozession wird zum Lynchmob, Religionspsychoaction meets Hexenjagd meets Ökothriller, und im übrigen vergewaltigt eine Rockerbande beinahe die Tochter des renitenten Bauern, Bikerfilm kommt also auch noch hinzu.

Man kann, wenn man inmitten des Wahnsinns dieses Filmes steckt, niemals vorhersagen, was als nächstes passieren wird; Grusel, Horror, Splatter wechseln sich mit Momenten der Komik ab, um dann eine neue, absurde Handlungsschleife zu nehmen. Dass alles vor atemberaubender Landschaft geschieht (gedreht wurde in einem Nationalpark), macht die Bilder groß und schön – dass alles auf komplizierten Familienverhältnissen beruht, macht das Kuddelmuddel schön groß. Kano hat nämlich die Tochter dessen geheiratet, dem der Uranberg gehört, geschäftlich ist also alles in Butter; deren Freundin aber hat einen Bruder, und dessen Hund hat Kano getötet, was überhaupt erst alles ins Rollen brachte. Vater von diesen Geschwistern ist wiederum der renitente Bauer, und – jetzt wird's kompliziert – nach dem Tod seiner Frau bändelt

Kano wiederum mit dessen Tochter an, was den vormaligen Schwiegervater grämt... Reicher Bauer gegen armen Bauer, mein Land und dein Land: typische Heimatfilmzwistigkeiten mischen auch noch mit rein und werden durch diverse wechselseitige Hundegottbeschwörungen und -besessenheiten nicht vermindert. Dass auf der Seite des armen Bauern eine Zwölfjährige sich ganz vom Hundegott in Besitz nehmen lässt und fantastisch-übernatürliche Sprünge durch die Luft vollführt, als sie Kano endgültig den Garaus machen will; oder dass der reiche Uranbergbesitzer in der Scheune einen gewalttätig-wahnsinnigen Sohn versteckt hält: Das sind die letzten Aufbäumungen dieses wirren, wilden, hellsichtigen Filmes, der alles in sich vereint, was man sich wünschen könnte.

Ob Regisseur Shunya Ito das kleine oder gar das große Latinum hat – der Name Kano deutet darauf hin (oder habe ich mir etwa den falschen Hauptfigursnamen gemerkt?) – bleibt ungewiss, wie am Ende so manches im völlig Verworrenen bleibt. Wenn Kanos Leiche zum Schluss verbrannt wird und sein Körper sich in den Flammen nochmals erhebt: Dann würde man sich eigentlich nicht wundern, wenn noch eine Zombieepisode angehängt würde.

Jessy – Die Treppe in den Tod

Black Christmas / Silent Night, Evil Night

Kanada 1974. Regie: Bob Clark.

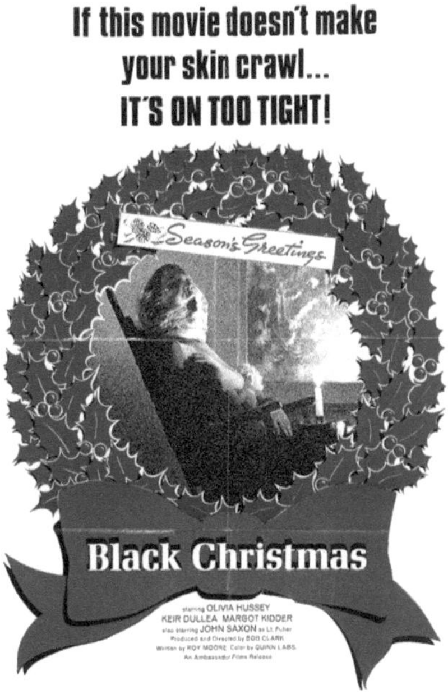

Ja, so ist es mit Sequels, Nachfolgern, Epigonen: Die immer gleichen Standardsituationen werden nochmals und nochmals wiedergekäut, dasselbe Rezept zehnmal aufgekocht, und natürlich weiß man immer schon, wie es weitergeht. Und, hach, speziell beim Slasher passiert alles in der Zeit um einen Feiertag rum, und dann haben wir halt einen Killer, der sich einem altherrschaftlichen Haus nähert, und das wird mit subjektiver Kamera gezeigt, und dann schleicht er sich auf den Dachboden und killt eine der Studentinnen nach der anderen, und dann gibt es Telefonterror, und dann gibt es schizophrenes Gebrabbel, und dann findet die Polizei auch noch raus, dass die Anrufe aus dem selben Haus kommen, in dem das Final Girl auf GAR KEINEN FALL die Treppe hoch soll, und dann… und dann… – und dann ist das aber eben doch tatsächlich ein Film aus dem Jahr 1974, und damit keine Halloween- und Unglücksfreitags-Kopie, dann ist dies hier also das richtig wahre Original des Slashergenres: Black Christmas enthält tatsächlich alles, was den richtig guten Slasher ausmacht, und das in bemerkenswerter Perfektion, lange vor Beginn der Schlitzerwelle Ende der 70er, Anfang der 80er. Vorläufer, nicht Hinterhertrotter!

Mittelpunkt der Handlung: Das Schwesternschafts-Haus, in dem sich die Studentinnen auf Weihnachten vorbereiten. Während außen die Point-of-View-Kamera sich dem Gebäude annähert, an der Fassade hochklettert, sich im Dachboden versteckt… Dort hockt nun das Böse, und unten schellt das Telefon. Wieder dieser perverse Anrufer mit seinem Schnaufen, mit seinem wirren Gefasel. Barb wiegelt ihn schroff ab. Sie ist so was wie die Anführerin, die mit vorlauter Schnauze die Dinge regelt. Und sich gerne abfüllt. Aber sie ist nicht die Hauptfigur hier, auch wenn sie bei der Weihnachtsfeier fleißig einen Zehnjährigen von ihrem Likör probieren lässt, und auch wenn sie bei der Polizei große Töne spuckt. Denn eine ihrer Kommilitoninnen ist verschwunden, nachdem sie in die obere Etage gegangen ist; und keiner weiß, dass sie auf dem Dachboden im Lehnstuhl sitzt, tot…

Polizei: Das ist Teil der komischen Linie, die der Film fährt. Da ist dieser Polizist am Empfang, der nix kapiert. Und der nix kapieren will. Der alles falsch macht. Und sich dabei gar nicht schlecht fühlt. Typisch unkündbarer Beamter. Und dumm dazu: »Fellatio« als Telefonvorwahl schluckt er anstandslos, mit dieser Angabe verarscht ihn Barb… Eine andere komische Figur ist die Haushälterin im Studentinnenwohnheim, dem Alkohol nicht abgeneigt, in den abstrusesten Ecken versteckt sie ihre Flachmänner. Apropos Männer: Auch da ist sie interessiert, beispielsweise am Papa des ersten Opfers, der seine verschwundene Tochter sucht. Und der entsetzt ist über die Sitten, die in diesem Hause herrschen. Da gibt es Alkohol. Und Männer gehen auch ein und aus! Er ist so'n vertrockneter prüder Fuzzi, und die Haushälterin tut alles, um mit ihrem stämmigen Körper dieses eine Plakat zu verdecken, wo zwei Nackige aufeinanderliegen… Ja: Dem Humor ist Black Christmas nicht abgeneigt! Weshalb auch schön lakonisch ein Weihnachtsmann »Fuck« sagen darf. Doch dieser Aspekt sollte nicht davon ablenken, dass es hier ums Böse geht!

Die Haushälterin ist die nächste, die dran glauben muss. Auf einfallsreich-perfide Weise wird ihr der Garaus gemacht: Als sie über die Bodenklappe auf den Dachboden steigt, lässt der Killer den Haken eines Flaschenzugs auf sie zuschießen, und da baumelt sie!

So langsam schält sich die zuvor eher unscheinbare Jessy als Hauptfigur heraus. Sie hat einen Freund, Peter, Pianostudent am Konservatorium. Der wird gespielt von Keir »2001« Dullea, und er hängt sich so rein in sein Klavierspiel… Hat was von Keith Emerson selig, wenn er seinen Flügel zertrümmert, weil das Vorspiel scheiße gelaufen ist. Überhaupt nagt etwas an ihm, wahrscheinlich, dass Jessy von ihm schwanger ist und abtreiben will.

Jetzt ist das fast ein Problem für den Film, dass der Whodunnit-Part ein bisschen kurz kommt. Einen anderen Verdächtigen als Peter hamwer net, so sehr wir auch hoffen, dass der spießige verklemmte Papa vielleicht doch… weil alles so unsagbar obszön ist… Das Gute ist, dass Regisseur Bob Clark um den Mangel einer »Wer war's«-Spannung weiß. Und dass er deshalb eine kleine Nebenhandlung einbaut um ein verschwundenes Kind, dessen grausam zugerichtete Leiche eine Suchmannschaft im Park findet. Dass er aber andererseits die grausigen Bluttaten gar nicht richtig zeigt – wie schrecklich die Kindsleiche ist, ist ganz der Fantasie des Zuschauers überlassen.

Auch baut Clark ein paar sehr einfallsreiche Morde ein. Die vorlaute Barb wird gekillt, als sie in ihrem Bettchen schläft – Alkohol hat sie eine Menge intus –, und zwar, indem die Mörderhand ihr das Einhorn ihrer Glasmenagerie in den Körper rammt. Und das, während Jessy unten ist, auf den nächsten obszönen Anruf wartet und von der Polizei die Anweisung hat, den Anrufer so lang wie möglich hinzuhalten, um die Telefonverbindung rückverfolgen zu können... Spannendes Finale, der Killer im eigenen Haus, Jagd treppauf und treppab, Versteck im Keller, Peter geht auf sie zu – und auch hier Clarks Meisterschaft: Was wir eh wissen, wird nicht gezeigt. Kampf zum Beispiel, große Bluttaten – er weiß, dass der Effekt viel größer ist, wenn er nur das Hinterher zeigt, oder das Nebenbei, oder das Währenddessen. Gerade so, als hätte er schon jede Menge blutiger Slasher gesehen und wollte nun dem Ganzen etwas Neues, Originelles hinzufügen... Am Ende Schock und Trauma, einer ist tot, und wahrscheinlich ist es der Killer. Nur eine Kamerafahrt durchs Haus, in den Dachboden, durchs Fenster hinaus in die winterliche Luft deutet sanft an, dass das Böse immer weitergehen könnte. Einiges scheint sicher, anderes bleibt in der Schwebe, und sanft werden wir aus diesem kleinen Meisterwerk entlassen.

Frauengefängnis

Barbed Wire Dolls

Schweiz 1976. Regie: Jess Franco.

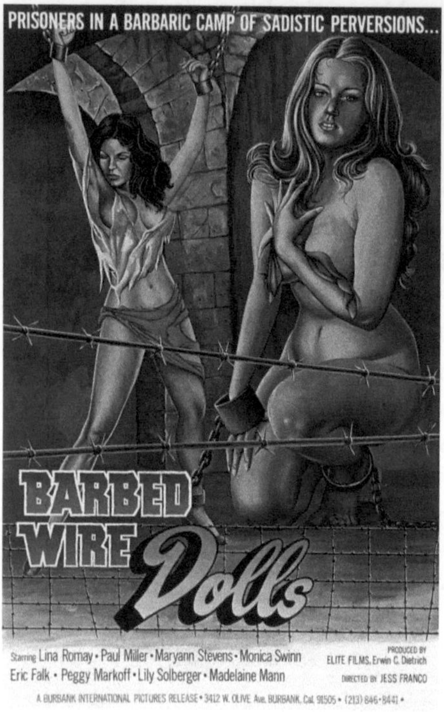

Die Zustände sind unhaltbar. Willkürlich werden Frauen inhaftiert und gefoltert, erniedrigt und gedemütigt mit dem ausdrücklichen Willen, sie zu brechen. Heribert Prantl würde hohldrehen und ganz, ganz wütende Kommentare schreiben bei den grausamen Spielchen, die im Frauengefängnis getrieben werden!!!

Eine Rothaarige muss 30 Tage hungern, mit schwerer Kette um den Hals an die Wand geleint, der Nudeltopf gerade außerhalb der Reichweite – eine Qual, wie sie die griechischen Götter nicht perfider sich hätten einfallen lassen. Und sie ist nackt dabei! Kein Wunder, dass sie verrückt wird und fortan nur noch kindisches Zeug brabbelt. Obwohl: Das hat sie ja vorher auch schon getan, zwischen dem Schreien, Schimpfen, Flehen: »Ihr könnt mich töten, aber lasst mich nicht verhungern! Dazu bin ich zu schwach!« Ist das reiner Schwachsinn? Oder ein ganz neues Maß an Realismus, der all die normalen Signale des Fiktionalen hinter sich lässt?

Das, was in anderen Filmen Exposition ist, ist hier eine beliebige Aneinanderreihung von Szenen mit Figuren, die zu kennen der Film vorauszusetzen scheint. Wer Hauptprotagonistin ist, an wem sich welcher Plot wie auch immer aufhängen wird, bleibt im Ungefähren, bis ungefähr zur Mitte des Films, und auch da ist es eigentlich wurscht. Logik; Handlungsstringenz; Dramaturgie; Einheitlichkeit der Figurencharakterisiken etc. – das, was einen normalen Spielfilm, eine erzählende Fiktion, eine erfundene Geschichte ausmacht, ist nicht zu finden. Es muss also wahr sein, was wir sehen. Es muss einfach quasidokumentarisch sein, denn sonst würde ja alles gar keinen Sinn ergeben. Und in diesem Fall muss der Film politisch sein, es muss eine aufklärerische Absicht dahinterstehen, denn sonst würden ja die Filmemacher – allen voran Regisseur Jess Franco und sein Produzent Erwin C. Dietrich – genau das zeigen und daraus ihre Lust ziehen, was sie an Sadismen und Brutalitäten mit der Kamera einfangen. Ha! Das wäre ja die totale reißerische Heuchelei, Ausbeutung des Themas zur Belustigung der Zuschauer; völlig undenkbar!

Ja, Jess Franco klärt auf, hart an der Schmerzgrenze, um das Böse zu zeigen, das Perverse, die physischen, sexuellen Übergriffe, die sich in totalitären Machtstrukturen überdimensional aufblähen. Oh, wie schlimm geht es dort zu, in dieser Festung in Südamerika, wo Willkür und Selbstherrlichkeit herrschen, wo Menschen wie Tiere behandelt werden!

Mit der Rothaarigen vom Anfang zusammen in der Zelle: Eine wunderschöne Blonde, die mit fortschreitender Handlung die Schreie der Gefolterten immer weniger ertragen kann, und eine Nymphomanin, die sich mit ihrer Zigarette masturbiert. Mörderinnen und unsittliche Dirnen sind hier inhaftiert, Rebellinnen, die bekommen, was ihnen gebührt!

Die böse Direktorin mit Monokel im Auge weiß das ganz genau: Wenn man nicht Härte zeigt, wird man überrannt. Hat sie vielleicht gelernt in der französischsprachigen Ausgabe von Albert Speers *Erinnerungen*, in der sie liest: schöner Titel: »Au Coeur du Troisiéme Reich«. Was sie tut, ist zugleich ihrer Natur ganz und gar zu eigen; schön, wenn jemand sein Hobby zum Beruf machen kann.

Da kann sie die Blonde zu sich rufen, sie auf den Knien rumrutschen lassen, mit dem Finger ihre Jungfräulichkeit prüfen – was man gynäkologisch genau sieht – und sich dann von ihr in Ekstase schlagen lassen. Weil's ja auch nicht drauf ankommt, welche Perversion in welche Richtung ausschlägt. (Dass die Frau Direktorin keine Hose anhat, sondern nur ein minikurzes Minietwas, lässt ihre natürliche Autorität nur sehr geringfügig lächerlich erscheinen.)

Der Herr Gouverneur hat's schwerer, der Potentat ist impotent und darauf angewiesen, zuzusehen, wenn sein Handlanger Nestor – nein: kein distinguierter Butler! – die Gefangenen vergewaltigt. Im Übrigen kann der Gouverneur leider nicht Klavier spielen, seine Finger hauen unbeholfen auf den Tasten rum, gottseidank haben Franco und Dietrich Mitleid und lassen wahllos eine Melodie über'n Soundtrack huschen.

Schwer hats auch der Herr Gefängnisarzt, der gar keiner ist, sondern, überraschende Offenbarung: eigentlich nur Krankenpfleger, der die Stelle des Arztes ohne Approbiation, ohne »Zertifikanz« (Helge Schneider) usurpiert hat. Deshalb ist er erpressbar von der Frau Direktorin und muss allerlei böse Folterexperimenten an den jungen Leibern unschuldiger Mädchen durchführen – was ihm freilich auch wieder gefällt, das bringt neue Gewissensbisse, und er schüttet sein Herz aus: Wenn die Lippen der Gefolterten vor Angst beben, das kann er nicht aushalten; also quält er noch mehr, denn wenn sie schreien, kann man noch lauter dagegen schreien... Jaja, die menschliche Psyche ist total komplex.

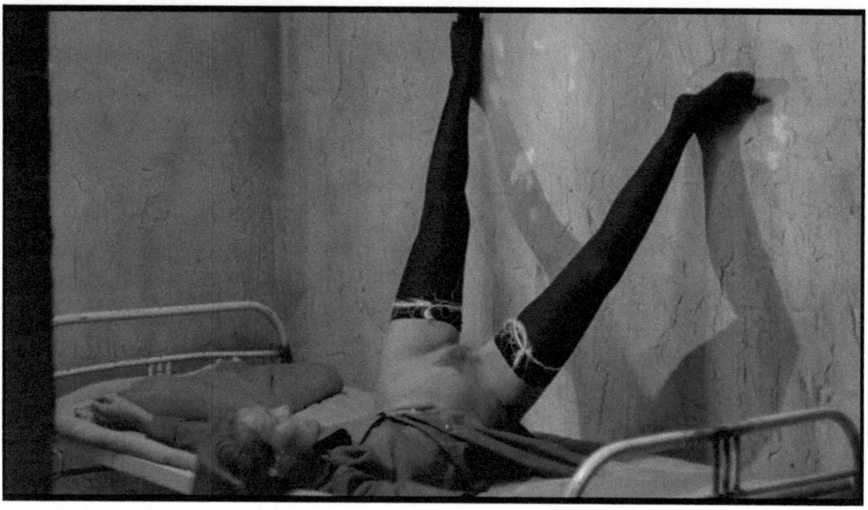

Feine Marterinstrumente gibt es. Ein Bett ohne Matratze, auf dessen Gitterrost sich die Auserwählte nackig legen und sich mit dem ganzen Körper schütteln muss. Das soll wahrscheinlich Stromstöße darstellen. Und dann kommt der Böse noch mit einem Stock dazu und fummelt der Armen untenrum rum...

Überhaupt das Untenrum: Das hat es Franco angetan, gerne zeigt er dieses Untenrum von unten, und es ist wohl kaum überinterpretiert, wenn man diese offenbarende Ansicht metaphorisch deutet als den Spalt, der durch die Gesellschaft geht, der zwischen Wärtern und Gefangenen, Opfern und Tätern liegt.

Irgendwann kommt Maria an, und irgendwann merkt man, dass es sich bei ihr um die Hauptfigur des Films handelt. Weil man von ihr eine *back story* bekommt. Und was für eine!!! Sie ist als Mörderin inhaftiert, weil sie ihren Vater erschlagen hat. Die Wahrheit bekommen wir zu sehen: Der Herr Papa hat ihr nachgestellt, nicht nur mit lüsternen Blicken, auch mit übergreifenden Händen. Und sie hat sich nur gewehrt, und er ist gegen den Kaminsims gestoßen, und da haben wir den Salat. Ein Salat übrigens, der sich gewaschen hat. Weil nämlich dies der dramatische, der emotionale Höhepunkt des Filmes ist. Und weil er deshalb filmisch betont wird. Und zwar durch Zeitlupe. Die nicht technisch produziert wurde, sondern physisch: Maria und ihr Papa bewegen sich einfach langsam, sie stößt ihn ganz langsam von sich, er taumelt ganz langsam nach hinten, haut sich ganz langsam den Kopf an, fällt ganz langsam zu Boden... Während die Lampe über ihren Köpfen in Echtzeit hin und her schwingt. Eine inszenatorische Glanztat, wie sie erst in H. Schneiders TEXAS wieder in der Filmgeschichte auftauchen wird.

Maria wird dargestellt von Lina Romay, der Herr Papa von Jess Franco *himself* – sie werden später heiraten und zusammenblieben, bis der Tod sie dann schied. Francos Auftritt: Ein klares Statement zum *auteurism*; denn die Bezüge zur Nouvelle Vague sind mehr als deutlich, als Weiterschreibung, Abkehr, als Umkehrung. Er lässt böse Frauen unschöne Dinge tun, und benutzt seine Kamera wie einen Stift, mit dem er krakelige Zoten an eine Toilettenwand kritzelt.

COMMUNION – MESSE DES GRAUENS

ALICE, SWEET ALICE / COMMUNION / HOLY TERROR / THE MASK MURDERS

USA 1976. Regie: Alfred Sole.

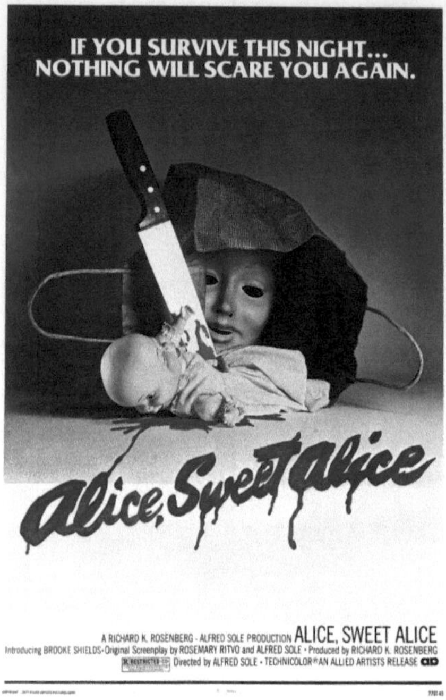

Paterson: Dort leben dichtende Busfahrer gleichen Namens, Frauen mit kreativer Schwarz-Weiß-Obsession, der Wirt sammelt lokalhistorische Zeitungsausschnitte, und überhaupt haben, wie man weiß, dort alle Bewohner ihre liebevollen kleinen Macken, die sie pflegen und die sie als Personen ausmachen, die man also wertschätzen muss. Zumindest im Jahr 2016. Im Jahr 1961 – das Jahr, in dem ALICE, SWEET ALICE spielt, ein Film aus dem Jahr 1976 – habe auch alle ihre Macken, nur dass die in Mord, Terror und Horror durchschlagen.

ALICE, SWEET ALICE spielt in Paterson, New Jersey, und der Wahnsinn, wenn man die Stadt wiedererkennt aus Jim Jarmuschs 2016er-Film, der den Namen der Stadt (und seines Protagonisten) im Titel trägt! Viel hat sich nicht verändert in den 30 Jahren zwischen den Filmdrehs, und auch der Charakter der Stadt ist in beiden Filmen persönlich, dörflich geprägt, jeder kennt jeden und guckt nach allen. Einmal als poetische Filmmeditation. Das andere Mal als beunruhigender Horrorthriller.

Alice ist die Tochter einer alleinerziehenden Mutter. Die kleine Schwester wird von Brooke Shields in ihrem Filmdebüt gespielt. Die Familie ist eng mit der katholischen Kirche verbunden, der Priester ist jung und menschlich zugewandt. Die Tante der Kinder ist fies und bösartig, aber nicht aus Absicht, sondern wohl eher aus Charakterschwäche. Der alte Monsignore ist gelähmt und anfangsdement. Der geschiedene Vater der Kinder würde gern seine Ex verführen und gleichzeitig mit seiner zweiten Frau ein unbeschwertes Leben führen.

Der Nachbar im Erdgeschoss – und Vermieter für die Mutter und ihre Töchter – ist unglaublich fett, besitzt eine Menge Katzen, ist stets überall bekleckert und zumindest anfangsverdachtspädophil.

Alice aber ist vollkommen verdreht. Sie ist fies zur Schwester, klaut ihr die Puppe und erschreckt sie gerne auf den Tod, sehnt sich nach dem Vater auf kindlich-naive Art und ist zugleich bedrohlich wie eine ungeahnte Gefahr. Im Keller hat sie eine Kiste, das ist ihr Schrein, Puppe darin und schrecklich anzuschauende Masken. Eine große Rolle im Film spielen die knallgelben Regenmäntel, die wurden von der Kirche an die Kommunionskinder ausgegeben, und der Mörder/die Mörderin trägt so einen. Jawohl: Mord. Während der Erstkommunionsfeier, in der Sakristei. Und Alice hat kein Alibi. Die Tante hat einen Verdacht. Die Mutter ist völlig überfordert. Der Priester versucht, den Überblick zu behalten. Die Mutter übrigens ist ihm sehr zugetan, nicht nur geistlich. Überhaupt hat jeder so seine Absichten und Motive im mentalen Hinterzimmer, geradeheraus ist keiner. Man redet und handelt mit Hintergedanken, das ist nur angedeutet im Film, aber das macht seinen Reichtum aus: Dass die Charaktere dermaßen ausgestaltet sind...!

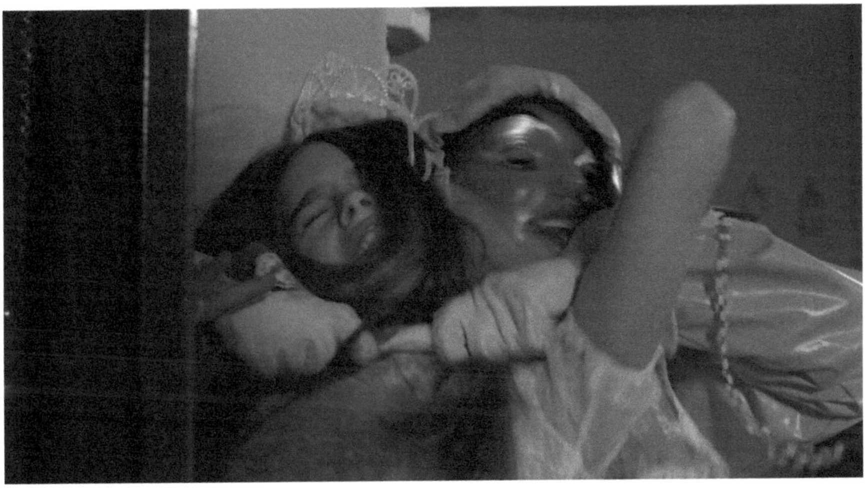

Brooke Shields jedenfalls ist tot. Und der Tante wird vom Treppenabsatz aus ins Bein gestochen, mit einem langen, bösen Messer, wie es Alice immer wieder in den Händen hat. Und dem Zuschauer ist jeder Boden unter den Füßen entzogen: Es könnte sein, dass der Film ein Whodunnit ist, der dem Zuschauer eine mutmaßliche kindliche Mörderin präsentiert, wobei es eigentlich dann aber eben alles doch ganz anders ist. Es könnte aber genauso gut sein, dass dem Zuschauer eine tatsächliche kindliche Mörderin präsentiert wird und dass alles so ist, wie es scheint, dass hier das Böse aus dem scheinbar so nächsten-liebenden katholischen Milieu entspringt und in dieser Beinahejugendlichen explodiert. Die gelben Regenmäntel verweisen auf Nicolas Roegs Don't Look Now / Wenn die Gondeln Trauer tragen, da sind die Traumata der Vergangenheit, die losbrechen im Schrecklichen, und einmal – bezeichnenderweise hinter einem Sarg – sehen wir ein Plakat, das den Kinostart von Psycho ankündigt.

Django – Unbarmherzig wie die Sonne

Sentenza di morte

Italien/Spanien 1968. Regie: Mario Lanfranchi.

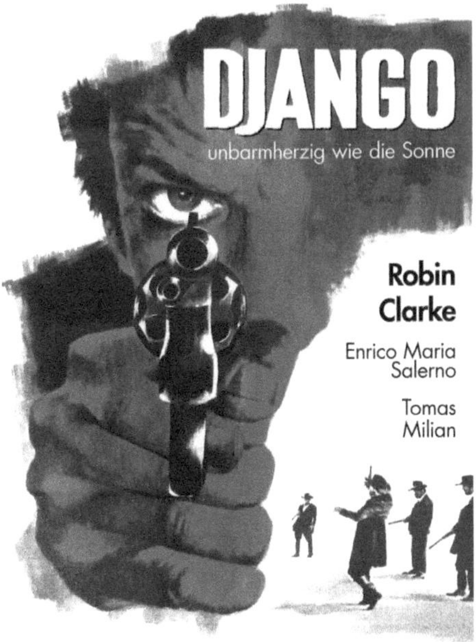

Zwei Männer in der Wüste, aufgeplatzte Lippen, verbranntes Wangenfleisch und zerfetzte Gesichtshaut, verschmachtend schleppen sie sich durch den Sand – der Verfolgte dem Verdursten nahe, der Verfolger verhöhnt ihn, lässt lachend Wasser über sein Gesicht platschen, die letzten Reste in seiner Flasche vermutlich... Was ein richtiger Verleih ist, der weiß, was ein starkes Bild ist und worauf er seinen deutschen Titel stützen muss; und natürlich weiß er, was beim Zuschauer zieht, weil's *en vogue* ist, weil's verlockend ist. Also heißt Cash in diesem Film Django, und also ist Django »unbarmherzig wie die Sonne«. Auch wenn nur dieser erste Teil des episodenhaften Films auf brennend heißem Wüstensand spielt – das »Todesurteil« des Originaltitels reißt halt das Publikum weniger vom Hocker, ne. Wobei man anerkennend konstatieren muss: Die deutsche Synchro ist nicht auf Witzischkeit aus, sondern nimmt den Film durchaus ernst.

Es geht, wie könnte es anders sein, um Rache; die Ursache wird, wie könnte es anders sein, per Rückblende erläutert: Djangos / Cashs Bruder wurde von vier Banditenlumpen getötet und ausgeraubt, von Diaz, Montero, Baldwin und O'Hara. In Pietà-Pose hielt Django den Sterbenden, um nun, viele Jahre später, zur Vergeltung zu schreiten. Das hatte ich doch längst vergessen, röchelt Diaz, der durch die Wüste verfolgt wird, und: Gestern war doch alles noch gut!

Ja, gestern – nächste Rückblende, es ist der Tag vor heute: Eine reiche Finca mit mehr als einem Hauch Mexiko, eine Fiesta, Reiterspiele und tanzende Frauen. Dahinein platzt Django und macht Diaz, dem reichen Rancher, die Hölle heiß. Schießerei und Tote, Deckung suchen, Abknallen; Django nimmt die schöne Frau von Diaz als Geisel, in der Scheune, wo der Farmer hat unterkriechen wollen; wieder Schießen, Diaz flieht zum Fenster raus, Django schnappt sich eine Wasserflasche, die passenderweise an der Wand hängt, und hat nun alle Zeit der Welt, einen auf Wallach/Eastwood zu machen.

In der Wüste gibt es kein Entkommen. Und auch wenn man selbst fast am Austrocknen ist – einen Fake-Brunnenrand kann man nächtlicherweise noch zusammenstellen, und Diaz, am nächsten Morgen, muss ganz entkräftet feststellen, dass in der Einfassung kein kühles Labsal, sondern nur weiterer trockener Wüstenboden zu finden ist...

Ja: Django ist ein Fuchs. Er kennt die Tricks. Listenreich vollführt er seine Rache, als nächstes am Profispieler Montero, dann ist der brutale Gottesmann Bruder Baldwin dran, dann der verrückte Goldsüchtige O'Hara, ein Albino mit schöner Sonnenbrille – hat nicht auch Tarantinos Django eine solche auf?

Vier Rachestories, aufgehängt an der einen großen bösen Tat vor Jahren. Natürlich hat unser Django im Westen einen Ruf, so wie die Halunken allüberall bekannt sind. Natürlich zieht Django schnell, trifft immer, weiß, auf welchem Dach welcher Ganove auf ihn anlegt, und das ohne hinzusehen. Blondes Haar, stechender Blick, das Äußerliche ungepflegt, innerlich topp drauf: ein Spaghettiwesternheld, ganz klar. Zudem hat er einen sympathischen Spleen: Er trinkt nur und ausschließlich Milch. Klar, als abstinenter Ex-Alki! Aber andererseits: Er muss auch schnaufen, wenn er in Deckung rennt. Er blickt gehetzt um sich, denn die allwissende Übersicht kommt nicht von nichts. Er muss sogar mal nachladen.

Insofern enthält Mario Lanfranchis Western auch realistische Momente, das macht ihn durchaus sympathisch, ja: bemerkenswert. Dass eben nicht nur die Dramaturgie im Grunde auf vier Rache-Kurzstories basiert, ohne dass eine wirkliche durchgehende Handlung den Film trägt – ein ziemliches Unikum in der Italowesterngeschichte. Sondern dass im Helden auch so was wie ein Mensch zu sehen ist. Zumal auch noch seine Gegenspieler starke Charaktere sind: In der ersten, starken Episode etwa Diaz, der sich eine richtige Existenz aufgebaut hat, der es zu etwas gebracht hat, der stolz ist auf sein Land und sein Getreide, als dieser dahergelaufene Typ aus längst vergangenen Tagen auftaucht und wegen einer geringfügigen Verfehlung von anno dunnemals ihn zur Rechenschaft ziehen will...

In der zweiten Story ist der Spieler Montero besessen davon, dem anderen im Pokerspiel das wichtigste im Leben zu nehmen. Klar, dass der unscheinbare Blonde, der da am Nebentisch sitzt, dem großen Montero dann aber so richtig die Hosen auszieht... Im Übrigen: Das Pokerspiel hat nichts mit Glück oder Betrug zu tun, sondern mit Können. Mit Talent, mit Leistung, mit der Fähigkeit des Spielers, das Spiel richtig zu spielen. Das ist dann doch ein bisschen albern, mit einer gehörigen Portion Chuzpe das Pokerspiel zu etwas ganz anderem zu machen, als es in unserer Wirklichkeit ist. Was halt dem Film einige Risse beifügt, die ihm dann doch die Meriten eines Meisterwerks zerrinnen lassen.

Zumal in dieser Episode auch noch eine Frau eine Rolle spielt. Die wurde sehr schön eingeführt, einer von Monteros Gegner hat sie gesetzt, als er kein Geld mehr hatte, zum Gegenwert von lässigen zehn Dollar. »Bisschen wenig, aber in Ordnung«, befindet Montero... Diese Dame findet Django sehr okay, der sie aber trotzdem nachts vor die Hotelzimmertür setzt. Nach einem Schnitt ist der nächste Morgen und sie liegt tot auf der Straße. Beispiel für den seltsam elliptischen Filmschnitt, der immer wieder Handlungselemente weglässt, die in anderen Filmen große Aufmacher gewesen wären. Wurde nicht genug gedreht? Oder liegt hier eine künstlerische Strategie vor, die ich nicht durchschaue?

Nuja, wie dem auch sei... Seltsam gehen in diesem Film sporadisch die Sinn- und Bedeutungshaftigkeiten des Films auseinander, wenn Tatsachen behauptet werden, die durch nichts in der Realität – weder der filmischen noch der außerfilmischen – gedeckt werden, wenn also der Anspruch, irgendwie als echt zu wirken, und die haltlosen Behauptungen, die der Film aufstellt, weit auseinanderdriften. Pokern ohne Glück, oder, wie in der nächsten Story, Djangos Vorgehen ohne Plan mit der eindringlichen Behauptung, dass sein Tun total planvoll und gewollt sei...

Hier geht es gegen den bigotten Bruder Baldwin, einen Prediger und Gottverkünder, der alles andere als Seelsorge verbreitet, eher dafür sorgt, dass im Himmel nie Personalmangel herrscht. Er ist im Namen des Herrn unterwegs, sein eigenes Reich, seine Macht und seiner Herrlichkeit zu verbreiten – wer nicht für ihn ist, ist gegen ihn, und den eliminiert Baldwin mit großem Genuss. Er ist quasi der schlimmste der Halunken, ein großer Sadist vor dem Herrn. Und Django, der bisher immer den Eindruck gemacht hat, zu wissen, was er tut, rennt blind in die Höhle des Löwen. Wie sonst soll man verstehen, dass er sich auf ganz lächerliche Weise von Baldwin gefangen setzen, demütigen, auslachen, treten, in den Schenkel schießen lässt ohne jede Möglichkeit, zurückzuschlagen oder gar seine Rache auszuführen? Also, außer jetzt den Zufall eingreifen zu lassen. Und das Drehbuch hat Mitleid, Django schneidet sich die Revolverkugel aus dem Oberschenkel, die ungeplant auf ihn geschossen wurde, um sich macgyvermäßig eine Do-it-yourself-Patrone zu basteln, den Bösewicht niederzustrecken und auf die nächste Schnittellipse zu warten, die ihn vor seinen dutzenden Komplizen rettet; die offenbar nämlich nicht eingreifen.

Womit wir bei der vierten Episode angekommen sind. Hier wieder sehr gut: Tomas Milian als Albino-O'Hara ist total durchgeknallt, ein Gold-Verrückter, der auch noch von blonden Frauen besessen ist. Und überall gefürchtet: Wo er auftaucht, wird Gold gegen Blei gehandelt. Django mit super Plan: Wiedereröffnung einer Bank in einem abgehalfterten Örtchen, schon lässt er eine Wagenladung mit schweren Kisten ankarren, ganz klar: Darin muss Gold sein, das soll O'Hara anlocken. Die Gründung einer Bank gegen den Überfall auf eine Bank – O'Hara unterliegt natürlich, denn, o Wunder, o Überraschung, in den Kisten, wo Gold draufsteht, sind nur Steine drin. Eine unverzeihliche Naivität des Films, ist doch sogar der Räuber Hotzenplotz klüger als O'Hara, Django und Regisseur Lanfranchi zusammen (der Kasperl und Seppel die angebliche Goldkiste niemals abkaufen würde!) Jedenfalls folgt dann ein netter Showdown inkl. blonder Nutte, die als weiterer Köder für O'Hara herhalten muss. Finale in einem verfallenen Kloster, rund um das Grab von Djangos Bruder, in dem alle einen Goldschatz vermuten, weil sie ihren Leone kennen.

Wobei der Film in der Tat gewinnt durch seine Leone-Epigonie. Die Kameraarbeit ist ausgezeichnet, mit großen Kinobildern und exzellenten Fahrten, die Einstellungen exquisit passend – wo er nur die Idee mit den leinwandfüllenden Augenpaaren herhat, zwinkerzwinker. Und die Musik ist bestens kopiert von Morricone, Gianni Ferrio plagiiert weniger als dass er pastichiert: inklusive Bach-Anklängen, Einsatz von außermusikalischen Gegenständen und Silben-Herausstoß-Choreinsätzen.

SAVAGE STREET – STRASSE DER GEWALT

SAVAGE STREETS

USA 1984. Regie: Danny Steinman.

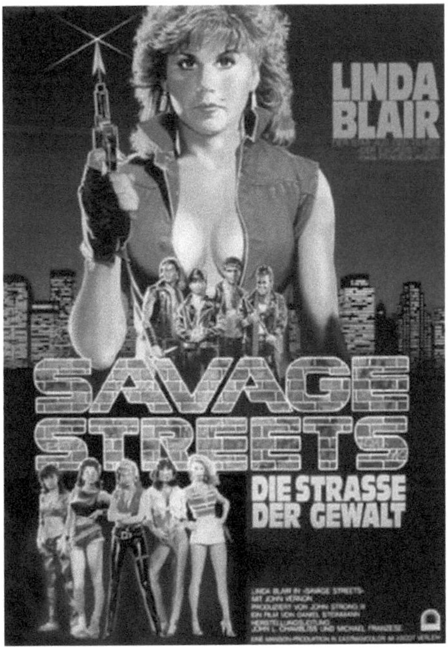

Rabiat geht's hier zu, Linda Blair ist nicht von einem Dämonen, sondern von Rache besessen in STRASSE DER GEWALT, einem 80er-Jugendfilm mit Revenge-Thematik, irgendwo zwischen Highschool-Film und Selbstjustizthriller. Die erste Szene: Ein Junge, adrett angezogen, verabschiedet sich an der Haustür vom Herrn Vater, »aber um 11 Uhr bist du zurück« – und schon hier erhält man einen stupenden Eindruck vom Film, als völlig willkürlich, ganz unmotiviert mitten in den Satz eine ungewollt verstörende Großaufnahme auf den Vater einmontiert wird: Hier sind anscheinend rechte Dilettanten am Werk. Was auch im weiteren Verlauf immer wieder deutlich wird, was aber nicht unbedingt den Spaß verderben muss, dafür isses ja schließlich Grindhouse.

Der Junge jedenfalls entledigt sich hinter einem Busch seines Anzugs, zieht Lederklamotten an und mit seinen offenbar gewaltbereiten Kumpels los, Mädels anbaggern. Darunter an diesem Abend: Die Girlieclique um Brenda, in sexy Outfits und mit flotten Sprüchen unterwegs, und mit Brandas kleiner Schwester, Typ graue Maus hinterm Ofen, hochgeschlossene Bluse und verschüchterter Blick. Sie ist taubstumm. Muss man mehr sagen?

Sie wird das Opfer, in der Schulturnhalle, Gruppenvergewaltigung durch die Jungsgang. Die Mädels suchen sie: »Heather! Wo bist du?« Tja, was soll man sagen: »Was schreit ihr so rum, sie ist doch stumm!« Hier immerhin wird sich der Film seiner selbst bewusst. Weiter geht es mit Brendas Ermittlungen, wer die Bösewichter waren; und im übrigen, völlig an den Haaren herbeigezogen, ein blindes Motiv ohne jedes dramaturgische *pay off*: Die Jungs killen eine weitere Freundin von Brenda, was die freilich erst erfährt, als sie die ersten der Schurken umbringt.

Immerhin ist das eine entlarvende Szene: Wie der Gangleader das Mädchen von einer Brücke schmeißt und der jüngste Kumpel, der aus der Anfangsszene, der so gerne wichtigtuerisch dabei wäre und quasi als Lehrling mittut, voller Enttäuschung ausruft: »Ich hasse dich! Ich hasse dich!« Wie es eben Verliebte tun, wenn sie sitzengelassen wurden. Denn offenbar von Regisseur Danny Steinman unbemerkt sind die vier Typen alle total schwul und verdrängen die Neigung durch affirmativ maskulines Auftreten, mit Tittenpacken an unbeteiligten Damen und Vergewaltigung. Bei diesem Gewaltgangbang ein zweiter entlarvender Moment: Der »Verrückte« in der Truppe, mit pseudopunkig rotgefärbtem Haar, eine Mischung aus Clockwork-Droog, Mad Murdock und Lumpi von Schlotterstein, nimmt den Anführer im Überschwang der Gefühle mitten in der Taubstummenvergewaltigung in den Arm und küsst ihn offen auf den Mund. Hat Regisseur Steinman das mitbekommen?

Zynisch ist der Film obendrein, vielleicht ein Zynismus aus Dilettantismus, wer weiß das schon: Jedenfalls schneidet der Film unverfroren zwischen der brutalen Vergewaltigung und einem aufreizenden Catfight zweier nackiger Schülerinnen im Duschraum hin und her; offensichtlich ist es dem anvisierten Zielpublikum wurscht, woran es sich aufgeilen soll.

Andererseits gehören derartige Reize natürlich zu den Versprechen, die ein Film wie dieser gibt; und Steinman hält auch einige davon. Lässt volle Brüste unter engen Tops wippen, die Damen beim Schulturnen zotige Witze reißen, die Lehrerin schickt dann alle unter die Dusche – und gleich darauf gleitet die Kamera an einer Reihe nackter Mädchenleiber entlang, dass es eine wahre Freude ist. Wenn die prallen Möpse hüpfen, dauert's nicht lang, bis den Mädels das Oberteil runtergerissen wird. Nur am Ende bricht Steinman das große Versprechen: Brenda (die wir zuvor nackt in der Badewanne gesehen haben) kleidet sich in engem Leder ein, ein schwarzer Racheengel, der sich mit diversen Waffen ausstattet, unter anderem eine Armbrust – die dann aber doch nur so nebenbei, wenn überhaupt, zum Einsatz kommen. Das ist dann doch enttäuschend, dramaturgisch sowieso, weil viel zu glatt in einem Rutsch die Bösewichter gekillt werden; aber halt auch, weil man die hier servierte Rache doch zu sehr Fast Food ist.

GAMERA GEGEN BARUGON – FRANKENSTEINS DRACHE AUS DEM DSCHUNGEL

DAIKAIJÛ KETTÔ: GAMERA TAI BARUGON / GAMERA VS. BARUGON / GODZILLA – DER DRACHE AUS DEM DSCHUNGEL / DRAGONWARS – KRIEG DER MONSTER

Japan 1966. Regie: Shigeo Tanaka.

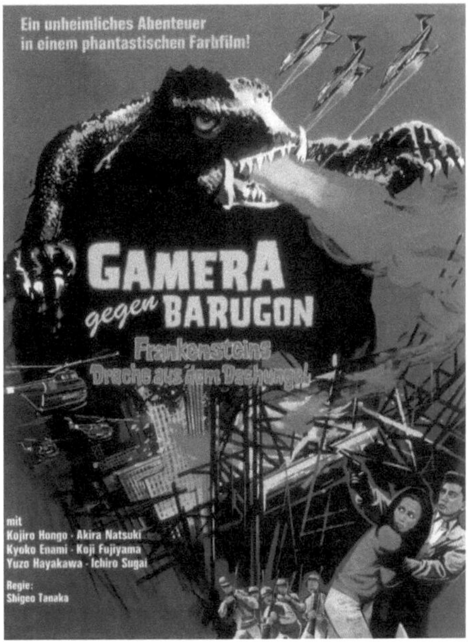

Tja. Bei all diesen Grindhouse-Filmen handelt es sich um Trash, um genau die Schundware, die unsere Jugend verdirbt. Und zwar unsere Jugend seit den 1960ern! Kein Wunder, dass die Welt ist, wie sie ist!

Wobei auf verquere Weise natürlich auch und gerade Grindhouse-Filme den Finger auf die Wunden der Zeit legen; deutlich in GAMERA VS. BARUGON. Der zweite Teil der Gamera-Filmreihe, ein Konkurrenzprodukt zum erfolgreichen Godzilla, in dem dankenswerterweise die ersten Minuten ein »Was bisher geschah« destillieren: Kampfflugzeugabsturz in der Arktis, versehentlich geht eine Atombombe los, zack: Gamera wird freigeschmolzen und zerstört Japan. Gamera: Das ist eine feuerspuckende Riesenschildkröte; wenn sie die Füße einzieht, kann sie durch die Löcher in ihrem Panzer per Düsenantrieb fliegen, das ist sowas wie eine fliegende Untertasse. Nur in lebendig und echt. Im ersten Film war sie am Ende auf den Mars geschossen worden; durch eine wirklich unglückliche Asteroidenlaufbahn wird sie zurückgeschleudert und macht erstmal einen Staudamm kaputt. Die Arbeiter und Ingenieure rennen panisch umher, der Vorgesetzte gibt Anweisungen: «Am Tor fünf den Strom abschalten!« (das wird innerhalb weniger Minuten gleich zweimal angewiesen), nützt aber nichts, Katastrophe ist nicht aufzuhalten. »Wir haben getan, was wir können«, seufzen die Opfer, und man weiß nach dieser Szene, wie es im Nachgang zum März 2011 in der Tepco-Zentrale zuging: Die Unteren tun nichts, die Oberen befehlen nur Unsinn, und alles ist Schicksal. Jaja, die japanische Mentalität.

Gierig sind die Schlitzaugen übrigens auch. Zwielichtige Typen unternehmen eine Expedition nach Polynesien – und das hat jetzt erstmal gar nichts mehr mit Gamera zu, der wahre Fan wird sich jetzt zu langweilen anfangen; denn die Superschildkröte hat sich in einen Vulkan zurückgezogen und wird nur noch für zwei Szenen später im Film auftauchen (dann aber mit Macht…). Jedenfalls ist jetzt Abenteuerfilm angesagt, ein Opal in einer geheimnisvollen Höhle voller giftiger Skorpione im Tal der Regenbogen; ein Tabu-Ort für die Eingeborenen, zu denen glücklicherweise auch ein japanischer Arzt und seine hübsche Krankenschwester gehören. Jedenfalls: Merken muss man sich Onodera, das ist der böse Gierhals, der über Leichen geht; und Keisuke, der Gute unter den Zwielichtigen, der aber erstmal verletzt zurückbleibt. Während Onodera den Opal mit nach Japan nimmt, dummerweise das Infrarotlicht in seiner Kabine anlässt – und sich der Opal als Ei entpuppt. Ein Ei, aus dem Barugon schlüpft, seines Zeichens Monsterechse mit Riesenzunge, aus deren Spitze er einen Kältestrahl schießen kann. Rasch wird Kobe zerstört.

Dann geht es ins Landesinnere, währenddessen killt Onodera noch ein paar Leute auf der Suche nach dem vermeintlichen Opal, Keisuke tritt auf, im Gefolge hat er die Krankenschwester, er und Militär und Wissenschaft suchen nach Wegen, dem Monster beizukommen, die Gier Onoderas ist ein bisschen im Weg dabei und so weiter – das ist ja auch alles egal, wichtig ist: Bei Bedrohung aus der Ferne entsendet Barugons Rücken einen Regenbogen als Fernwaffe, der zum Beispiel japanische Kanonen zum Schmelzen bringt. Also: Für die Nähe Kältestrahl, für die Ferne Regenbogen. Im Übrigen ist er wasserscheu, wenn man Barugon mit Wasser bespritzt, bewegt er sich nicht mehr, das ist ganz OK, weil zu diesem Zeitpunkt der Film eh auf der Stelle tritt.

Die Echse liebt auch das Leuchten von Diamanten. Die Diamantenstrategie funktioniert trotzdem nicht, 5000 Karat sind zuwenig, man muss die Brillanz verstärken mit einer Maschine, die eigentlich zur Generierung eines Todesstrahls mittels eines Rubins dient. Zwischendrin übrigens tritt Gamera auf, um das Durcheinander perfekt zu machen: Er wurde von der Energie des Regenbogens angelockt, wird nach einem heftigen Kampf der Supermonster aber schockgefroren.

Später versuchen die Militärs es mit der Operation Rückspiegel: Eine Parabolantenne mit Quecksilber-Bespiegelung soll den Regenbogen aufs Monster zurückwerfen, was nur halb gelingt. Als Deus ex Machina muss Gamera wieder auftau(ch)en, um im Endkampf die Katastrophenechse zu ersäufen. Und dann zu verschwinden, bis zum nächsten Film der Gamera-Reihe.

IN THE FOLDS OF THE FLESH

NELLE PIEGHE DELLA CARNE

Italien/Spanien 1970. Regie: Sergio Bergonzelli.

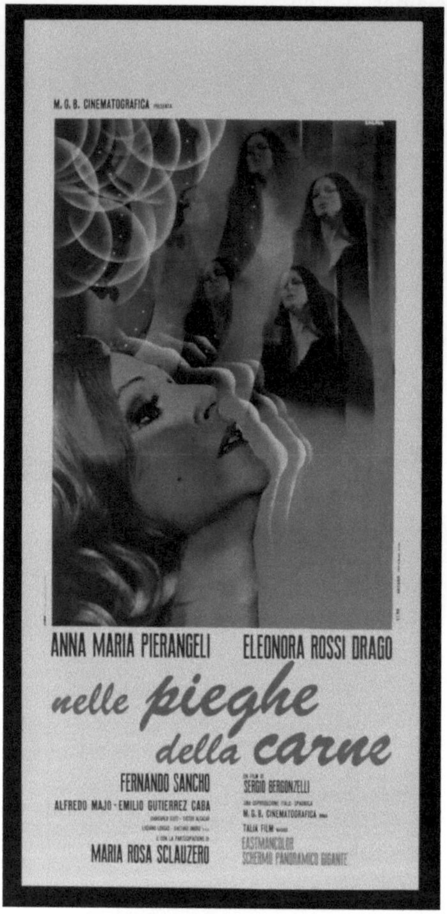

Tatsächlich begibt sich dieser Film unheimlich tief in freudsche Abgründe: Der Titel IN THE FOLDS OF THE FLESH bezieht sich auf ein zu Beginn eingeblendetes Freud-Zitat, wonach sich Traumata aus der Kindheit tief in einen hineinfressen. Genau das bebildert Regisseur Sergio Bergonzelli, geradezu obsessiv verfolgt der Film die Untaten, die sich aus früheren Untaten ergeben. Und er lässt sich dabei sichtlich – selbstverständlich sichtlich, denn verborgen, subtil oder nebenbei geschieht in solchen Filmen gar nichts –, er lässt sich also inspirieren von der Schwarzen Romantik: Ein dunkler, burgartiger Turm ist der Schauplatz, die Hauptfigur Lucille mit blassem Gesicht, von dunklen Haaren umrahmt, schwarz gekleidet, die Geheimnisse einer mörderischen Familie – all das ist der Motivik der Gothic Novel entnommen, und ähnlich verworrene Familienverhältnisse wie in diesem Film finden sich mitunter auch bei E.T.A. Hoffmann.

Freilich hat Bergonzelli hier alles nochmal überdreht, wirft alles zusammen, so dass der Zuschauer zunächst recht verwirrt ist – wie sind die Verhältnisse nochmal: Das ist doch Inzest zwischen Colin und Falesse, oder sind die doch »nur« Stiefgeschwister? Falesse jedenfalls ist gierige Nymphomanin, Colin ein total vermurkster Künstlertyp, die Mutter hält alles bedeckt – so zum Beispiel das Verschwinden von Vater André, der mitunter Mister A. genannt wird, so dass auch hier das familiäre Bild sich verdunkelt. Es beginnt jedenfalls mit seinem abgeschlagenen Kopf, die Leiche wird von Lucille im Garten vergraben, am

Fenster die starrenden Augen des jungen Colin: kein Zweifel, hier wird in seinem Gehirn die Saat des Grauens gepflanzt, die dreizehn Jahre später aufgehen wird... Dann nämlich wird kein männlicher Übernachtungsgast das Haus am nächsten Morgen wieder lebendig verlassen, dazu ist Falesse zu rasch mit dem Messer zur Hand, das sie in der sexuellen Erregung unterm Kopfkissen vorzieht, und Colin hat ja noch die Geier im Käfig im Garten, und im Schuppen befindet sich das Säurebad...

Bizarr? Kommt noch besser. In mehreren Volten am Ende wird eröffnet, dass keiner je das war, was er zu sein vorgab / zu sein meinte, und dass die Traumata eines jeden nur Schein waren, nur eingebildet, mit allerdings nicht weniger horrender Wirkung. Nur einer der Schocks aus der Vergangenheit war real, er hat Mutter (vielleicht auch nur Gouvernante) Lucille wahnsinnig gemacht, damals: als ihre ganze Familie in den deutschen Gaskammern umkam, während sie von den SS-Leuten vergewaltigt wurde. Hier buddelt der Film wirklich tief, tief in die Historie und tief in der Kiste des Exploitation-Krimskrams – Naziverbrechen werden zu Volksbelustigung, zur hanebüchenen Motivation von Horror-Verbrechen, zum ultimativen psychosexuellen Kick. Tugendwächtern würde das moralinsauer aufstoßen – hier aber ist das derart spielerisch, in seiner pathetischen Dramatik so unernst eingebaut, dass der Tabubruch nur ein weiteres tieftönendes Brummen in der eklektizistischen Partitur des Filmes ist – das auch noch in die Psychopathologie der Handlungsgegenwart transponiert wird in einer unglaublichen Szene, im Mord an einem gewalttätigen Zeugen der familiären Untaten: Der liegt in der Badewanne, und Zyklon B, handlich in Vitamintablettenform, macht ihm den Garaus. Nicht einfach so: sondern pünktlich zur vollen Stunde, wenn die Türflügel der Kuckucksuhr aufgehen und die tödlichen Pillen ins Badewasser stoßen, wo sie sich zu buntfarbenem Gas auflösen. Wie die Leiche dann beseitigt wird? Dazu bietet Colin die – O-Ton – »Endlösung« im Gartenschuppen-Säurebecken an.

WENN ES NACHT WIRD IN MANHATTAN

COTTON COMES TO HARLEM

USA 1970. Regie: Ossie Davis.

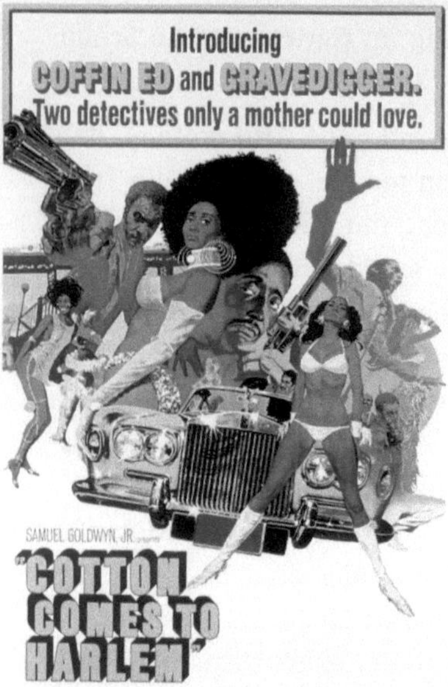

Werden wir mal politisch, einen Grindhouse-Text lang. Und das meint: Werden wir mal grundsätzlich, ein paar Absätze lang.

Der Exploitation-Film entstammt dem Politischen, den gesellschaftlichen und kulturellen Umbrüchen der 1950er und 1960er Jahre; mit Rock'n'Roll-, Biker-, Beach- und sonstigen Teeniefilmen nimmt er die gegenkulturellen Strömungen auf und als Zielgruppe wahr. Damit steht er im Gegensatz zum klassischen Hollywoodkino, das möglichst die Gesamtheit der Zuschauer im Blick hatte, dafür auch das Genre- und Starkino erfunden hat, die nun auf der anderen Seite der Medaille in niederer Form, vielleicht als pervertierte Travestie, vielleicht auch als qualitativ heruntergeschraubte Billigvariante, auf den Markt streben.

Die Bürgerrechtsbewegung um die schwarze Gleichberechtigung in Amerika brachte dann innerhalb des gegenkulturell orientierten, gleichwohl nach Gewinn strebenden und daher niedere Instinkte ansprechenden Exploitation-Grindhouse-Trash-Films den Blaxploitationfilm hervor. Der wiederum schlug – wie in vielen (Sub)Genres verbreitet, die als eine Art Geburtsfehler ihren eigenen parodistischen Umschwung schon *in nuce* mit sich tragen – ab sagen wir ca. 1973 um in die typischen Black-Macho- und Big-Tit-Mama-Action-Klischees, die wir so lieben: schlagkräftige »Nigger« (Selbstbezeichnung) und nackige Chicks bei diversen Verfolgungsjagden, Prügel- und Schießereien, und das dann in einer deutschen Synchro, die die höchsten der Gefühle hervorruft…

Am Anfang aber stand da eben doch noch der politische Gedanke einer *black community*, die unter dem Druck von außen, sprich: des Systems der Weißen, zusammengeschweißt wird. Eine schwarze Gemeinschaft, für die diese Filme gedreht wurden, von der diese Filme handelten, und in der diese Community auch siegte. Martin Luther King und Malcolm X werden als Paten benannt; und im Grunde ist die bloße Existenz dieser Filme schon fast so etwas wie die Revolution – oder der erste Schritt hin zur Utopie – der selbstbewussten, selbstbestimmten, gleichberechtigten *black people of America*.

Dieser politische Ursprung, umgesetzt in filmischen Subtext, wird freilich ins Gefäß des Genres gegossen, und zwar des mehr oder weniger reißerischen des Actionfilmes – weil das die Leute anspricht, weil sich das an der Kasse auszahlt, und wahrscheinlich ist dies auch das, was die Filmemacher von Regie bis Produktion am ehesten können, oder zu können glauben.

In Cotton Comes to Harlem, einem der frühen Blaxploitation-Filme, ein Jahr vor Shaft, gelingt diese Mischung aus (subtexueller) politischer Relevanz und klarer Publikumsaffinität: Ein Krimiplot mit Actionszenen, punktuellem *comic relief* inklusive doofem weißen, ja sogar blondem Polizisten, pfiffigen schwarzen Tausendsassas und komödiantisch überzogenen Spektakulärismen auf der einen Seite. Und auf der anderen: schwarze Hauptfiguren; die Bevölkerung von Harlem (bei der sich die Filmemacher im Abspann für die Kooperation bedanken); ein schwarzer Reverend als Vorsteher einer »Back to Africa«-Bewegung, und ein Ballen Baumwolle als MacGuffin, Symbol kontinuierlicher sklavischer Unterdrückung.

Der Anfang des Films: Eine Kundgebung von Reverend Deke O'Malley, der eine Art schwarze Zionismus-Bewegung propagiert und Geld sammelt, Anteile für ein Schiff namens »Black Beauty«, das seine Anhänger über den Ozean zurück ins afrikanische Paradies bringen soll. Starker Ausdruck der Unbehaustheit der Schwarzen im zeitgenössischen Amerika – jedenfalls hat O'Malley eine Menge Zulauf. Doch dann – Schüsse, Attentäter, Erinnerungen an Martin Luther King und Malcolm X und ihre letzten Minuten bei öffentlichen Versammlungen – und die 87.000 Dollar, die der Reverend gesammelt hat, sind geklaut.

Zum Glück gibt es die unkonventionellen Polizisten »Gravedigger« Jones und »Coffin« Ed Johnson. Die nicht vor heftigen Verfolgungsjagden und nächtlichen Schießereien auf dem Schrottplatz zurückscheuen und dabei immer

Herz, Ohr und Beine fest in der Bevölkerung verankert haben: Die beiden gehören zur Community, nur dass sie dabei für ein Mindestmaß an Ordnung sorgen. »Wir haben vielleicht Knochen gebrochen, aber niemals ein Versprechen!« – wo Aufruhr ist, da können die beiden beruhigen und dennoch sicherstellen, dass nicht einfach Recht, sondern Gerechtigkeit geschieht. Zwei eingespielte Buddys mit harten Fäusten, coolen Sprüchen und dem richtigen Riecher, so soll es sein. Ihr Gegenspieler, das wird schnell klar: Deke O'Malley, der Windhund, der Geld sammelt und sich selbst beklauen lässt, der die Gutgläubigkeit, nein: die Hoffnung »seiner« Leute ausnutzt und damit immer wieder durchkommt...

Da fliegen Leute bei Schlägereien oder Autounfällen meterhoch durch die Luft, da gibt es Glanzauftritte der Komiker Redd Foxx (Sanford & Son) und Lou Jacobi (der Transvestit in Woody Allens Was Sie schon immer über Sex usw. usf.), eine liebreizende Dame, die duscht, und eine drehbare Kirchenkanzel als Eingangstor zu einem Geheimgang. Und natürlich als Ziel der Begierde dieser Baumwollballen – was macht der eigentlich in Harlem? Das ist Unterhaltung in schönster Form – und vermengt mit einem trotz allem stets spürbaren politischen Fundament ist dieser Film eine wirklich runde Mischung; produziert von Samuel Goldwyn, Jr., ja: Verbindung zu *good ole* Hollywood – und am ehesten findet sich die goldrichtige Geisteshaltung des Films, wenn sich eine Stripperin über all diese Ballons und Federn und Fächer beschwert, die ja so gar nichts über die *black people* aussagen; und am Ende sehen wir sie tanzen auf dem Baumwollballen, die perfekte Verbindung von simplem Reiz-Reaktions-Schema und gesellschaftlich-selbstbewusst-revolutionärem Kontext, wenn der Striptease politisch wird.

EIN BULLE SIEHT ROT

UN CONDÉ / EISKALT UND OHNE GNADE

Frankfreich/Italien 1970. Regie: Yves Boisset.

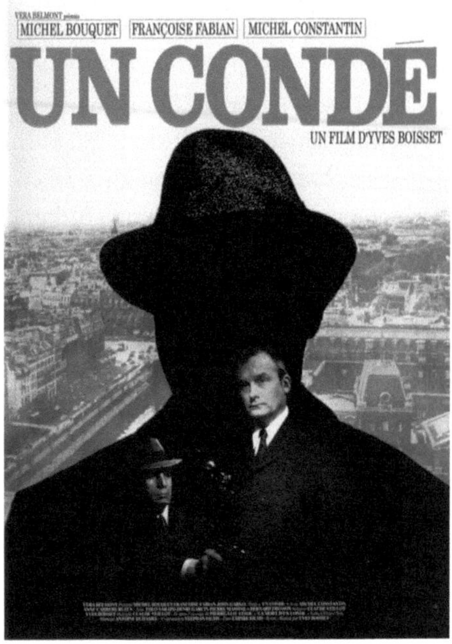

Crime, huiui, passt gut in die Grindhouse-Reihe; nur, dass dieser hier eigentlich gar kein Grindhouse sei, sondern tatsächlich ein Klassiker des Kriminalgenres, wie Boris, Gründer der Grindhouse-Reihe, betonte: Geht raus, sagt euren Freunden: Beim Grindhouse-Abend habt ihr Filmkunst gesehen! Und tatsächlich: Immerhin widmet Hans Gerhold in seiner Geschichte des französischen Kriminalfilms *Kino der Blicke* eine ganze Seite dieser »kinematographischen Streitschrift« wider Polizeiallgewalt: »So greift Yves Boisset in UN CONDÉ / EIN BULLE SIEHT ROT die Austauschbarkeit von Polizei- und Gangstermethoden in einer Form an, die den Film zum Skandalereignis machte und ein zeitweiliges Verbot durch den Innenminister bewirkte, das auch einige Schnitte zur Folge hatte.« (Und man muss ja überhaupt mal betonen: Zu diesem Film gibt es gehobene Sekundärliteratur, er ist kanonisiert!)

Wobei der Lobgesang nicht schwer fällt bei einem Film wie EIN BULLE SIEHT ROT – denn dieser Film ist gut, nach jedem Standard des Kriminalfilmgenres. Wobei er (deshalb?) bisher tatsächlich zweimal schon in der Grindhouse-Reihe gelaufen ist; und die zweite Sichtung hat das Staunen über die kluge Dramaturgie des Films noch verstärkt, die den Zuschauer langsam hineinführt in die Welt von Gewalt, in der sich die böse Unterwelt, die gute Unterwelt und die Polizei verstricken: Zunächst haben wir einen Barbesitzer als Hauptfigur, dem wir folgen, mit dem wir fühlen, wenn er im Hinterhof brutal zusammengeschlagen wird, und wenn er danach doch standfest und trotzig dem Gangsterboss Paroli bietet, der seine Bar als Drogenumschlagsplatz missbrauchen möchte. Nur, dass er diesen Widerspruch nicht überlebt – er wird vom Parkhausdach gestoßen. Und wir wandern weiter zur nächsten Hauptfigur, Freund des Getöteten, der sich am »Lächelnden«, dem kalten Killer, und am »Mandarin«, dem Gangsterboss, rächen will. Während nämlich gleichzeitig die Polizei kaum die Finger rührt, hat doch der Mandarin ein stabiles Netzwerk in Polizei, Politik und Verwaltung geknüpft, weil er die Korruptheit des Establishments auszunutzen weiß. Wobei im Polizeiapparat insbesondere Inspektor Barnero heraussticht, der nämlich als so ziemlich einziger sauber dasteht und sich als zweiter Hauptprotagonist, nämlich des zweiten Handlungsstranges, entpuppt.

Dan Rover nun, der rächende Freund, gerät so richtig in Rage, als auch noch die Schwester des Mordopfers (und seine frühere Geliebte) brutal zusammengeschlagen wird: Und zusammen mit einem alten Fremdenlegions-Kumpan namens Viletti macht er sich daran, den Mandarin zu töten. Was auch gelingt. Nur, dass die Polizei doch nicht ganz untätig ist, denn die beiden einzigen sauberen Bullen – Barnero und Kollege Favenin – beobachten das Ganze, sind vollkommen einverstanden mit dem Tod des Gangsters, verfolgen die Killer dennoch – doch wenn sich die beiden Parteien gegen den Mandarin kreuzen – anständige Polizei hier, da anständige Unterwelt –, gibt es Tote: Und Inspektor Barnero, den wir ins Herz geschlossen haben, wird von den Fliehenden erschossen. Barnero: Der einzige, der das Gute verkörpert hat. Im Verlauf des Films verdampft jede Moral.

Und nun wechseln wir erneut die Hauptperson, denn Inspektor Favenin tritt nun auf den Plan, um aufzuräumen. Sprich: Sowohl Mandarins Organisation zu zerschlagen als auch seinen Kollegen Barnero zu rächen, aus der Position des allmächtigen Polizisten heraus. Beides gelingt mit eiskalter Konsequenz. Dabei verdrängt er auch Dan Rover aus der Favoritenrolle für den Film»helden«, der alsbald im Gefängnis landet, weil Favenin natürlich weiß, was los war, es nicht beweisen kann, von seiner Inspektorenposition aber leicht jeden in den Knast bringen kann mit ein paar Falschaussagen… Wie Favenin mit seinem unbewegten Spießergesicht sich durch diesen Film bewegt, ohne Regung, *dead pan stone face*: sagenhaft. Weil hier alles in Macht und Gewalt aufgeht, ohne Ausweg.

Favenin, der übriggebliebene *flic*, übernimmt die Methoden der Gangster, killt einen Killer kaltblütig, erpresst den anderen, um an den Mörder von Barnero ranzukommen. Der Rächer Dan Rover auf der anderen Seite, der als Tatbeteiligter Schlimmstes befürchten muss, geht ebenfalls zum Angriff über – gegen die Gangster und voll Misstrauen gegen die Polizei. Misstrauen, das berechtigt ist. Denn nach der ersten wirklich verstörenden Szene, die über die übliche Gangster-Krimi-Gewalt hinausgeht – wenn Favenin ganz gemütlich eine Luger auspackt, den Schalldämpfer aufschraubt und kalt abdrückt, peng-peng, auf den Lächelnden, den Killer des Mandarin, dem niemals etwas nachgewiesen konnte –, nach dieser mit kühler Selbstverständlichkeit daherkommenden Szene kommt eine zweite, noch bestürzendere. Dan Rover ist festgenommen und wird oben unterm Dach gefangengehalten, da, wo es ruhig ist. Dort hängt er mit nacktem Oberkörper und blutüberströmt gefesselt an der Wand: Das war nicht Favenin in seinem Rächerrausch, das sind die üblichen Empfangsmethoden der Polizei.

Favenin ist nämlich nicht der Böse, obwohl wir seinen brutalen Racheanwandlungen folgen. Böse ist das gesamte System der Polizei, die sich mit Gangstern gemein macht. Vor diesem Hintergrund – weil von der Obrigkeit nichts zu erwarten ist – erzählt der Film zwei Revengestories, die quer zueinander verlaufen. Rache: Das ist eines der Hauptmotive im Grindhouse-Film. Wenn sie aber wie hier doppelt erzählt wird, in zweifacher Weise ineinander verschlungen und gegeneinander gesetzt: Dann wird daraus Kunst. Weil die Rache nicht mehr nur Handlung antreiben und Nervenkitzel generieren soll, sondern weil sie selbst zum Gegenstand des Films wird.

Dan Rover, der Killer der Killer, agiert vom Gefängnis aus, versucht, seine Kumpel zu schützen, lässt Favenin beschatten. Der seinerseits erschießt skrupellos Viletti, den Mörder von Barnero; und lässt auch danach nicht ab, verbittert vom Wissen über die Machenschaften der Partei- und Politikoberen. Es geht nicht DIRTY HARRY-like um einen Cop, der einen brutalen, aber (vom Film) letztlich gerechtfertigten Feldzug startet; sondern: Alle sind auf dem falschen Weg, und alle machen alles noch viel schlimmer.

DAS GRAUEN KOMMT NACHTS

DELIRIO CALDO / CRIME

Italien 1972. Regie: Renato Polselli.

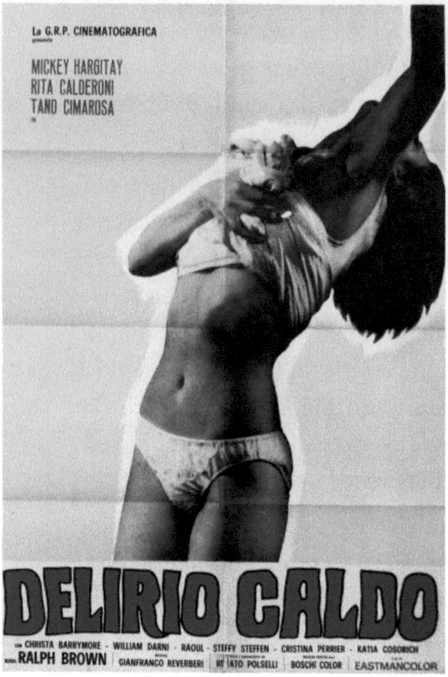

Mitunter läuft in der Grindhouse-Reihe hohe Kriminalkunst – von da aus kann es qualitativ nur noch bergab gehen. Aber natürlich geht es im Grindhouse-Kino im eigentlichen Sinne nicht um Qualitätsmaßstäbe, sondern um den Spaßfaktor. Der auch und gerade dann besonders hoch ist, wenn es um brutale Gewalt, um sinnloses Leiden und Quälen geht – zumal, wenn diese Faktoren in eine ungeheuer kruden Story gesteckt werden, durchsetzt mit einigen (sprich: vielen) unmotivierten Szenen nackter Haut, und ganz speziell dann, wenn die deutsche Synchronisation billig daherkommt, so dass stimmliches Timbre und darstellerischer Ausdruck gar nicht mehr zusammenpassen – nicht nur wegen Albernheiten im Inhalt der Dialoge, sondern auch beispielsweise, weil gerne mal bayrischer Dialekt durchklingt. Und wenn dann noch der unglaubliche Effekt hinzukommt, dass all diese Elemente, die so gar nicht zusammenpassen wollen, all diese Divergenzen und Inkonsistenzen zusammengepappt etwas ergeben, was viel mehr ist als die Summe seiner Teile; wenn also der Quatsch sich genau deshalb potenziert, weil es sich um Quatschigkeiten ganz unterschiedlicher Kategorien handelt, die einander ungewollt ergänzen und einen höherwertigen Überquatsch bilden: Dann haben wir schon so etwas ähnliches wie ein Meisterwerk, eines, das sich nicht aus Positivem, sondern aus vielen reinen Negativpunkten zusammensetzt, weil nun mal minus mal minus plus ergibt. Es handelt sich um, tataa, DAS GRAUEN KOMMT NACHTS, dessen Originaltitel wörtlich übersetzt »heißes Delirium« lautet und den Film so ziemlich gut umreißt.

Am Anfang stehen die langen Beine einer miniberockten Schönheit – wobei das mit der »Schönheit« nicht wirklich verifiziert werden kann, weil wir ja nur ihre Beine sehen. Wobei »wir« bedeutet: Dieser schmierige Typ in der Kneipe, der das Mädel dann auch prompt anlabert und sie mitnehmen will in die Discothek »Cat«. Dort kommen sie nie an, weil er ihre Beine befummelt. Sie flieht aus dem Auto direkt in einen Wasserfall (!), dort, auf den gischtig bespritzten Felsen, fällt er über sie her, reißt ihr die Kleider runter und erwürgt sie. Ha, welche Lust! Bzw. welcher Frust. Kurz darauf die Drama-Szene, wenn er wieder zuhause ist: »Ich liebe dich, aber ich bin ein impotenter Irrer!«, während die Frau vor Mitleid und Sexfrust auf dem Bett zergeht, und er am Fenster immer voll am Rumjammern, und sie am Beruhigen, und er am Selbstbezichtigen, und dann: »Ich habe gestern vergessen, dir eine Karte zum Hochzeitstag zu schenken«, also so ganz wie aus dem Nichts, und auf der nachträglich überreichten Karte kein lieber Gruß, sondern nur wieder dieses Genöle über Irresein und Gefahr und Sichtrennen. Das ist ungefähr der Punkt am Film, an dem wir wissen, dass wir mit allem rechnen müssen.

Der impotente Irre ist Psychiater. Mit Würgeleidenschaft. Und mit direktem Draht zur Polizei: Ihr hilft er nämlich bei den ganz schweren Fällen, zum Beispiel, wenn eine langbeinige Schönheit beim Wasserfall vergewaltigt und ermordet wurde. »Schon wieder dieselbe Methode«, erklärt der Täter/Aufklärer verständig, man hat das ja öfter, Leichen inmitten nasser Kaskaden. Zuhause quält er sich dann, siehe oben, aber seine Frau lässt auch nichts anbrennen und wirft lüsterne Blicke auf das Hausmädchen. Nicht zu vergessen die Nichte, die ihn grüßt, als er nach Hause kommt: »Hallo, Onkel Herbert!« – jetzt wissen wir, wie der Triebmörder heißt. Dr. Herbert Lyutak, der Würger, der den Opfern nicht helfen kann: Denn es gibt immer mehr Tote, und er ist gar nicht daran beteiligt! Huh, eine langbeinige Minirockträgerin in der Telefonzelle bei Nacht, sie telefoniert noch mit irgendwem, sagen wir: der Auskunft, ein schlichtes, nüchternes Büro, »schnell, ruf die Polizei, eine Fangschaltung« etc., der Film weiß selbst nicht, was das soll, jedenfalls wieder eine Tote, »wieder dieselbe Methode« (obwohl ohne Wasserfall), und einen Verdächtigen gibt es auch, nicht Herbert, sondern ein dicker Mann mit Schnauzbart, der sich in der Tatortgegend herumgetrieben hat.

Immer mehr Morde. Und das, obwohl der Herbert inzwischen zu den Guten gehört, weil er ja nicht mehr umbringt. Dafür hellsieht: »Ich habe einen instinktiven Verdacht metaphysischen Charakters«: Im Park, in einer Stunde, da wird sich der Mörder herumtreiben. Die Polizei ist da, und Fräulein Heydrich als Lockvogel, Herbertchen auch und sogar der Mann mit Schnauzer. Und zwanzig Meter weiter im Gebüsch wird eine Frau gekillt, ohne dass es jemand mitbekommt. Hat der gute alte Dokter wieder recht gehabt! Schließlich kennt er sich aus mit »biochemisch-chromosomatischen Untersuchungen«, hilft aber trotzdem nichts. Ein geheimnisvoller Mensch ermordet Fräulein Heydrich in ihrer Wohnung, und die beiden Kommissars-Dumpfbacken sind zu spät, weil sie noch einen Kaffee trinken wollen. Wie gemein: Nackig in der Badewanne wird sie erwürgt, und damit das nicht so auffällt danach am Fenster drapiert, damit sie bei der leichtesten Bewegung runterfällt auf den Asphalt. Wie klug von dem Killer!

Und wie nett von dem Film, dass er immer wieder Nackigkeit zeigt. Sonst hätte der Zuschauer garnichts mehr, an das er sich halten könnte. Wie »erotisch« sind die Phantasien von Marcia, des Herberts Frau! Im Keller, mit allerlei Foltergerät, und sie und Nichte und Hausmädchen sind kräftig dabei, Haut zu zeigen etc. In diesen Keller steigt der Schnauzbärtige hinab, im Garten gibt es nämlich ein kleines Eisentor, dann Treppe runter, um die Ecke biegen, und schon sind wir da. Folterkeller. Das Hausmädchen wird von einer bösen Hand betascht, dann wird eine Gasflasche aufgedreht, und als der Schnauzermann die Polizei ruft, lernen wir seinen Namen kennen: »Hier ist der Kartoffel!« Der Kartoffel mit bestimmt falschem Artikel muss noch allerlei Abenteuer im Lyutak-Haus bestehen, muss durchsuchen, muss eine Tatwaffe einstecken, muss im Keller kämpfen und dann sterben. Aber nicht so richtig, am Ende taucht der Kartoffel wieder auf.

Jetzt ist uns einiges klar – vor allem, dass alles wirr ist, aber auch, dass dies eigentlich das Filmfinale sein sollte –, dennoch macht Regisseur Renato Polselli tapfer weiter. Er stellt seine Figuren im Raum auf, als wären wir im Kunstfilm, und lässt sie großes Drama spielen, mit Gesichtsverrenkungen in der Selbstqual und lauten, langanhaltenden Rufen: »Marcia!«, immer wieder, weil Herbert total entsetzt ist, »Marcia«, das wird nur getoppt von den mehrmaligen Telefonanrufen, wo keiner dran ist: »Bitte? Bitte? Bitte! Bitte!!! Bitte? Bitte?! Biiittteee!?!?« Auf dem Turm des Hauses (!) dann Marcia (»Marcia? Marcia! MARCIAAA!!!«) mit ihrem Geständnis, sie wollte ihren Ollen nicht verlieren, aber dann geht es IMMER noch weiter, weil das Hausmädchen im Koma liegt und auch wieder nicht und irgendwie ist die Nichte auch pervers sadistisch, und alle irgendwie nackt und so.

Kurz: Ein Giallo, der sich aufbläht und dann platzt und dessen Einzelteile zusammengekehrt werden, und aus dem Kehricht von Giallofetzen und Staub und Haaren und wahrscheinlich Mäusedreck ergibt sich dann Das Grauen kommt nachts. Herrlich, so ein Müll-Film.

GIB GAS... UND LASST EUCH NICHT ERWISCHEN!

GRAND THEFT AUTO

USA 1977. Regie: Ron Howard.

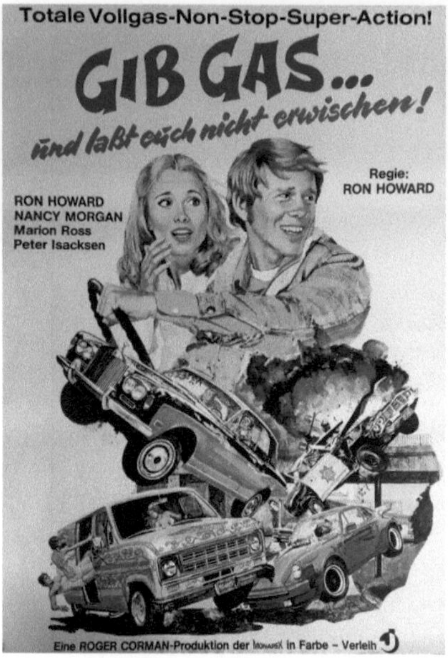

Tatsächlich Filmgeschichte: Ron Howards Regiedebüt GRAND THEFT AUTO, eine Action-Road-Movie-Komödie mit Teenager-Appeal aus der Roger-Corman-Schmiede. Howard, knapp über 20 und von frischem AMERICAN GRAFFITI-Darsteller-Ruhm, durfte was drehen, spielte selbst die Hauptrolle, schrieb mit seinem Papa Rance das Drehbuch, nutzte ein Budget von 600.000 Dollar, um 15.000.000 Dollar einzufahren. Und, boy! Papa Rance, der im Film auch mitspielt, sieht aus wie Ronnie Howard heute! Soviel zu den Genen.

Die Herkunft ist für Sam ein Problem: Er ist halt nicht reich. Doof, dass er seine Paula Powers so sehr liebt, und sie ihn, dass sich aber ihre Eltern gegen die Hochzeit sperren. Dicke Luft in Powers Mansion! Schwupps klaut die junge Paula den goldenen Cadillac des Herrn Papa, schnappt sich ihren Sam und macht sich auf den Weg nach Las Vegas, geheiratet werden muss schnell. Der Papa, angehender Abgeordneter und eine Autorität in Südkalifornien, mobilisiert seine Mannschaft, inkl. Kameraüberwachung des Fluchtfahrzeuges aus der Luft und Verfolgung durch drei dicke Anzugsträger. Auch mit von der Partie: Collins Hedgeworth, den alle Welt für Paulas Verlobten gehalten hat, mit Ausnahme von Paula. Der, dick und nicht ganz dicht, verlässt sein Polo-Turnier, um im schön gestreiften Pferdedress mit diversen geklauten fahrbaren Untersätzen dem Glück seines Lebens hinterherzubrausen. Hinter ihm wiederum her: seine Mutter. Die unterwegs einen Prediger aufgabelt und einen Polizisten, der sie alle verhaften will. Collins setzt ein Kopfgeld aus auf den »Entführer« seiner Paula; seine Mutter setzt eins aus auf Collins. Insgesamt 50.000 Dollar im Jackpot – was sich zwei durchgeknallte Mechaniker nicht entgehen lassen wollen, die im selbstgebastelten Automobilchen mitverfolgen. Der Prediger ist übrigens auch nur wegen des Geldes dabei, das er als Spende für seine Kirche (sprich: mutmaßlich für sich selbst) einheimsen will. Aus purem Spaß an der Freude mischen auch noch dynamitwerfende Hinterwäldler mit.

Turbulenz ist das Stichwort. Jeder gegen jeden auf den Highways Richtung Vegas. Mit schönen Unfällen, sinnlosen Auto-Flügen, um ein paar alte Mühlen in Schrotthaufen verwandeln zu lassen. Ab und an eine Explosion. Dazwischen rasende Fahrt durch die Wüste. Und Einsatz aller möglicher Autos, vom VW Käfer über das Honeymoonmobil eines alternden Pärchens und diverse Pick-Up-Trucks bis zum bunten Wagen eines Eisverkäuferclowns. Dazu nette Gags, die ziemlich gut passen – da hat Ron Howard schon ein Händchen dafür, was stilistisch sich einfügt und was nicht. Glatter Inszenierungsstil, Auslassung alles Störenden – klassisches Hollywood mithin, eingesetzt im Trashcrash-Film.

Am Ende landen alle in einer Arena, gefüllt mit, weil echte Statisten zu teuer gewesen wären, den Mitgliedern des Filmteams, die eine einzige Tribüne füllen – den Rest der Zuschauerränge aber frei zu lassen gezwungen sind. Hier findet ein Crashcar-Rennen statt, so was typisch Amerikanisches, live-Action-Boxautos. Alle zusammen mittendrin, und damit ist auch das Credo des ganzen GRAND THEFT AUTO klar: ein auf die Leinwand (von Autokinos?) projiziertes langes schönes filmgewordenes Demolition Derby, für die Zuschauer, die Spaß am kreativen Kaputtmachen haben. Schöne Übung für den jungen Howard, um lässige 35 Jahre später in RUSH Chris Hemsworth gegen Daniel Brühl fahrenderweis' gegeneinander antreten zu lassen.

Bemerkenswert ein paar Dinge: Als Kameramann fungierte Gary Graver, seines Zeichens Orson-Welles-Begleiter seit Ende der 1960er und dessen persönlicher Kameramann, bis Welles' Tod sie schied. Nebenbei aber: auch Kameramann und Regie für diverse Pornos. Ein Mann für alle Fälle!

Bemerkenswert auch die Figur der Paula Powers, die mit Verve die rasche Hochzeit in Vegas durchsetzen will, während ihr Sam zögernd auf dem Beifahrersitz jammert, dass er jetzt wohl für immer ein schlechtes Verhältnis zu seinen Schwiegereltern haben werde... Paula dabei, entgegen landläufigen Exploitation-Filmen, nicht läufig, sondern schlicht stur und durchsetzungsstark – das liegt wohl im Powers-Blut.

Über dem Ganzen schließlich: Ein Hubschrauber mit dem DJ des TenQ-Radiosenders, der mit eleganter Wendehalsigkeit zu dem hält, der die meisten Einschaltquoten bringt, der die Fliehenden zu Ikonen der romantischen Liebe hochstilisiert und die Verfolger zu sportlichen Konkurrenten, die jederzeit Oberwasser erhalten können. Medienkritik *at its best* – im Sinne von: Tut keinem weh und ist ein bisschen lustig.

NACKTE FÄUSTE – DIE TÖDLICHE KARATELADY

FIRECRACKER / GNADENLOSE HETZJAGD

USA/Philippinen 1981, Regie: Cirio H. Santiago.

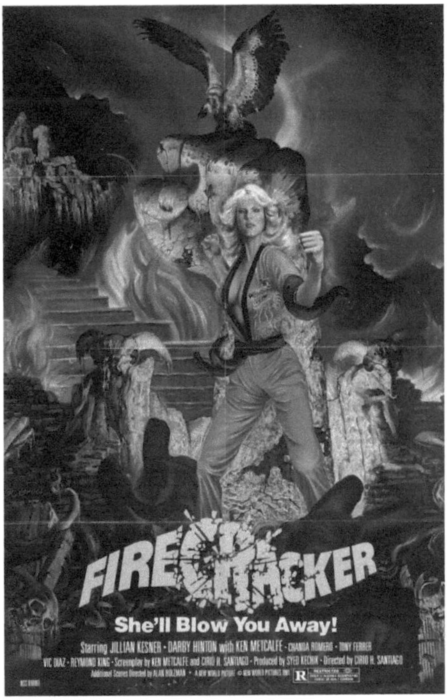

Mit einem Katzentier wartet der Film auf, mit einem großen bösen Löwen – der ist auf das Trikot von Chuck aufgedruckt, der ist Martial-Arts-Meister im Stall von Rey, er ist der Gladiator, der immer überlebt, und gleich zu Anfang sehen wir einen seiner Kämpfe auf Leben und Tod, und zack, ist sein Gegner durchbohrt. Die Zuschauer in der Kampfarena jubeln. Und eine junge hübsche Frau, die den Kampf fotografiert hat, wird entführt, wir werden sie später als Leiche wieder sehen. Denn dies ist die Geschichte von ihrer Schwester Susanne, die sie suchen und rächen will. Und es ist die Geschichte von weißen Menschen, die auf den Philippinen fernöstliche Kampfkunst ausüben, weil wir es bei FIRECRACKER mit einem west-östlichen Kampffilm zu tun haben. Aus der Roger Corman-Schmiede, in vertrauensvoller Kooperation mit dem einschlägigen philippinischen Filmer Cirio H. Santiago, der weiß, wo's lang geht.

Interessant hierbei die Grundkonstellation: Auf der einen Seite natürlich die Gute, die Karatekämpferin mit sechsfachem schwarzem Gürtel, die in einer Kneipe ein paar Verbündete um sich versammelt, weil es halt immer wieder zu Schlägereien kommt und sie dabei den Richtigen hilft (nämlich denen, die keine Schlitzaugen haben). Auf der anderen Seite aber gibt's nicht einfach die Organisation der Bösen, die irgendwie ihr Gladiatoren- mit Rauschgift- und Mordgeschäften verquickt haben. Nein: Unter dem Oberschurken Rey bekämpfen sich auch dessen beiden rechten Hände (ähm, ja, so muss man's sagen): Chuck und Grip nämlich, die Rey in genau ausbalancierter Konkurrenz zueinander hält, so dass sie sich gegenseitig in Schach halten. Und so wird das dann auch dramaturgisch interessant, weil verschiedene Frontlinien möglich sind.

Vor allem, weil Chuck sich heftig an Susanne ranmacht, und die lässt sich darauf ein, teilweise aus ermittlungstaktischen Gründen, teilweise wegen richtig echter Emotionen.

Es ist eine schöne Mischung aus kaukasisch-weißen Menschen und Philippo-Einheimischen, die der Film bietet, mit einer Menge Kämpfe, sehr nett, durchaus lustig. Aber vor allem zwei Szenen machen den Film aus, die sind so außergewöhnlich, so unvergesslich... Einmal eine Liebesszene zwischen Chuck und Susanne. Er posiert gerade mit zwei Schnappmessern vor dem Spiegel, wie wir alle es ja gelegentlich tun, als sie ihn besucht. Im Schlafzimmer dann zieht er sie aus. Und zwar mit den Schnappmessern. Ratsch, das Hosenbein hoch, dann das andere, dann den Stoff wegreißen, dann die Unterhose, die Oberbekleidung – nun ist sie nackt, und er könnte über sie herfallen: Doch dies ist kein gewöhnlicher Film mit einer gewöhnlich passiven Frau. Nein: Susanne schnappt sich nun die Schnappmesser; und sie schlitzt ihm das Hosenbein auf, bis hoch, bis fast zur Kastration, und das macht ihm Angst, und das macht ihn an, und die beiden ficken, wie sie noch nie zuvor gefickt haben.

Dies ist die eine Szene, in der wir die schöne blonde Heldin nackt sehen.

Die andere Szene hatte sich zuvor schon zugetragen, und sie hat absolut gar nichts mit der sonstigen Handlung zu tun. Im Abspann ist auch von »additional scenes«, gedreht von einem anderen Regisseur, die Rede – dies muss eine davon sein, wahrscheinlich ist die Sex-Szene die andere. In dieser Szenen nun wandert Susanne in hochhackigen Stiefeln die Straße entlang und wird von zwei üblen Burschen – nein, keine Schlitzaugen! – übel angemacht. Sie tippelt schnell weg. Die Männer folgen ihr. Sie flieht in eine Seitengasse, durch einen Maschendrahtzaun – wo sie mit ihrem Abendkleid hängen bleibt. Ratsch, isses ab. Im Unterrock geht es weiter in eine Werkstatt, wo ein älterer Wachmann wacht. Den macht die Dame auf ihre Verfolger aufmerksam, mutig stellt er sich ihnen in den Weg, sie schubsen ihn aber dummerweise auf einen Haken, der auf dem Boden rumliegt, treten nochmal auf ihn drauf, und er hat seinen letzten Atemzug getan. Nun also: Die halbnackte Frau gegen zwei geile Männer. Und sie kämpft, das kann sie ja, und beim Kampf geht natürlich Fetzen für Fetzen die Kleidung flöten. Nun hat der Filmemacher natürlich ein Problem. Eine Kämpferin in BH und Unterhosen kann man ja kaum noch weiter auf »natürliche« Weise ausziehen. Ein glänzender Ausweg: Einer der Gegner greift nach einer Sichel, mit der er ihren BH zerschlitzt. Nachdem sie nämlich seinen Kumpel in eine Kreissäge hat laufen lassen.

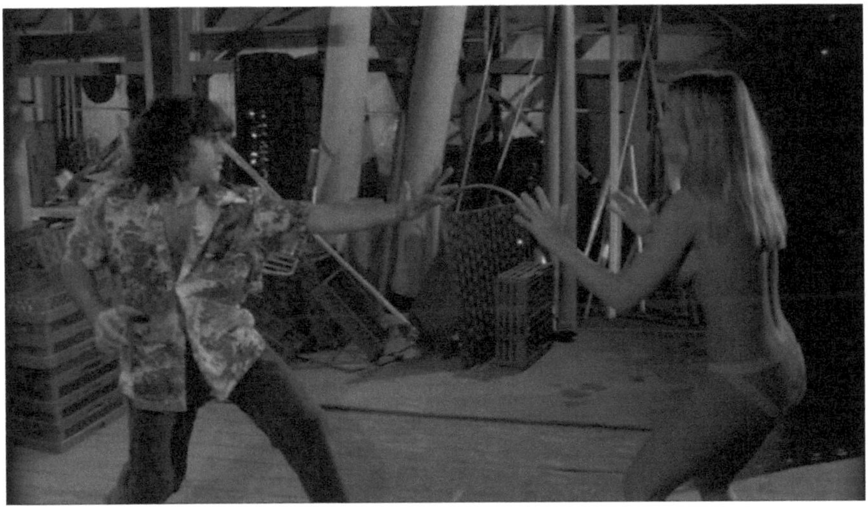

Das ist mindestens so gut wie das legendäre Filmepos Scott of the Sahara, in dem Carol Cleveland an dummerweise im Weg stehenden Kakteen ihre Kleidung verliert, auf der Flucht vor einem menschenfressenden Schreibtisch...

Dass es am Ende gut ausgeht, ist klar. Und wir sehen mal wieder, wie wichtig der Selbstverteidigungskurs der Volkshochschule ist, für den man im Übrigen, kleiner Tipp von mir, nicht zu weite Kleidung anziehen sollte.

DRACULA JAGT FRANKENSTEIN

LOS MONSTRUOS DEL TERROR

Spanien/BRD/Italien 1970, Regie: Tulio Demicheli, Hugo Fregonese, Eberhard Meichsner, Antonio Isasi-Isasmendi.

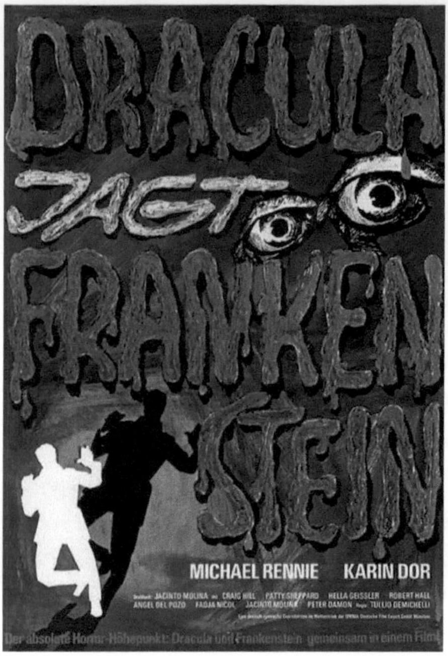

Die Filmgeschichte zu verwursten ist ja auch nicht unbedingt das Schlechteste. Obwohl… ich habe mal ein paar »Abbott und Costello«-Filme gesehen, die als DVD-Box rauskamen, dachte, ich könnte dort neue Komikgründe auftun; die Filme hat damals, Ende der 40er, Anfang der 50er, Universal produziert, man hat populäre Komiker in einen Topf geworfen mit den legendären, aber an sich veralteten und ausgemusterten Horrorfiguren, und so treffen Dracula, Frankensteins Monster, der Unsichtbare etc. auf Bud Abbott und Lou Costello, und es entsteht dabei kaum ein winziger Funke an Lustigkeit. Außer einmal, wenn sie alle hintereinanderher durch ein Schloss jagen. Aber naja: A&C sind Stangenware, wie von C&A; während der Film FRANKENSTEIN JAGT DRACULA tatsächlich ein Horrorfilm der Sonderklasse ist, der an den Nerven zerrt, wie ja auch schon der Filmtrailer, auf Youtube verfügbar, tapfer postuliert.

Dracula, Frankensteins Monster, die Mumie und der Werwolf werden in diesem Film reaktiviert; und nein, um schwerwiegenden Missverständnissen gleich vorzubeugen: Sie jagen nicht einander. Vielmehr sind da Außerirdische am Werk vom Planeten Umo, 14 Lichtjahre von der Erde entfernt. Der Planet, bewohnt von Körperlosen, ist dem Untergang geweiht, deshalb muss die Erde erobert werden, und zwar auf raffinierte Weise. Statt einfach alle zu killen, übernehmen die Aliens ein paar Körper von Toten und wandeln unauffällig als Menschen unter Menschen. Sind aber natürlich viel weiter entwickelt, haben keine Schwächen, sprich: Gefühle, dafür aber einen todsicheren Plan, nämlich:

Monster reaktivieren, die dann geklont und auf die Menschen losgelassen werden, unter telepathischer Führung durch Dr. Varnoff, Chef-Außerirdischer und Mad Scientist. Dieser Plan wird gleich am Anfang, innerhalb weniger Minuten, dem verblüfften Zuschauer eingetrichtert, und dann im Rest des Films ausgeführt.

Also auf nach Blaustadt, weil dort... weiß nicht, egal: weil dort Kirmes ist. Auf dem Rummel wird ein Vampirskelett inkl. Holzpfahl zwischen den Rippen gefunden, also: Schausteller verführen und töten, die schöne Assistentin entführen, Pfahl entfernen, und schon ist der Vampir wieder lebendig. Ein altes Kloster, das von einer alten Burg dargestellt wird, ist das Hauptquartier, inkl. tollem Labor mit blinkenden Lichtern und so Kästen und Monitoren, die Computer darstellen sollen. OP-Tisch natürlich, und elektrischer Stuhl zur telepathischen Gefügsammachung. In Ägypten wird per Zauberspiegel die Mumie erweckt, die prompt den einheimischen Führer killt, damit man auch glaubt, dass sie böse ist, aus einem Grab wird der Werwolf geholt, und woher das Monster kommt (nicht nach Frankenstein-, sondern nach von Faranckssalan-Muster (!) gebaut, was keinen Unterschied macht), weiß ich nicht mehr. Wurde vielleicht auch nicht gezeigt, wie die ganzen Entführungen diverser hübscher Damen, die willenlos als Assistentinnen im Labor rumstehen dürfen. Davon liest man in eingeblendeten Zeitungsmeldungen, und man hört davon von der Polizei.

Die nämlich, die berühmte Polizeibrigade von Blaustadt, schickt ihren besten Mann: Inspektor Tobermann. »Diese Ungeheuer sind ja ungeheuer«, weiß er, und lässt in bester 70er-Jahre-Manier rainerbrandtesk ein paar Sprüche los, er ist schließlich der lockere Sympathieträger, »mit Sichertum«. Seine Ermittlungsarbeit: sich an eines der Beinaheopfer des Werwolfs ranmachen, die zweite große Frauenrolle nach Karin Dor als Varnoff-Assistentin mit Skrupeln, die einen der weiteren Mitarbeiter liebt, der dann vom Monster auf Varnoffs Geheiß niedergemacht wird. Kompliziert? Macht nichts! Darum geht es ja, aus Mücken Elefanten zu machen, oder aus Leichen Monster, oder aus sinnlosem Nichts lustigen Quatsch.

Das Drehbuch stammt von Jacinto Molina Álvarez alias Paul Naschy, er spielt in diesem Film wieder seine Paraderolle des Waldemar Daninsky, seines Zeichens wehmütiger Werwolf in diversen Filmen. Er ist das eigentliche Starungeheuer im Film: Im Gewölbekeller kommt es zum Showdown der Guten und der Monster, Werwolf kämpft gegen Mumie, im Labor dann gegen das Monster, der Werwolf hat zudem eine schöne Freundin getroffen, die ihn erlösen will und mit ihm in den Tod geht.

Die Produktionswerte sind niedrig, die Darsteller schwach, die Dialoge dämlich, die Monster überhaupt nicht gruslig, die Szenenfolge hingekloppt und überhaupt alles bekloppt – kurz: Es ist alles genau richtig in diesem Film. Und eine Szene ist wirklich unvergesslich, sie ist tatsächlich einzigartig: Inspektor Tobermann untersucht die Burg, kommt ins Labor, wo Dr. Varnoff ihn natürlich schon erwartet. Mit der Assistentin prüft er irgendwelche Flüssigkeiten in irgendwelchen Reagenzgläsern, liest irgendwelche Werte ab, reagiert gar nicht auf den eingetretenen Tobermann – den dafür Varnoff von einer Monitorwand her begrüßt, aus einem anderen Seinsstadium. Am Labortisch Varnoff am Experimentieren, neben ihm Tobermann, mit dem im Bildschirm Varnoff spricht – nicht aufgezeichnet, sondern live. Anwesenheit und Gegenwart werden hier entkoppelt, und das macht diesem Film so schnell kein anderer nach.

Auch in diesem Film gibt es ein paar Einsichten in die *conditio humana.* »Der Mensch: gut und böse – das ewige Paradox«, murmelt weise Dr. Varnoff einmal, der die Menschheit vom Planeten Umo her studiert hat – und der doch zuletzt erkennen muss, dass die Leidenschaften, die Emotionen der Menschen keine Schwäche, sondern deren Stärke sind. Was Tobermann und sein Gspusi *stante pede* beweisen und mit einem Kuss besiegeln. Da sind wir echt froh, dass alles gut ausgegangen ist.

Brennende Rache

The Burning

USA 1981. Regie: Tony Maylam.

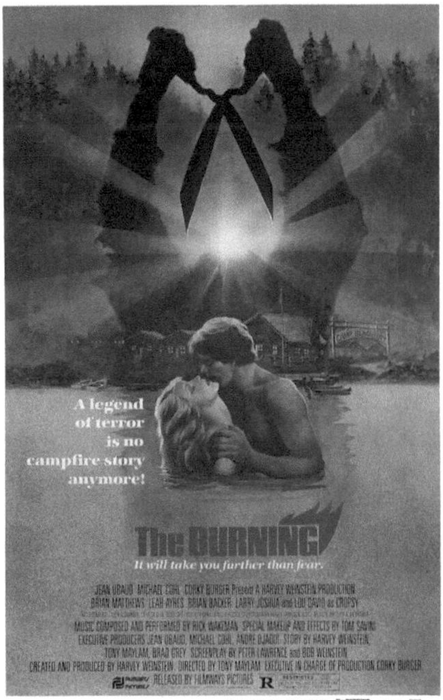

Das Sehen und Gesehenwerden: Das ist eine der Hauptmotive in einem Slasherfilm. So auch in Tony Maylams The Burning: »ein dreistes Plagiat von John Carpenters Halloween, [...] ein Slasher Movie [...], das vom Aufseher eines Sommerferienlagers handelte, der auf sexuelle Abenteuer erpichte Teenager mit einer Heckenschere massakrierte«, schreibt Peter Biskind. Biskind? Doch nicht etwa der Autor dieser so wichtigen Filmbücher über New Hollywood (*Easy Riders, Raging Bulls*) und das US-Independentkino (*Sex, Lies & Pulp Fiction*)? Warum dieses? Weil an diesem Grindhouse-Samstag in Mannheim Filmgeschichte gezeigt wurde: die allererste Miramax-Produktion, die nach dem Motto »Das kann ich auch« gedreht wurde. Die produzierenden Weinstein-Brüder, so kann man annehmen, haben ein paar der damals in Mode gekommenen Slasherfilme gesehen, Harvey hat einen »Story«-Credit, Bob wird als Co-Drehbuchautor genannt. Fürs Horror-Make-Up wurde Genreveteran Tom Savini angeheuert, die Musik steuerte, man will ja protzen, Ex-Yes-Kopf Rick Wakeman bei – der klugerweise weiß, dass in den wirklich spannenden Szenen sein Synthesizer-Kleister fehl am Platze ist und es dann bei ein paar Elektro-Musikeffekten belässt. Was ich dabei verpasst habe: Holly Hunter in ihrer ersten Rolle, sie ist eines der Teeniegirls im Sommercamp; ich habe sie nicht erkannt.

Der Film folgt diesen Jugendlichen, die bemerkt haben, dass ihnen gewisse primäre und sekundäre Geschlechtsmerkmale gewachsen sind: Das ist gar nicht schlecht inszeniert, wie die Jungs die Mädels und die Mädels die Jungs anstarren, wie sich das Interesse in Kichern, Zoten und Gehabe ausdrückt, wie sie merken, dass sie irgendwie von den anderen angezogen werden (und mitunter von den anderen ausgezogen). Da wippen die Brüste unter dünnem Shirt, da wackeln die Hintern im Bikini, da protzen die Jungs und laben sich an ihrer Männlichkeit, beobachtet von der Kamera, die den Zuschauer immer wieder in die Lage der Voyeure versetzt. Und beobachte von Cropsy, dem Killer, in dessen Subjektive der Zuschauer immer wieder versetzt wird, verdeutlicht durch Unschärfen am Bildrand.

Der Film nämlich spielt fünf Jahre danach, nach dem großen Feuer, das Cropsy verunstaltet hat. In einem Ferienlager hatten ein paar Jungs ihm einen Streich spielen wollen, ihm, dem sadistischen Hausmeister. Das ging schief: »This guy is so burned, he's cooked! A fucking Big Mac, overdone!« Jetzt ist Big-Mac-Cropsy auf Rache aus, mit seiner großen Heckenschere, und damit man weiß, wie böse er ist, lässt der Film ihn erstmal, ganz unmotiviert, eine Nutte killen. Und dann passiert erstmal nichts mehr.

Im Ferienlager gibt es zwar immer wieder schaurige Misstöne in der Teenager-Fröhlichkeit. Aber wenn dann zum dritten, vierten Mal der Film Suspense behauptet, die sich als falscher Alarm herausstellt, wird's halt doch langweilig. OK: Ein Teeniegirl beim Duschen ist sehr nett, hehe, und wenn's dann noch böse Geräusche gibt… PSYCHO lässt schön grüßen, aber es war eben doch nur ein Nerd-Spanner. Dunkle Gestalten in der Nacht entpuppen sich als harmlose Gesellen, und allenfalls eine Lagerfeuer-Gruselgeschichte, in der vom legendären Cropsy erzählt wird, ist einigermaßen sinnvoll, weil sie dem Film mythischen Unterton gibt, und weil wir hier erstmals überhaupt was über den Killer erfahren. Passieren tut immer noch nichts, erst als ein Junge sein Girl zum Nacktbaden überredet, ist sie fällig.

Und dann geht's Schlag auf Schlag, einer nach dem anderen wird gemetzelt. Jetzt, nach einer dreiviertel Stunde, geht es so richtig los, da wird einiges weggemetzelt: am drastischsten – und besten – wohl ein Teenozid auf einem Floß, bei dem auf einen Streich eine Handvoll Teenies der Heckenschere zum Opfer fallen.

Flashman – Der Unsichtbare

Flashman / Der Unsichtbare schlägt zu / Superflashman

Italien/Frankreich 1967. Regie: Mino Loy.

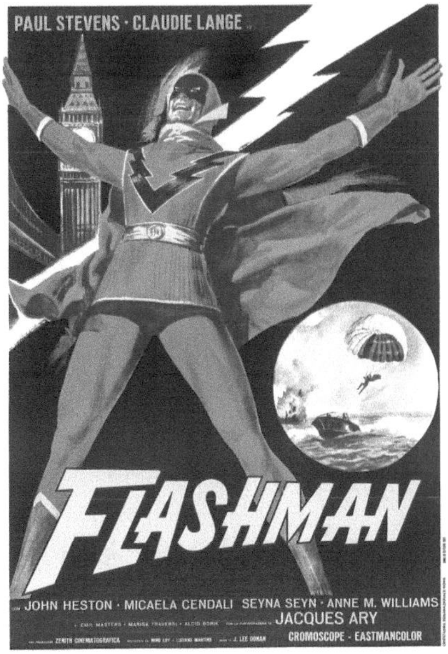

Ein Blockbuster, ein Actionfilm, eine Superheldensause. Eine hauptsächlich italienische Produktion, die in der Grindhouse-Nacht in der englischen Synchro vorgeführt wurde, was eine weitere Schraubendrehung bedeutet dahin, wo Flashman hinwill, nämlich zu den US-Comics und den Brit-Agentenfilmen.

Großbritannien. London. Big Ben schlägt 10. Das altehrwürdige Imperial College of Science and Technology. Im Labor: Ein alter Wissenschaftler, der den Durchbruch schafft, eine Erfindung, wie sie die Menschheit noch nicht gesehen hat. Kristallisation der Zellen, Brechung des Lichtes – kurz: man wird unsichtbar mit diesem Serum... Leider ist der Prof. nicht unverwundbar, wird von Bösewicht Nummer 1 niedergeknallt, der die Unsichtbarkeitsessenz klaut und das Labor in die Luft sprengt. Er ist Chef einer Gaunerbande, von der man nicht so recht weiß, was die Komplizen zu tun haben, weil Unsichtbarmachen und Banküberfallen nicht nur Chefsache, sondern auch Alleingang sind. Egal.

In der Bank jedenfalls ein tumber Angestellter, der von einer zauberhaften Dame angelächelt wird. Die ihm prompt ein Geldbündel vom Tisch klaut und gegen Falschgeld eintauscht. Hups: der zweite Plot des Films, mit der zweiten Verbrecherschiene! Eine Bande internationaler Geldfälscherinnen, die listig ihre selbstgemachten Banknoten gegen echte eintauschen, direkt in diversen Banken. Toller Plan, der super funktionieren würde – wenn nicht die erste Verbrecherbande reinfunken würde. Und wenn dieser eine Angestellte namens Smithers nicht in Wirklichkeit Lord Alex Burman wäre, der im übrigen die bürgerliche Existenz von keinem geringerem als Flashman ist.

Er hat einen tollen Umhang und eine tolle Maske und auch eine Schwester, die sich gerne Science-Fiction-haft verkleidet – Engländer, reiche zumal, haben halt einen Spleen. Und Alex bekämpft eben aus Langeweile Verbrechen, hat sich in die Bank als Köder für Kriminelle eingeschlichen, wird dann vom Unsichtbaren überfallen und so weiter und so fort. Klar kommt er dem – im übrigen teutonisch blondierten – Bösewicht auf die Spur, aber der ist auch nicht von schlechten Eltern, hat nämlich einen ferngesteuerten Hubschrauber, und Flashman muss aus höchster Gefahr in die Themse hopsen!!! (Als er das Ufer hochkraxelt und tropfnass heimtapst, läuft ein Hund ganz unbekümmert über den Drehort, das hat wahrscheinlich keiner gemerkt... oder es war dem Kameramann und dem Cutter wurscht...)

Die Verbrechen des Unsichtbaren jedenfalls sind Meisterwerke – darunter auch ein Besuch im Gefängnis, wo der Schurke diverse Insassen ausfragen muss. Man sieht ihn nicht! Nur die Pistole, mit der er rumfuchtelt. Kleider hat er übrigens keine an, die werden ja nicht unsichtbar. Und an den Gegenständen, die einfach so durch die Gegend fliegen, weil ja der Unsichtbare sie in Händen hält, sieht man die Fäden fast nicht.

Es geht dann nach Beirut. Weil sich Bösewicht 1 und Bösewichtin 2 zusammengetan haben und einen reichen Maharadscha rupfen wollen. Dass sie über Leichen gehen, ist klar. Dass Flashman hinter ihnen her ist, auch. Und dass er ganz unmotiviert einen depperten Kommissar im Schlepptau hat, ist begründet im Erfolg der Inspektor-Clouseau-Filmreihe – warum soll man sich nicht auch da bedienen! Herrlicher Slapstick mit doofen Polizisten hat ja schon immer funktioniert und verfehlt auch hier seine Wirkung nicht.

In Beirut nehmen Flashman & Sister des Maharadschas Tochter unter ihre Fittiche, während der Kommissar sich mit seinem libanesischen Pendant rumstreitet und die Bösewichter beinahe entkommen. Ah, jetzt habe ich vergessen, hier ein Ausrufezeichen zu setzen, denn alles ist furchtbar spannend!!! Die Handlungsturbulenzen nehmen zu, naja, die Abgeklärtheit des Zuschauers leider auch, der Gewöhnungseffekt, was will man machen, so ein bisschen fängt man an, abzuschalten.

Das Finale ist wieder herrlich. Bootsverfolgungsjagd, diesmal ist die Frau unsichtbar (und, hechelhechel, nackt, was man aber nicht sieht, weil wir ja in den 60ern sind) und flieht vor Flashman. Schießt dabei ein paar Benzinleitungen an, die an Klippen herumhängen, und zündet dann das Benzin auf dem

Meer an, eine Feuerwand, die Flashman in seinem Boot nicht überwinden kann – denkt man. Aber er hat ja seinen Fallschirm dabei, befestigt den am Boot, das durch das Feuer flitzt, oben hängt der Held, und es macht ihm nix aus, dass unten das Schiffchen explodiert. Wie es uns nichts ausmacht, dass man die Fahrzeuge als Spielzeugboote erkennen kann.

Am Schluss ist nichts mehr übrig. Die Schurkin, unsichtbar, ist tot, aber nicht zu sehen, und der Schurke hat sich versehentlich selbst in die Luft gesprengt, nach spannendem Handgemenge mit Flashman. Der als Retter der Welt zurück nach London fliegt. Schade, dass sein Fallschirm nicht das Union-Jack-Muster hat.

ZINKSÄRGE FÜR DIE GOLDJUNGEN

BRD/Italien 1973. Regie: Jürgen Roland.

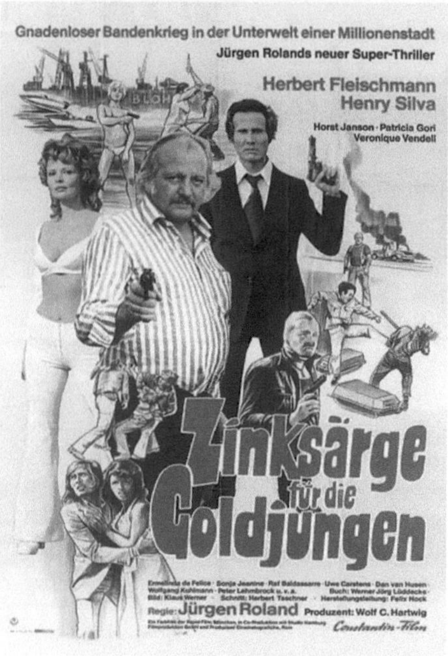

Mit Musik fängt's an, ZINKSÄRGE FÜR DIE GOLDJUNGEN: »Fahr'n wir mal rüber, fahrn wir mal rüber, fahrn wir mal rüber zum Schmied seiner Frau!«, so schallts hoch vom gelben Wagen beim Ausflug der Brüder des Kegelvereins »Schwarzer Pudel«, Vorsitzender: Otto Westermann. In einer schnellen Montagefolge lernen wir ihn kennen: In Prostitution, Glückspiel, Pferdewetten etc. hat er seine Hände drin, er ist der *capo di tutti i capi* von Hamburg, und sieht dabei mit Schmerbauch, Schnurrbart und Glatze aus wie Erwin Lindemann, der in Wuppertal mit dem Papst Tango tanzt: Hamburgs Unterwelt liegt in den Händen eines Kleinbürger-Archetypen.

Bis die Queen Mary im Hafen einläuft. Dies ein Höhepunkt der Geschichte des Voice-Over-Kommentars: Ein Sprecher informiert über die Faszination, die dieser Dampfer immer wieder auf die Bevölkerung ausübt, darüber, wie keiner etwas von den Umtrieben in der Unterwelt ahnt, dass die Personen, die in diesem Film vorkommen, erfunden seien, nicht aber ihre Handlungen. Und dass Otto Westermann, wenn er bei der Ankunft der Queen Mary zugegen gewesen wäre, schon Bekanntschaft mit seinen Feinden hätte schließen können, die hier Hamburger Gebiet betreten: Luca Messina, geboren 1927 in Sizilien, aufgestiegen in der New Yorker Mafia, der nun ein neues, eigenes Revier auftun will... Mit ihm gehen von Bord seine Geldeintreiber, Handlanger, Killer, kurz: »richtige Goldjungen«. Womit der erste Teil des reißerischen – aber vollkommen passenden – Filmtitels erklärt ist. Später, bei einer Konfrontation zwischen Westermann und Messina, heißt es dann: »Für deine Leute reichen Zinksärge, mehr sind sie nicht wert«.

Im Grunde setzt sich der Film aus diesen Reizwörtern zusammen. Und ist doch viel mehr als ein simpler Krimistreifen, als irgend so ein Genreverschnitt zum billigen Vergnügen, wie es das deutsche Kino in den ausgehenden 60ern (Stichwort Karl May und Edgar Wallace, die immer mehr degenerierten), zumal aber in den 70ern (mit Blödelkomödien und Sexstreifen) allzu oft zustande gebracht hat. Hinter der deutsch-italienischen Coproduktion ZINKSÄRGE FÜR DIE GOLDJUNGEN steckt Kriminalspezialist Jürgen Roland, der wirklich packend inszeniert.

Und auch, wenn der Film 70er-Jahre-typisch schlecht nachsynchronisiert ist; auch, wenn zwischendurch mal recht willkürlich zwei Kungfu-Kämpfer auftauchen, um der Affinität zum zeitgenössischen Martial-Arts-Hype Tribut zu zollen (schließlich handelt es sich hier um eine Wolf C. Hartwig-Produktion): Äußerst solide, mit bestimmtem Auge für die Spannungsmomente, mit Gefühl für Tempo und vor allem mit Blick für die Details (eine Bombe im Auto liegt auf einem *Pardon*-Heft, mit dem Logo des den Hut ziehenden Teufels) inszeniert Jürgen Roland, und das zahlt sich aus: Ein grandioser Film ist das, bei dem es viel zu lachen gibt – nicht über den Film, sondern, weil die Figuren nie um einen Spruch verlegen sind, weil sie mit äußerstem Pragmatismus ihren Verbrechensgeschäften nachgehen und dabei doch nur ganz normale Bourgeois sind, weil sie selbst mit Witz und Coolness agieren und dabei auf dem schmalen Grat zwischen Realismus (Roland hat ja in den 60ern mit den Semidokumentar-Krimi-Straßenfegern STAHLNETZ angefangen) und überzogenem Gangster-Genre balancieren.

Zwischen den großen Kontrahenten Westermann und Messina steht Horst Janson – zehn Jahre später Teil der Sesamstraße-Dreamteam-Besetzung zusammen mit Manfred, Uwe und Lilo. Und Janson als Westermann-Sohn Erik agiert sowas von cool: unglaublich lässig, sowas kennt man im deutschen Film sonst kaum, da wird ja meistens recht unentspannt rumgeschauspielert und das dann gefeiert. Man denke an Pierre Brice und Lex Barker…

Jedenfalls. In einem Boxclub steht – einer der vielen Nebenstränge der Handlung, die sich zu einem harten Tau verdichten – Eriks Bruder Karl im Ring, er kämpft gegen Messinas Protegé Tiger, ein Stellvertreterkrieg im Zwist um die Herrschaft über die Unterwelt. Erik schaut zu, ebenso Sylvia, Messinas Tochter. Sie raucht. Erik zu ihr hin (ohne zu wissen, dass sie Sprößling des väterlichen Todfeindes ist): »Ist aber nicht gut für die Lunge!« Nimmt ihr die Zigarette weg. Sie, flirtend widerspenstig, holt sich eine neue raus. Er, den Ball aufnehmend, zückt das Feuerzeug, lässt es aufflammen, sie entzieht ihm die Kippe. Worauf er ihr einen Kaugummi anbietet, den sie annimmt – und der Zuschauer weiß, dass hier der Keim einer Romeo und Julia-Liebe gelegt ist, mittels dieses unglaublich fein inszenierten Hin- und Herspiels. Später, nach dem Boxkampf (den Westermann gegen Tiger gewinnt) geht Erik mit Sylvia raus, nimmt sie dabei um die Hüfte und lässt nonchalant seine Colaflasche auf dem Rand des Boxrings stehen, so dass sie torkelnd runterfällt – ein weiteres dieser lässigen Details.

Natürlich kann Roland auch die Standardsituationen. Drohungen, Gegendrohungen, Schießerei auf dem genretypischen Schrottplatz, zärtliche Liebesszene, *comic relief* etwa mit der italienischen Mama von Luca Messina und ihren Haaren auf den Zähnen. Und mit fast episodenhaft verknüpften Szenen und Sequenzen nähern wir uns dem Showdown, verkompliziert durch die Allianz der Kinder – und ein wenig hinausgezögert durch eine längliche Moralpredigt durch Horst Janson, der des ständigen tödlichen Streits der Eltern leid ist, ihre scheuklappenhaften Gewaltreflexe verurteilt, »ja, ich weiß, das ist heute modern. Aber ich, ich bin altmodisch: Ich liebe meine Sylvia!« Das ist ein bisschen zu aufgesetzt, auch wenn's abgefedert ist durch das den Film durchziehende leitmotivische, ironische Spiel mit dem Gegensatz von modern und altmodisch, dem Gewalt resp. Liebe zugeordnet sind. Kurz darauf, als das junge Liebespaar versehentlich durch eine Bombe hochzugehen droht, nur noch wenige Minuten zeigt der Zeitzünder an…; und als sich eine schön altmodische (!) Autoverfolgungsjagd inkl. Schießerei entspinnt; die dann übergeht in eine lange, großartige Jagd per Schnellbooten durch den Hamburger Hafen: dann sind wir wieder ganz und gar bei dem Film, der die leichten Boote über die Wellen hopsen und auch mal über eine Kaimauer springen lässt, bis zum explosiven Ende.

Und warum sind wir so bei dem Film? Wieder eines dieser so genauen und hinreißenden Details: Luca Messina, der hagere Italiener, ist ins Boot gesprungen, jagt davon. Otto Westermann mit seinen Wirtschaftswunderkörperrundungen hopst ins nächste Boot, will hinterher, und knallt erstmal gegen die Hafenmauer. Weil er das ja noch nie gemacht hat. Und auch das Verfolgen auf dem Wasser erstmal lernen muss.

FRANKENSTEINS TODESRENNEN

DEATH RACE 2000 / HERRSCHER DER STRASSE

USA 1975. Regie: Paul Bartel.

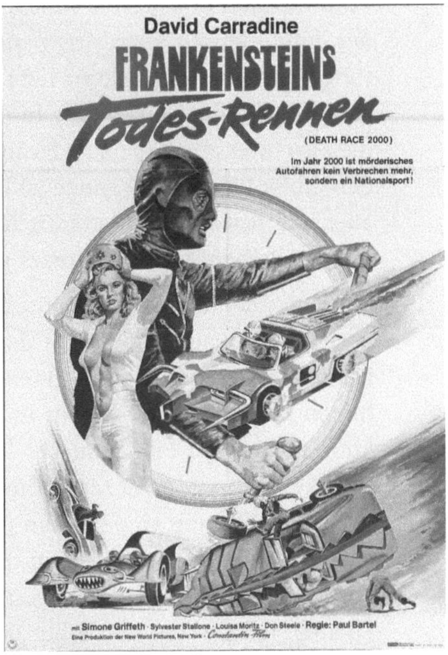

Eine Roger-Corman-Produktion für dessen New World Pictures-Verleih – trashig? Auf jeden Fall actionlastig, gezielt auf gleich mehrere publikumswirksame Exploitationmittel setzend: Autos, Gewalt, Satire, nackte Haut.

Der Anfang: ein riesiges Stadion mit riesigen Tribünen, der Hintergrund: ein sichtlich gemaltes New York, das aussieht wie Otto Huntes Entwürfe für Langs METROPOLIS; im Publikum typische Amerikaner plus ein paar Naziflaggen.

Dazu ein Reporter, der mit übertriebener Geschmeidigkeit den anstehenden Start der neue Auflage des interkontinentalen Straßenrennens kommentiert, sich an die Fahrer ranschmeißt und an sein Publikum. Die Fahrer: Deutsche in einer Art V1-Rennwagen – für sie die Nazifans –, ein Pärchen à la Altes Rom, Katastrophen-Jenny in Country&Western-Outfit, der italienische Mafioso Machine Gun Joe Viterbo – Sylvester Stallone! – und David Carradine als Frankenstein-Verschnitt, unbestrittener Favorit des Rennens und Held fürs Publikum. Sie geben alles auf der Strecke nach New Angeles, quer durch den Kontinent, über die Bergstraßen, die gleich hinter New York beginnen: ein Rennen um Leben und Tod, buchstäblich.

Das Remake DEATH RACE von 2008, Regie Paul W.S. Anderson, ist ein straighter Actioner, ein typischer Jason Statham-Film – was ja zunächst mal was Gutes ist. Umso gespannter war ich auf das Original, DEATH RACE 2000 – ich hatte gar mal in Erwägung gezogen, ihn zu kaufen! –; und umso mehr überraschte mich der Film. Weil er Ebenen aufzuweisen hat, mit denen ich nicht gerechnet habe.

Die TV-Leute sind allgegenwärtig, nichts entgeht ihrem Blick und ihrer Umarmung – Promis jeglicher Couleur zählen zu den besten Freunden der Klatschreporterin, der Präsident der Vereinten Provinzen von Amerika ist unbestritten in seiner Allmacht, Unleidiges wird totgeschwiegen.

Die Rennfahrer sind mit vollem Einsatz dabei – es zählt ja ihr Leben –, sind des Jobs zugleich überdrüssig, und nehmen alles als sportliche Herausforderung. Das Massenpublikum liebt diesen modernen, mordenden Gladiatorenkampf und fügt sich geduldig in die Einlullungskampagne der Mächtigen. Und die paar wenigen Widerstandskämpfer unter der Veteranin Mrs. Paine schmieden große Pläne, das Rennen zu stören und den Präsidenten zu ermorden, die aber alle bestenfalls dilettantisch sind, schlechtestenfalls das eigentliche Ziel des gesellschaftlichen Umsturzes unwillentlich selbst sabotieren.

Sprich: Alle, die wir im Film sehen, sind Knallchargen, alles, was passiert, ist falsch – und Paul Bartel zieht daraus eine Menge Spaß. Indem er das falsche Leben im Falschen gezielt, pointiert zeigt; und dieses Zeigen von vorne bis hinten kontinuierlich steigert. Er bietet Action genug – das gefällt dem Publikum, für das der Film gemacht ist –; und zwar als Parodie – das gefällt dem Publikum ebenso, es ist schließlich die Jugend Amerikas, die zwischen Rebellion und Anpassung grad mal ein paar High School-Jahre hat, um die Sau rauszulassen; zumindest virtuell, in diesem Autofilm fürs Autokino über Autorennen. Er vermengt Gesellschaftskritik und Medienspott mit rasanten Stunts und Splattereffekten – in satirischer Überhöhung, wie der ganze Film durchgehend überstilisiert ist.

Die Kategorisierungen der Rennteams, vom alten Rom bis Frankenstein, trifft auf ein dankbares Publikum, stromlinienförmig rübergebracht durch staatstreu affirmatives Fernsehen, garniert mit Sex und Gewalt. Denn die gemischtgeschlechtlichen Rennteams sind auch körperlich füreinander bestimmt, zur abendlichen Entspannung strapazierter männlicher Muskeln. Und rennwichtige Punkte gibt's am meisten für alte Menschen, Kinder auch gerne, mit Bonus für überfahrene Frauen: insofern hat Machine Gun Joe Viterbo Pech, als er als erstes Opfer einen Bauarbeiter erwischt: der leider erst 38 ist, zwei Jahre älter und es hätte 40 Punkte mehr gegeben... Nun wissen wir auch, warum vorne an den Fahrzeugen Messer und MG-Attrappen, Haifischzähne oder Stierhörner angebracht sind – man muss ja die Massen aufgabeln, die sich zufällig oder absichtlich auf der Straße tummeln. Groupies nämlich bieten nicht mehr ihre Körper an, sondern ihr Leben, für ein möglichst hohes Punktekonto...

So ist das im Jahr 2000, 20 Jahre nach dem Weltkrieg, nach dem Umsturz in den USA, als die Partisanen siegten und eine neue Gesellschaftsordnung schufen, in denen der Reichtum einiger weniger Privilegierter dem Volk Glück verheißt – vor allem durch das alljährliche Todesrennen, weniger durch wirklichen Wohlstand für alle. Weshalb ja die Rebellen gegen das Partisanen-Establishment ankämpfen, mit allen Mitteln – die freilich oft genug völlig unzureichend sind. Obwohl, ein paar ihrer Hinterhalte haben's in sich: Da wird ein Umleitungsschild aufgestellt, das zu einer riesigen Tunnelwand führt – die besteht freilich aus Pappe, hinter der Kulisse klafft ein Abgrund. Oder ein Angriff mit einem Ultraleichtflugzeug auf Frankensteins Wagen, inklusive Bombardement. Pech nur, dass die Medien die Wahrheit gepachtet haben und all die seltsamen Todesfälle an den Rennteilnehmern den Franzosen in die Schuhe schieben. Was wiederum nur ein weiterer Beweis dafür ist, wie klug und genau und vorausschauend diese Perle des Avantgarde-Trashs ist: Sah man doch damals schon dickcheneyeske Mechanismen voraus.

Das Schwert des gelben Tigers

Xin du bi dao / The New One-Armed Swordsman / Die Rache des gelben Tigers

Hongkong 1971, Regie: Cheh Chang.

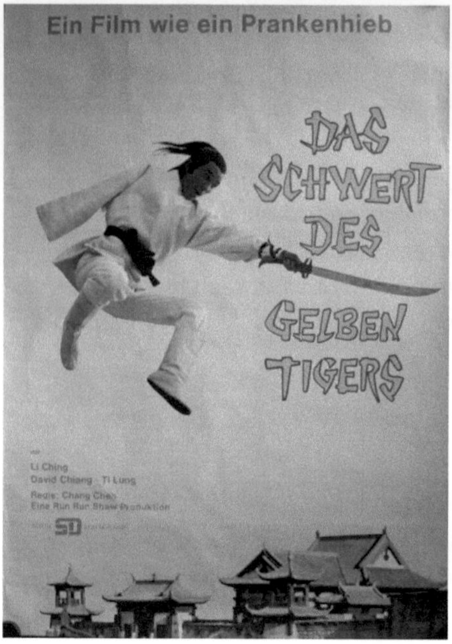

Ein Klassiker des Hongkong-Schwertkampf-Films, der Anfang der 70er in Deutschland so richtig die Welle der Martial Arts-Filme losgetreten hat, noch vor Bruce Lee: Das Schwert des gelben Tigers, oder besser: The New One-Armed Swordsman aus den Shaw-Brothers-Studios, inszeniert von Cheh Chang (der schon vier Jahre zuvor einen Vorgänger-One-Armed Swordsman gedreht hatte). Gezeigt wurde die deutsche Synchro, und das macht natürlich gleich noch doppelt Spaß, zusätzlich zu den vielgestaltigen Schwertkämpfen, bei denen die Hiebe immer sichtlich dezimeterweit am Gegner vorbeirauschen, der dann aber doch tödlich getroffen mit großer Geste hintüberfällt; wirkt natürlich nur, wenn auch schön überlaute Geräusche drübergelegt sind.

Li Lei ist ein legendärer Schwertkämpfer, wird aber vom bösen Lung reingelegt und in einen Kampf verwickelt, den er nur verlieren kann. Weil Lung nämlich eine teuflische Waffe hat, gegen sein Kettenstab-Rumgefuchtel können, so die (beinahe zu späte) Erkenntnis, eigentlich nur drei Schwerter helfen; mit zwei Armen nicht zu machen, mit einem schon gar nicht. Und einen Arm verliert Li Lei bei diesem fiesen Kampf gegen Lung, haut ihn sich selbst ab als Buße, weil er unterlegen war; schwört dem Kämpfen ab und dient fortan als trauriger Kellner in einer Gaststätte.

Lung, der Bösewicht in der Tigerburg, lässt seine Räuberbande Terror verbreiten, und die haben es auch auf Pa Chiao abgesehen, in die Li Lei heimlich verliebt ist. Da er nicht kämpfen will, meinen die Herren, sie könnten alles mit ihm machen! Und da er nicht kämpfen will, entwickelt sich eine Freundschaft mit Chen, einem Schwertkämpfer, der die Gleichmut von Li Lei bewundert; während der die Kampfkunst von Chen hoch achtet. Chen legt sich mit Lung an, unterliegt, und jetzt liegt es in dem einen Arm von Li Lei, den Freund zu rächen, gegen Hundertschaften von Schurken…

Die Story ist genau das, was man von einem Schwertkämpferfilm erwartet; sie könnte genauso in einem Samuraifilm oder in einem Italowestern vorkommen, nur, dass da ein bisschen anders gekämpft wird. Cheh Chang erzählt seinen Film aber überraschend flott, gleich zu Anfang metzelt Li Lei diverse Reiter nieder, man weiß gar nicht warum, aber dass er der Held ist, das weiß man. Dann setzt eine erklärende Voice Over ein, die den Film historisch einordnet und als Legende präsentiert, und dann ein erstes Schlachtfeld mit vielen Toten, in rotes Kunstblut getunkt, beinahe als statueske Kunstinstallation: wie da einer erstochen wurde, als er gerade selbst einen anderen ersticht, im gegenseitigen Sterben für immer vereint, als erstarrte Skulptur mitten aus dem Kampf gerissen… Und da zeigt sich eben auch, was der Film die ganze Zeit über verhandelt: Kampf oder Nichtkampf, Gewalt oder Pazifismus, Aggression und Duldung: dem Kampfe abschwören, sich absolut friedlich verhalten – oder doch: sich wehren, sich rächen, dem Bösen Einhalt gebieten?

Li Lei, der alles einsteckt, was ihm an Demütigung widerfährt, ist nicht glücklich als Hilfskraft im Wirtshaus, aber Chen, der Schwertheld, sieht in ihm ein Vorbild für das gute, richtige Leben. »Du bist halt ein Krüppel, da hassen dich alle«, heißt es einmal sinngemäß; und Chen träumt davon, zusammen mit Li Lei eine kleine Farm aufzubauen, irgendwo weit weg, sie beide zusammen… (Sehr seltsam und unfreiwillig komisch mutet diese Freundschaft an, die eigentlich Verliebtheit ist, stockschwul – offenbar ganz ungewollte Zwischentöne in diesem Film, der nur mit etwas dramaturgischer Mühe über die verehrte Pa Chiao wieder das männliche Hetero-Weltbild zurechtrücken kann.)

Am Ende jedenfalls zwei große Kämpfe: Chen, der mies herausgefordert wird und sich mit seinem Kämpferherz nicht zurückhalten kann, um dann mit einem fiesen Trick entzweigerissen zu werden. Und Li Lei, der von seinem Schwur der Gewaltlosigkeit abrückt und die bösen Räuber zu Hunderten niederstreckt, um dann wieder Lung gegenüberzustehen, auf einer von Toten übersäten Brücke; Lung mit seiner unüberwindlichen Waffe, und Li Lei mit seiner als Kellner geschulten Fingerfertigkeit, mit nur einem Arm für nur ein

Schwert, aber auch mit einer Erkenntnis, die das Dilemma des Films – Kampf oder Friedlichkeit – auflöst: »Gegen Mörder kämpft man nicht. Man bestraft sie«, weiß Li Lei, und das tut er. Weil er eben auch einarmig mit drei Schwertern umzugehen weiß. Und weil er das erreicht hat, was die Voice-Over-Stimme zu Anfang von den aufrechten Schwertkämpfern gefordert hat: nicht für eigene Zwecke, für Profit oder Hass zu kämpfen, sondern als Weg zu wahrer innerer Erleuchtung – was halt so an pseudophilosophischer Tünche über derartige Filme gegossen wird.

Ja: Das Schwert des gelben Tigers ist Grindhouse pur, schöner Trash, mit Action, Kampf und dem gewissen Witz; und mit einem deutschen Titel, wie er schöner kaum hätte erfunden werden können.

DIE GEWALT BIN ICH

IL CINICO, L'INFAME, IL VIOLENTO

Italien 1977. Regie: Umberto Lenzi

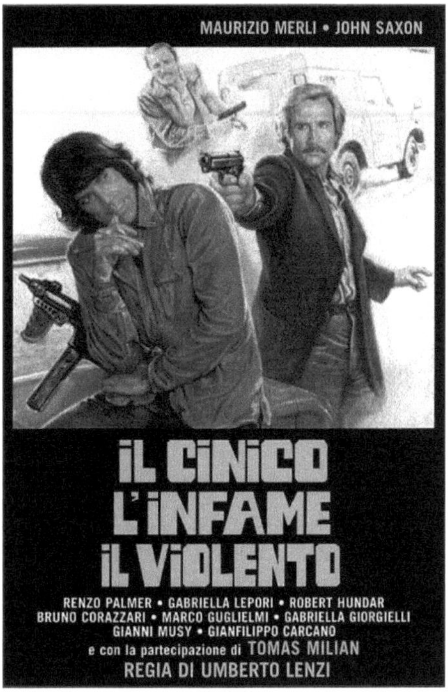

Ein Mannheimer Grindhouse-Double-Feature macht's möglich: drei tolle Szenen, mindestens, in nur zwei Filmen – eine höhere Quote, als man sie von so manchem gestandenen Filmfestival im Ganzen erwarten kann. Zwei dieser exquisiten Szenen: Folter; in ganz verschiedenen Filmen.

Einmal ist ein Typ, der dem Verbrecheroberbösewicht einen Haufen Geld schuldet, im Garten von dessen geschmackvollen Anwesen festgebunden an Armen und Beinen, fünf Meter vor ihm der Gangster mit neun aufgereihten Golfbällen. Mit denen folgen Zielübungen – wobei der Schurke nicht viel proben muss, um dem armen Opfer voll in die Fresse zu ballern. Dann ist er dessen überdrüssig und lässt den armen Wicht von seinen Hunden zerfleischen.

Die Szene ist einer der Höhepunkte von DIE GEWALT BIN ICH, einem Euro-Crime-Gangster-Polizei-Fetzen von Umberto Lenzi, der im Original leonehaft IL ACINICO, L'INFAME, IL VIOLENTO heißt. Ein reichlich unausgegorenes Werk, würde man auf Sinn, Logik und Stringenz der Handlung schauen. Ein tougher Reißer, wenn man das Gesamtbild betrachtet.

Ständig wissen irgendwelche Leute mehr, als sie wissen dürften; der anfängliche tolldreiste Coup des Helden, Ex-Polizist Leonardo Tanzi, ist dem Rest des Films völlig wurscht: Dass er sich nämlich nach einem Attentat tot stellt, seine Beerdigung fingieren lässt und nun in Ruhe die Gangsterbanden aufmischen kann, spielt gar keine Rolle und wird als selbstverständlich genommen. Warum genau muss gegen Ende ein Heist-Movie-Topos eingebaut werden, in dem Tanzi mit einem seltsam aussehenden, dickbebrillten Männchen in den Tresor-

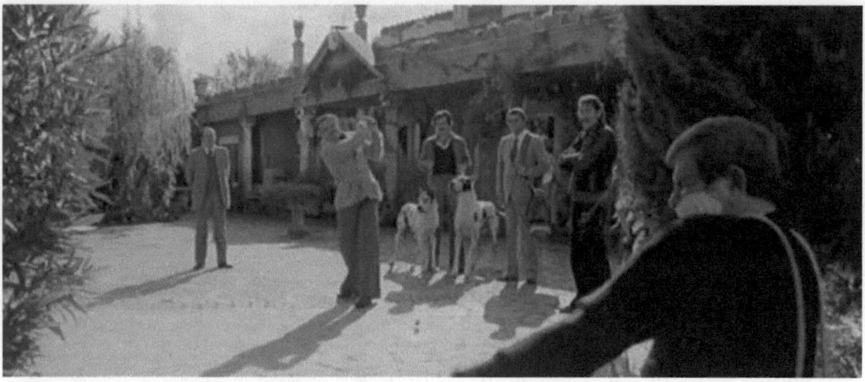

raum eines Notars eindringt, just bevor eine Abordnung der Gangster dort einbricht? Wird schon irgendeinen vorgeschobenen Anlass gehabt haben, der eigentliche Grund ist natürlich die Spannung. Dass die in dieser Szene der Lächerlichkeit preisgegeben ist, liegt daran, dass in den vergangenen Jahrzehnten einige Verbesserungen vollbracht wurden in Einbruchschutzsicherungsmaßnahmen wie auch in ihrer filmischen Gestaltung: Wegen Infrarot-Lichtschranken (heute bekannt als Laser-Bewegungsmelder, sieht aber genauso aus) müssen die beiden lustige rote Brillen aufsetzen, dann sehen die Filmfiguren das scharfe rote Gitter aus Lichtstrahlen, das überwunden werden muss... Da die Kamera keine rote Brille aufhat, sieht der Zuschauer zwei lächerliche Männer bizarre Körperbiegungen vollbringen, um an unsichtbaren Schranken vorbeizurutschen.

Der Chinese ist der Bösewicht, Tomas Milian spielt ihn. Sein Gegenspieler: DiMaggio, John Saxon als Italoamerikaner, der die Unterwelt Roms beherrscht. In ihren Machtkampf schaltet sich Tanzi ein, der ist total schlagkräftig und haut gerne ein Fotostudio zusammen, oder einfach einen Typen, der eine Frau haut. Wobei auch Tanzi nicht vor Ohrfeigen für seine Gespielin zurückschlägt, damit sie wieder zur Vernunft kommt. Warum nochmal wird die Wäscherin am Ende von den Bösewichten halbtot geschlagen? Und warum eine Bombe auf ein Polizeiauto geworfen, just in dem Moment, in dem ein Gangster auf Tanzi anlegt? Egal: Immer weiter mit der Handlung, immer weiter voran; mit Fäusten, mit Schießeisen oder mit der treibenden Musik, die zu Anfang ziemlich cool wirkt, aber irgendwann dann doch eher wie eine Endlosschleife wirkt.

Black Shampoo

USA 1976. Regie: Greydon Clark.

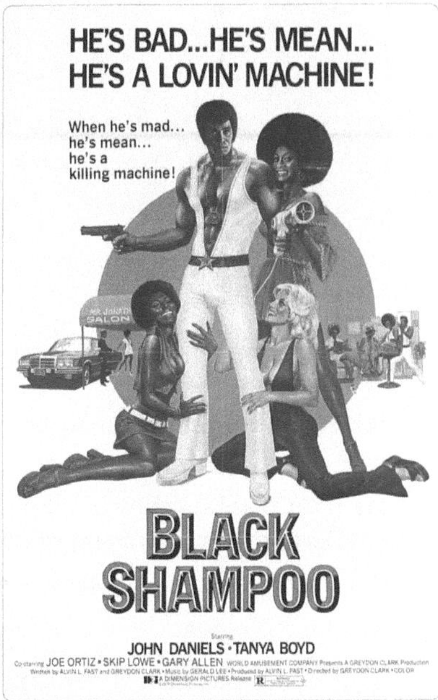

Besser als in Die Gewalt bin ich ist die Musik in Black Shampoo, die ungefähr tausend Stilrichtungen abdeckt, und manche davon gleichzeitig. Speziell superb in der nächsten der drei grandiosen Szenen dieses Doppel-Abends: Die drei Hanseln vom Gangsterboss nehmen einen Friseursalon auseinander; nicht in wilder Wut, nicht mit kalter Berechnung, sondern mit der kindlichen Lust an der Zerstörung. Eins nach dem anderen werden Regale umgeschmissen, Stühle geworfen, Shampooflakons zerstört – und das im feinen Rhythmus des laurelundhardyesken *slow burn*, mit einer Mickeymousing-Musik, wie sie jedem Cartoon bestens zu Gesicht stehen sollte. Dick und Doof treffen Disney in einer ballettartigen Choreographie des Destruktiven – so etwas Feines hat man selten gesehen.

Die dritte der tollen Szenen, die steht der Golf-Folterszene aus Die Gewalt bin ich in ihrer Nichtsehrnettigkeit nicht nach: Ein hyperschwuler Friseur soll verraten, wo sein Boss sich versteckt hält; und obwohl er den ganzen Film über rumgeschwuchtelt hat und im Übrigen ein weinerliches Weichei ist, hält er dicht. So dass der Schurke zum letzten Mittel greifen muss, zur Brennschere, schön lang und dick, genau richtig für eine anale Vergewaltigung. Uiiiihuuuuu! Es ist nicht lustig.

Black Shampoo handelt von Mr. Jonathan, einem angesehenen Friseurmeister; angesehen vor allem bei der Damenwelt, weil er gut ausgestattet stets alles Nötige dabei hat. Sprich: Er ist der Super-Stecher, der von seiner Kundschaft regelmäßig nicht nur für fürs Kämmen, sondern auch fürs richtig Durchbürsten in Anspruch genommen wird. Auf Anfrage auch Hausbesuche. Wenn die Dame nicht zu alt ist.

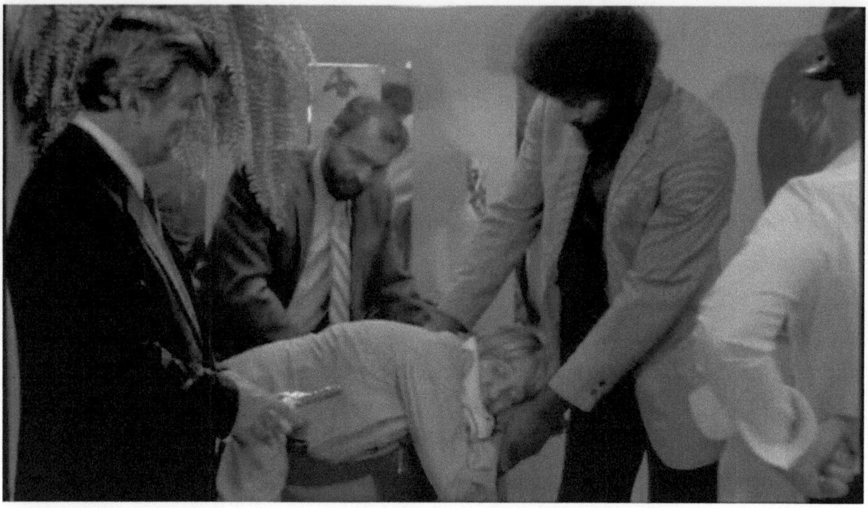

Dort wird er dann von deren verzogenen Töchtern empfangen, die seinen langen Fön bewundern, ihn und sich am Pool ausziehen und – dann kommt die Frau Mama, schmeißt die frechen Gören ins Wasser und lehrt die nackten Minderjährigen eine Lektion: indem sie sich auf Jonathan draufsetzt... Das im Übrigen schon der zweite Liebesakt für Jonathan an diesem Tag, ein dritter wird noch folgen.

Ein Softporno also zu Anfang, der dann in eine Romanze mündet, als Jonathan und seine Empfangsdame Brenda sich zum Rendezvous treffen: »Can You Feel the Love« säuselt der Schlager vom Soundtrack, ein Schmalzlied, das den größtmöglichen Gegensatz zum Funk, der auch zu hören ist, oder eben zum Cartoon-Gedudel in der Zerstörungsorgie steht. Da sitzen sie, zwei Silhouetten im Gegenlicht, in trauter Zweisamkeit ineinander versunken – und zack, zeigt sich die Billigkeit des Films, als eine Fliege über die Fensterscheibe krabbelt und ungewollt, aber gewaltig die ganze Stimmung, die Regisseur Greydon Clark mit allen Mitteln aufbauen will, kaputtmacht. Später eine Tretbootfahrt – was ein lahmer Film, in diesem Moment, Weiberzeug!!! Jonathan ist jetzt total verliebt und entwickelt sich zum veritablen Langweiler, was aber nicht so schlimm ist, weil Darsteller John Daniels ohnehin nicht so richtig weiß, wie er sich vor der Kamera bewegen und verhalten soll; und weil der Film dadurch wieder für ein paar mehr Lacher gut ist. Irgendwann reicht's ihm, er geht Holzhacken in seine Waldhütte.

Zuvor freilich hat sich Black Shampoo zum Gangsterfilm gemausert, Brenda ist Eigentum des Schurken Mr. Wilson, der hat ein geheimes Notizbuch, das sie ihm klaut, während sie gleichzeitig vorgibt, ihn so sehr zu lieben... Niemand sollte jemandem gehören, die Sklaverei ist längst abgeschafft – so ähnlich tönt es sozialkritisch und gesellschaftsbewusst aus Jonathans Mund, aber dann trifft ihn halt doch der Liebeskummer. Ein Barbecue auf einer Farm kann da auch nicht helfen – auch das 'ne dolle Szene, Heteros und Schwule, Nudisten und Tunten bei der uramerikanischen Tradition der Fleischzelebrierung in der Form eines Karnevals.

Naja: Jonathan im Wald, Brenda findet ihn, Liebe keimt wieder auf, die Gangster rücken an, und die beiden fliehen ins Gehölz, als Waffe nur eine starke Motorsäge (ja: Jonathan ist wieder potent!): Ist es möglich, dass jetzt tatsächlich Splatter-Horror noch dazukommt? Ja, es ist. Wie ohnehin alles möglich scheint in diesem Film. In diesen Grindhouse-Nächten.

WELTKATASTROPHE 1999? – DIE PROPHEZEIUNG DES NOSTRADAMUS

NOSUTORADAMUSU NO DAIYOGEN

Japan 1974. Regie: Toshio Masuda.

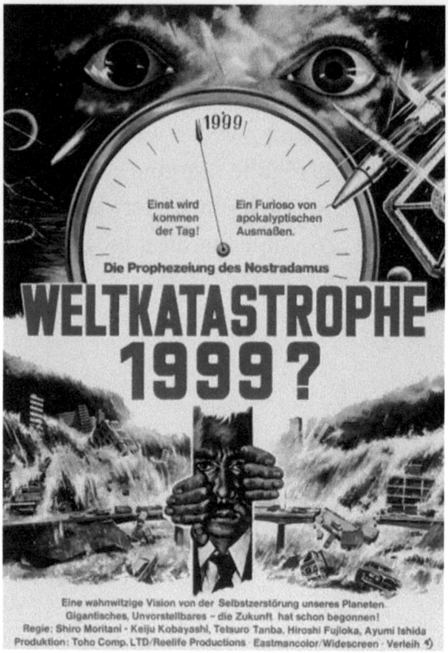

In Grindhouse-Überraschungs-Nächten gibt es diese und jene Filme, und zum Glück gibt ja den Weltuntergang. WELTKATASTROPHE 1999? ist tatsächlich so etwas wie eine Literaturverfilmung! Nostradamus' Prophezeiungen werden in Film gegossen, in japanischen Film, aber nicht nur das: Man bringt auch noch tatsächlich faktische Lehren über die Grenzen und das Ende des Wachstums unter und ein paar krasse Exploitationszenen – eine höchst eigenwillige und durchweg unterhaltsame Nummer! Auch – oder gerade? – wenn der Film von ursprünglich fast zwei Stunden Lauflänge auf 80 Minuten runtergeschnippelt und mit wer was wie genauer Synchro bedeckt wurde. Wurscht!

Am Anfang ein Labor, und der Oberwissenschaftler mahnt vor den neuen Pflanzenschutzmitteln, und seine Kollegen tun das als Gewäsch ab, und wer da nicht an Monsanto denkt! Später werden wir sehen, was draus werden kann, Riesenschnecken, derer die Feuerwehr nur mit Hilfe von Flammenwerfern Herr werden kann, zum Leidwesen unseres Wissenschaftlers, der die Schnecks ja sezieren will und der so gerne Nostradamus zitiert. Aber der Agrarstrang ist nur Nebensache, tatsächlich geht es um alles, um Sonne und Atome und um die ignorante, alles verharmlosende Regierung und um eine Liebesstory am Rande des Weltenabgrunds, man kann's gar nicht alles benennen.

Manches scheint durchaus wissenschaftlich unterfüttert, schön mit animierten Schaubildern, Stand Anfang der 1970er wohlgemerkt. Da wird dann der Treibhauseffekt beschrieben, mit (wenn ich mich recht erinnere) kleinem

Denkfehler, dass nämlich die Atmosphäre die Sonnenstrahlung abhält und es daher immer kälter wird… Und dann gibt es da die Concorde-Maschine hoch oben fliegend, an deren Rumpf sich im Flug Eiskristalle bilden, die dann zerbirst und damit die Ozonschicht zerstört, weshalb unten alles ganz heiß wird und wer auf die Straße tritt unweigerlich verbrennt! Ja, ein ganzer Hafen fliegt deswegen in die Luft.

Und dann gibt's da den schönen Blödsinn einer Exkursion auf eine Dschungelinsel, die Forscher sind im Sumpf unterwegs und werden von riesigen, atomar mutierten Vampirfledermäusen angegriffen, hu, was für Biester mit was für Hauern im Maul! Und im Sumpf lauern Blutegel, ebenfalls atomar so verseucht, dass einem, der befallen wurde, das Gehirn wegschmilzt im nächtlichen Zelt. Und nicht nur das: Außen greifen Kannibalen an, und das gibt's eigentlich erst ein paar Jahre später im italienischen Film! In einer Höhle die Überreste der vorherigen Expedition, skelettierte Menschen, die aber noch einigermaßen leben, es ist furchtbar, was das Atom anrichtet!

Schließlich, einer der schönsten Momente: Durch die Erhitzung wird die obere Atmosphäre zum Luftparabolspiegel, und die Stadt spiegelt sich im Himmel auf so verzerrt-verbogene Weise, dass wir uns in Inception wähnen. Am Ende natürlich behält Nostradamus recht, auch weil vieles explodiert und, »99 Luftballons« vorwegnehmend, ein General 'ne Fliegerstaffel hinterherschickt, ach nee: Es öffnen sich die Schächte, die Raketen heben ab und bomben den Planeten in Grund und Boden, bis dann in der übriggebliebenen Felsenwüstenei zwei nicht mehr menschliche Wesen sich erheben, halb Gollum und halb Burli, und die Dystopie ist aus, mit der Mahnung, dass es im Jahr 1999 so geschehen wird wie vor 500 Jahren schon geschrieben stund!

Das zehnte Opfer

La decima vittima

Italien/Frankreich 1965. Regie: Elio Petri.

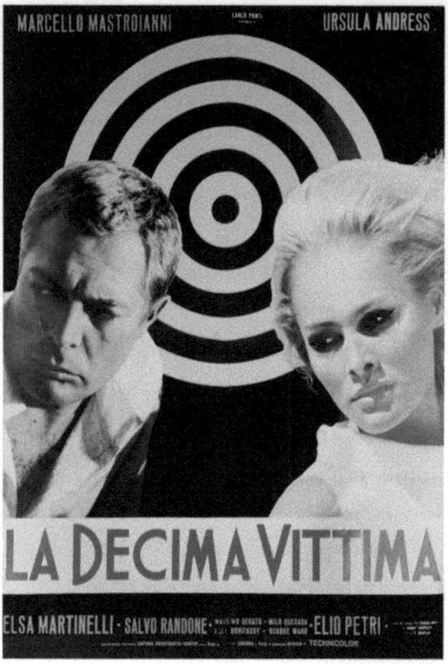

Marcello Polleti, gespielt von Marcello Mastroianni mit absurd gebleichtem Haar, wohnhaft Fellinistraße 8 ½, ist halt Italiener: Seine Noch-Ehefrau hebt sein Geld ab, die Geliebte will ihn, Gott bewahre!, heiraten; und er hängt an seinen Eltern, nicht aus Liebe, eher aus alter Gewohnheit. Deshalb verwahrt er sie hinter einer geheimen Schiebetür, schützt sie vor den Spionen des Senioren-Liquidierungs-Ministeriums. Marcello braucht Geld und will nicht viel dafür tun: Also hat er sich gemeldet für das große Spiel, und er hat die sechste Runde siegreich überstanden.

Caroline Meredith, gespielt von Ursula Andress, ist Amerikanerin durch und durch. Sie versteht ihr Geschäft, geht es professionell an, und einen Werbevertrag mit Ming Tea lässt sie nicht sausen. Sie ist nahe dran, Champion zu werden, nur noch die zehnte Spielrunde muss sie überstehen, dann bekommt sie Geld, Orden, Ehrungen, wird so was wie Superstar, Dschungelkönigin und Jauch-Millionärin zusammen. Jetzt ist sie auf Marcello angesetzt, und das Fernsehteam von Ming Tea will natürlich aufzeichnen, wie sie unter Werbeslogans (»Ming Tea stärkt die Liebeskraft« bzw. »Mit Ming Tea lebt man länger«) den Gegner tötet.

Caroline und Marcello sind nur zwei von vielen Kandidaten beim großen staatlichen Spiel »Die große Jagd«, weltweit organisiert, von Ministerien verwaltet. Jeder muss fünfmal Opfer, fünfmal Jäger sein, der eine muss den anderen erledigen. Legalisiert eure Morde! Selbstmörder: Meldet euch zum Spiel! Das Ministerium umwirbt alle, Aggressionen sollen in rechtlich einwandfreie, kanalisierte Gewalttaten umgeleitet werden: womit zum Beispiel Kriege verhindert werden.

DAS ZEHNTE OPFER von Elio Petri erinnert frappant an Tom Toelles späteren Fernsehfilm DAS MILLIONENSPIEL von 1970, nach dem Buch von Wolfgang Menge; und tatsächlich gehen beide auf Kurzgeschichten desselben Autors zurück, allerdings auf verschiedene: *The Prize of Peril* bzw. *The Seventh Victim* von Robert Sheckley. Doch wo Toelle eine Art TV-Realismus, eine inszenierte TV-Spielshow nachstellt, da setzt Petri ganz auf künstliche Stilisierung. Und sein Popart-Produktionsdesign trägt eine Menge zum Spaß bei, den dieser Film bereitet. Die Sechziger in Höchstform! Style ist alles in der Welt, die der Film zeigt, die Kostüme sehen aus wie wandelnde Op-Art-Werke, klare Linien von Beton und Glas, abstrakte, obskure Skulpturen stehen in der Gegend rum. Marcellos Haus ist mit einer Menge Gipsfiguren geschmückt, gestaltet nach den im Todeskrampf der Ewigkeit anheimgefallenen Pompeji-Opfer. Bunt ist alles, und radikal modern; weil die Gegenwart der 60er extrapoliert ist auf eine ungewisse Zukunft, mit größter und zugleich feinster Ironie: In einem Café hören wir Jazz als Filmmusik, die sich als *source music* entpuppt, zwei Saxophonspieler räkeln sich in bizarren Posen auf zwei Stelen. Am Rand der Autobahn warten nicht Rasthöfe, sondern Relax-Stationen auf den gestressten Herrn, der wählen kann zwischen asiatischer und nordischer »Massage«. Immer wieder tauchen irgendwelche Jäger und irgendwelche Opfer auf, andere Mitspieler bei der Großen Jagd, die sich im Handlungshintergrund Schießereien liefern: Mord ist alltäglich, solange sich der Täter als Spielkandidat ausweisen kann. Am Strand versammeln sich zur Abendstunde die Sonnenanbeter, eine religiös verzückte Sekte, deren Priester Marcello ist, der – ohne an irgend-

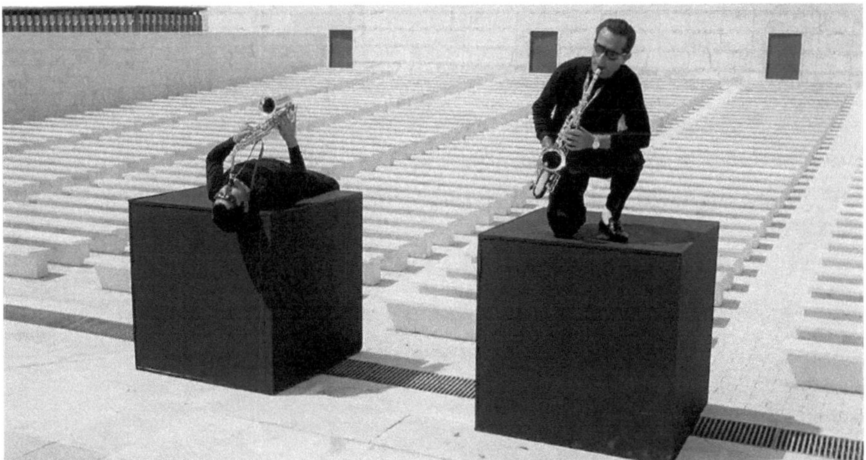

etwas von diesem Quatsch zu glauben – eine kleine Abschiedspredigt auf die Sonne hält, die leider, leider wieder im Meer versinken und ertrinken muss; aber, bei aller Trauer, kann man sich auf freuen für die Brüder in Kalifornien, die das aufgehende, auferstehende Gestirn neu begrüßen können... Die tränenreiche Verzückung wird nur gestört von den Ungläubigen, diesen verdammten Neorealisten, die hinter der Abzäunung mit Tomaten schmeißen.

Das Zehnte Opfer ist mit unbedingtem Willen zur Modernität, zum 60er-Zeitgeist, zum Spiel-Stil des Pop-Art gedreht; und zugleich ironisiert er diese Modernität, stellt zugleich dar und bloß, setzt Unernst neben Ernst, nutzt alberne Kalauer und kritische Satire wie er Avantgarde-Kunst neben die antiken Ruinen Roms stellt. (Und natürlich ist genau das der Zeitgeist der 60er: zu stilisieren, und die Stilisierung gleichzeitig selbstironisch aufzulösen.) Unauflösbar miteinander verschlungen sind Handlung und Setting, der von Caroline angedachte Showdown ihres Mordes an Marcello vor laufenden Kameras kann natürlich nur im antiken Tempel der Venus stattfinden (im Colosseum sind zu viele Löcher im Boden, da kann das Ballett nicht auftreten); während Marcellos Gegenintrige nur in der modernen Villa eines Industriellen stattfinden kann (weil er einen Swimmingpool und ein Krokodil benötigt). Am Schluss gibt es ein Maschinenpistolen-Gefecht auf dem Forum Romanum, Marcellos Ex-Frauen mischen kräftig mit...

Zu diesem Zeitpunkt hat sich der Film schon in eine Screwballkomödie gewandelt. Denn, ganz klar: Jeder Film braucht eine Liebesgeschichte, und wenn sich Mann und Frau bekriegen, müssen sie sich am Ende kriegen. Weshalb irgendwann verschiedene Nebenfiguren – ohne, dass der Film dafür irgendwelche Anhaltspunkte gegeben hätte – eine Verliebtheit zwischen Marcello und Caroline behaupten, und holterdipolter simsalabim: Die beiden fühlen sich verliebt. Das kann man als groben Bruch der Charaktere werten; oder als ironisch-affirmative Befolgung der Konventionen, die das Klischee persifliert. Am Ende muss auf jeden Fall eine Hochzeit stehen, in Italien muss geheiratet werden. Und wo zu Beginn des Films in einem SM-Club scharf geschossen wurde, da erblühen nun – *make love, not war* – Blüten aus dem Revolverlauf.

Ein großartiger Beitrag für eine Grindhouse-Nacht war dieser Film; zwar nicht wirklich Mitternachts-Bahnhofkino, dafür eine längst vergessene Perle der Filmkunst.

THE LOVE REBELLION

USA 1967. Regie: Joseph W. Sarno.

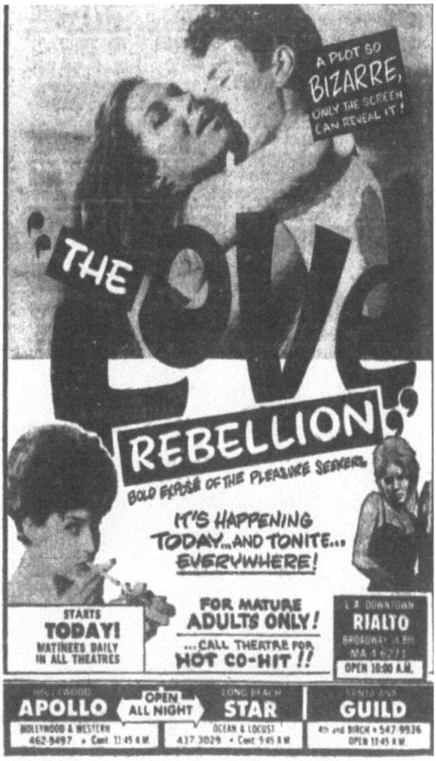

In LOVE REBELLION glotzen die Lagerarbeiter mit unverhohlener Begierde Wendy, der Tochter der Chefin, nach, die hier neu anfängt. Die Chefin hat was mit ihrem Geschäftsführer, darf aber keiner wissen. Die Tochter gerät in die Sphäre der Sekretärin, die im selben Haus wohnt. Und zwar mit ihrem Freund und mit einer Freundin. Der Freund ist Maler, und wir sehen ihn beim Zeichnen eines Rückenaktes; die Sekretärin wird sauer: Bohème ist ja alles gut und schön, aber irgendwo muss auch Geld herkommen! Die Tochter wird zur abendlichen Party eingeladen. Die Freundin der Sekretärin zieht sich aus. Das ist sowieso ihr Hauptjob in diesem Film. Hat ja auch ganz schön Holz vor der Hütte! Ebenfalls eingeladen sind die Nachbarn: Sie ein Mäuschen, er ein Brutalo mit Zigarre. Den haben wir in einer urplötzlichen Szene vorher schon kennengelernt, als er sauer ist auf seine Frau, die sich eine neue Bluse gekauft hat. Er beschimpft sie und verbrennt sie (*off-screen*) mit seinem Zigarrenstummel. Dabei erbebt er heftig: ein schöner Sado-Orgasmus! Nun glotzt er lüstern nach Wendy, unserer jungen Heldin. Währenddessen vergnügt sich die Frau Mama mit ihrem Herrn Geschäftsführer. Und oben gibt's nach der Party einen flotten Vierer, bei dem Wendy in die Liebe eingeführt wird.

Das Besondere daran: Alle sind süchtig nach den Körpern der anderen, und sie haben zugleich ein unheimlich schlechtes Gewissen. Die Mama vor der Tochter, die Tochter vor der Mama, der Freund vor der Freundin, und nur unser Zigarrensadist lebt seine Lüste *straight* aus. Er ist aber auch der supertumbe Oberdoofi im Film. Dieserwelcher hat eigentlich keinen Plot, und wo er mal so was wie eine Spannungshandlung entwickeln will – nämlich, dass das Trio von obendrüber die Frau Firmeninhaberin kräftig bestehlen wollen –, da geht der Film schnurstracks einen ganz anderen Weg, wenn der Malerfreund sich Mrs Robinson-mäßig verknallt. Das ist alles völlig hanebüchen, aber vor allem eine schöne C-Film-Studie über Leiber und das, was man damit machen will. Was man machen soll. Was man machen darf. Und was man macht. Wobei – der Film ist aus den 60ern! – alles recht züchtig gezeigt wird, zwar nackt, aber immer nur hüftaufwärts, auch wenn sie's wild treiben.

Das Tolle daran ist, dass das Ganze einerseits sowieso nicht ernstzunehmen ist, weil's halt ein billiger Nudie ist. Dass er aber dennoch ganz ordentlich gefilmt ist, was Kamerapositionen und Beleuchtung angeht; dass die Darsteller mit der relativen Versiertheit der Inszenierung keinesfalls mithalten können; und dass der Film mit einer ungeheuerlich supi Synchronisierung überzogen ist.

Am Ende wird der, der mit seinem drängenden Begehren über die anderen Körper stets zu verfügen gewohnt ist, sich per Pistole aufdrängen; und eine andere, die aus Liebe stets sich zurückgehalten und alles ausgehalten hat, wird plötzlich per Messer über sich selbst bestimmen wollen. Das kann nur Tote geben. Und ein paar, sagenwirmal, geläuterte Leiber.

WILD BEASTS

BELVE FEROCI

Italien 1984. Regie: Franco Prosperi.

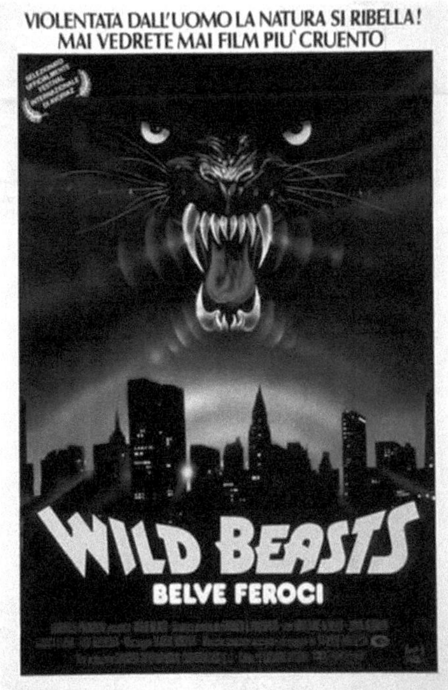

Um Fleischeslust in anderer Form geht es in Franco Prosperis WILD BEASTS. Prosperi ist Veteran der Mondo-Filme, jener italienischen Spielart von Dokumentationen der Wunder der Welt, die sich auf die bizarren, ekelerregenden, sexual-ausbeuterischen Details stürzen. So wie Disney die Wüste mit all den putzig-lustigen Tierchen, die dort leben, zu einem filmisch erfahrbaren familienfreundlichen Erlebnispark macht, so verdrehen die Mondo-Filme die Wirklichkeit in die andere Richtung, wo Horror und Porno herrschen.

WILD BEASTS ist ein doller Tierfilm, in dem Prosperi sein ganzes Können der filmischen Einvernahme von Natur und deren Umverwandlung ins Exploitationkino zeigt: Die italienische Produktion, die in Frankfurt gedreht wurde, lässt die wilden Tiere des Zoos auf die Menschheit los. Und mit wilden Tieren meine ich: echte wilde Tiere. Löwen, Tiger, Elefanten marschieren durch den Film und fressen und zertrampeln Menschen. Gut, OK: Das Zerfleischen wurde mit *prostethic makeup* und schneller Montage von Großaufnahmen natürlich gefaket; aber ein Tiger in der S-Bahn, ein Gepard, der an einer Ladenpassage vorbei einem Auto hinterherjagt mit 100 km/h, Elefanten, die am Flughafen an Jumbojets vorbeilaufen: Das ist echt, und das ist beeindruckend. Im Schlachthof fällt eine Hyäne Schweine an, eine Löwin zerfleischt ein Rind; und eine Katze wird von Ratten aufgefressen. Hu, die Tierwelt ist ein einziges Töten und Sterben!

Beinahe putzig sind die kleinen sozialkritischen Einlagen, die pflichtbewusst eingestreut werden: Denn das Wasser war kontaminiert, mit dem die Tiere gefüttert wurden. »Dachte ich mir's doch: Phenol! Sieh nach, ob es zyklisch ist!«

– ja tatsächlich: PCP hat das Wasser verseucht und die Tiere wild gemacht, in einem Halbsatz klingt an, dass ein Leck in einer Industrieanlage schuld ist, und immer wieder wird obligatorisch auf den bösen Umgang der Menschen mit der Natur hingewiesen. (Die Älteren von uns erinnern sich an – beispielsweise – Höchst-Unfälle mit Fallout über Frankfurt; Seveso ist für eine Italoproduktion natürlich auch nicht fern…)

Und weil so scheinheilig grüngefärbt eine Moral behauptet wird, vergisst der Film ganz, wie chauvinistisch er wiederum ist: Der Tierarzt – supermännlicher Held des Films – darf ungestraft die Journalistin – weiblich-emotionales Opfer – betatschen, hat selbstverständlich recht, wenn er sie nach einem Tigerangriff kokett tadelt, dass ihr Make-up nicht mehr sitzt; im übrigen hat die Journalistin eine vernachlässigte Tochter, die sie wegen ihrer Berufstätigkeit niemals sehen kann. Die wird Mit-Opfer einer Horde killender Kinder, die der Film in seinem letzten Drittel braucht, um zu zeigen, wie auch der Mensch nicht gefeit ist vor animalischer Wildheit.

Öko-Thesen sind also natürlich nicht ernst gemeint, es geht nur um die Bilder, nur um das Spektakel, nur um die Echtheit dieses Alptraums. Wo echte Tiere auftreten, ist immer was Dokumentarisches mit dabei – wahr aber ist es natürlich nicht. Zumal man einmal den Dompteur sieht, der schnell hinter einer trampelnden Elefantenherde verschwindet, weil er ja fehl im Bilde ist; und zumal das Hinweisschild auf den Rhein-Main-Airport sich »Flughafel« liest.

Das Kommando der Frauen

The Doll Squad / Killer Girls

USA 1973, Regie: Ted V. Mikels.

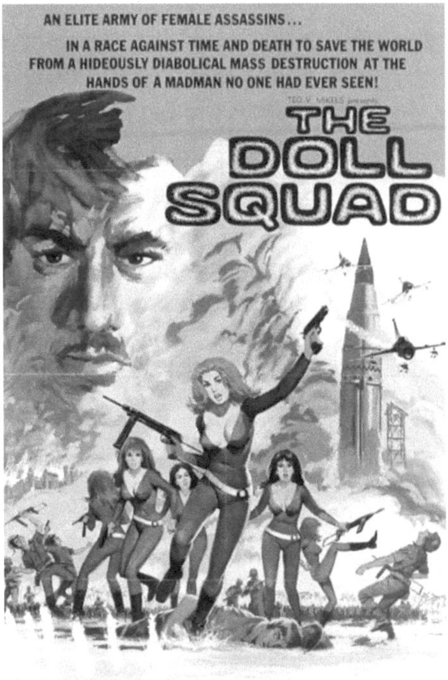

Man kann sich vorstellen, dass er so um 1963 geboren wurde. Dass er sich mit präpubertären zehn Jahren, im Herbst 1973, irgendwie ins Kino geschlichen hat. Dass der Film ihn beeindruckt hat und dass er fürs Leben geprägt wurde. Für ein Leben, das er fortan der unbedingten Informationssammelwut verschrieben hat, der Überwindung von Zeit und Raum, kurz: der NSA. Wahrscheinlich ist diese imaginäre Person Patient X der Überwachungsseuche, die Doc Snowdon anno 2013 als erster diagnostiziert und öffentlich gemacht hat: Wahrscheinlich liegt in The Doll Squad die Keimzelle des Übels.

Uns begegnet in dieser Actionkrimiagentensause eine Brieftaube, die per Mikrofilm einen Erpresserbrief überbringt. Ein IBM-Supercomputer namens Berta, der dem Geheimdienst auf Knopfdruck nicht nur die besten Leute für bestimmte Missionen vorschlägt, sondern auch aus seiner umfangreichen Datenbank – ein Stapel Lochstreifenpapier – den bösewichternden Gegenspieler ausdruckt. Wir treffen eine Schurkenbande, die sich mittels ins Genick eingepflanzter Silber-Chips und dem Erkennungspiepsen einer Art Fernbedienung identifiziert. Dr. Caheyman tritt doppelt auf – als Clou nämlich hat Bösewicht Eamonn O'Reilly ein Zwillingspaar als Mad Scientists angestellt. Die Guten: Das ist ein Frauentrupp, wie geschaffen für diesen Einsatz – denn O'Reilly hat Potenzprobleme, wahrscheinlich wegen seiner Mutter, Ödipus etc. Sabrina und ihre Weibsen sind da genau die Richtigen. Wobei O'Reilly offenbar informiert ist und einige der weniger wichtigen Mädels abmurkst. Getötet wird nebenbei, mit schnellen Kopfschüssen (aber außerhalb des Bildrahmens). Ratten in aller Herren Länder spielen entscheidende Boten-Rollen im bösen Plan. Und übrigens trinken ein paar üble Soldateska-Milizionäre Nitroglyzerin; Explosionen sind aber nicht so schlimm, nämlich nur ins Filmbild gemalte hellorangene Flecken, *courtesy of* Van der Veer Photo Effects.

Für einen imaginären Zehnjährigen mit leicht größenwahnsinnigen Vorstellungen muss es der Himmel sein, das Beste zusammenzumixen, das die beiden Welten – gut und böse – in diesem Film anbieten: Supercomputer und Killerfrauen, Information und Wissenschaft, Computerberechnungen und ein weltweites Netzwerk, das einem überwachenderweise dient.

Man kann ja nicht verlangen, dass dieser Zehnjährige die miese Qualität des Schauspiels bemerkt; oder das altmodische Aussehen der »Hühner« (O-Ton der deutschen Synchro), die eine Art Wettbewerb um die schlimmste Frisur veranstalten und sich mit aufgesetzter Sexiness zugleich so prüde geben, als wär' der Film fünf Jahre früher gedreht. Er muss ja auch nicht kapieren, dass man in Wirklichkeit nicht von einer Szene zur anderen mittels Filmschnitt in Venezuela ist, und dass es im Film immer wieder irgendwelchen Figuren gelingt, sich in eine Szene zu beamen, in der sie eigentlich nichts zu suchen haben (haha, am Ende, wo noch groß erklärt wurde, dass dieses eine Zimmer nur einen einzigen Eingang hat, und dann, hihi, kommt eine aus der anderen Ecke rein...!). Dass Regisseur Ted V. Mikels es nicht fertig bringt, aus dem Clou, für die Darstellung der beiden Dr. Caheymans Zwillingsbrüder besetzt zu haben, irgendwelches Kapital zu schlagen: Nein, entweder werden die beiden sowieso getrennt gezeigt, oder so im Bild nebeneinander gestellt, dass man auch den selben Schauspieler optisch hätte verdoppeln können... Auch funktioniert der Informationsfluss, der den Oberschurken überlegen macht, innerhalb seiner Organisation nicht so recht: Zwar wird jeder Verbrecher piepsenderweise richtig identifiziert, aber dass jetzt alle nach irgendwelchen Frauen fahnden sollen dringt trotzdem nicht sofort zu jedem durch.

Unser zehnjähriger künftiger NSA-Informatiker, so nehmen wir an, hat sich diesen Film als Lehrbuch genommen, hat daran seine gesamte Laufbahn ausgerichtet, bis er nach 2001 bei der NSA ein fruchtbares Feld für die Aussaat seiner Obsessionen fand. Und nicht nur er wurde beeinflusst: Immerhin drei Jahre vor den Engeln für Charlie hat Billigfilmer Ted V. Mikels quasi die Filmvorlage für die Serie geliefert; Tarantino hat vermutliche sein Giftschlangen-All-Girl-Killertrupp am Doll Squad orientiert.

Im Übrigen hat der Filmschurke den bösen Plan, die Welt mit einer Beulenpest-Epidemie zu überziehen. Und es sollte vielleicht besser niemand unserem Filmfreund bei der NSA mitteilen, dass anders als bei Mikels dargestellt die Beulenpest keine virale, sondern eine bakterielle Erkrankung ist. Nur für den Fall, dass er irgendwann aus US-Geheimdienst-Machthybris heraus den bösen Plan von O'Reilly wiederbeleben möchte. Wie enttäuscht wäre er, wenn er herausfände, dass in diesem seinem Heiligtum von Film nicht alles wortwörtlich stimmt! Also am besten nirgends ins Internet schreiben, dass die Pest durch Antibiotika locker zu kurieren ist, sonst zieht er vielleicht noch aus verzweifelter Wut eine richtig böse Krankheit aus dem Ärmel. Ein Twelve Monkeys-Szenario wollen wir halt auch nicht.

Ein Mann wird zum Killer

Death Force / Vengeance Is Mine / The Force / Fighting Mad

USA/Philippinen 1978. Regie: Cirio H. Santiago.

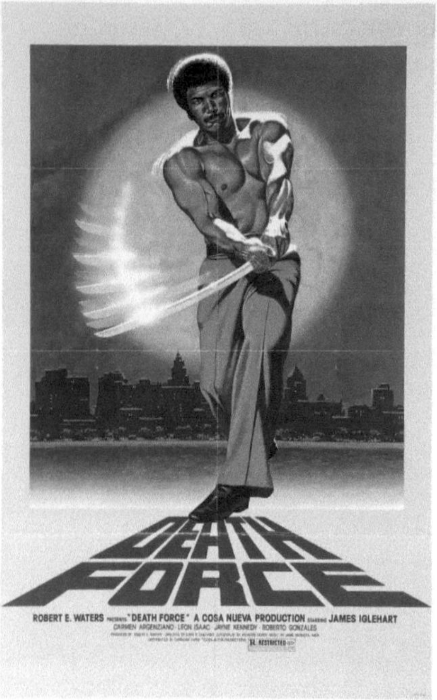

So, wie zweifellos The Doll Squad die US-Geheimdienst-Politik durch die 2010er-Jahre vor sich hertreibt, haben ganz, ganz sicher die Mitglieder der Bush Jr.-Regierung Cirio H. Santiagos Death Force (auch bekannt als Vengeance is Mine) *nicht* gesehen. Man kann es sich vorstellen, wie Bush sein Kabinett allmittwöchlich in den War Room beruft zu einer Kinovorführung: Was wollen wir sehen? Ach, irgendwas, was auf den Philippinen gedreht wurde! Und wieder legt man, wie immer halt, die alte, abgenudelte VHS von Apocalypse Now ein, um sich in falsch verstandener Einfühlung an Wagnerattacken aufzugeilen. Hätten doch Cheney, Rumsfeld, Powell, Rove und Rice auch mal etwas länger im Videoregal gestöbert! Dann wäre ihnen vielleicht die US-Philippinische Blaxploitation-Vietnam-Action-Rachestory titels Death Force in die Hände gefallen, und die Weltgeschichte der 2000er Jahre wäre anders verlaufen.

Denn wie kann man stärker, deutlicher die drastischen Auswirkungen des Krieges vor Augen führen als Santiago in seinem Ein Mann wird zum Killer, wie der treffende deutsche Titel lautet?

Ungefähr 1970. Doug Russel, Morelli und McGee sind auf dem Heimweg aus ihrem Vietnameinsatz. Kurzer Umweg über Manila – dort verticken die drei eine Masse an Goldbarren, die sie in einem Zinksarg aus 'Nam herausgeschmuggelt haben. Genug Geld für einen Neuanfang nach dem Krieg! Ein Neuanfang, der nach Morellis und McGees Vorstellungen nur in der Großkriminalität liegen kann. Und dem Doug sicherlich im Weg steht. Also schwupps die Kehle durchgetrennt und ins Meer geschmissen! Und während die beiden harten Sauhunde sich ihren Weg durch Los Angeles morden, die Unterwelt durcheinanderwirbeln, um schließlich die Großgangster der Großstadt zu werden – während dieses Aufstiegs mittels aus dem Kriegsgebiet geklauten Grundkapitals landet Dougs Körper am Strand einer einsamen Insel an. Tot? Nicht ganz.

Ein japanischer Offizier und sein Lakai päppeln ihn auf. Zwei japanische Soldaten, die seit dem Weltkrieg hier ausharren, Versprengte, die sich von den Weltläufen nicht kratzen lassen, die noch immer treu zum Kaiser stehen und keinen Fußbreit zurückweichen. Und während der Diener als *comic relief* Kokosnüsse ernten und Fische fangen muss, wird Doug vom Offizier in die Kunst des Samurailebens eingeführt. Samurai! Völlig veraltete Moral, ganz aus der Welt und aus der Zeit gefallen, hier lebt sie weiter, bei zwei isolierten Überbleibseln, denen der Geist des Krieges alles Weltliche vertrieben hat! Zwei Vögel, gefangen im selbstgebauten Netz der Eigenisolation, aufgespießt auf dem Dreizack von unbedingter Tradition, unbedingter Loyalität und unbedingter Verbohrtheit.

Immerhin lernt Doug kämpfen. Und kann so seine Rache vollziehen. Kämpft sich nach der »Befreiung« durch philippinische Truppen – und nach obligatorischem Harakiri seines Führungsoffiziers – durch L.A., immer näher ran an McGee und Morelli – und interessant ist dabei eben auch, dass sowohl Doug als auch McGee Schwarze sind, Morelli ein Itacker (und der eigentliche Drahtzieher der Gangstermachenschaften). Was einerseits den Film zur Spätblaxploitation, andererseits klar macht, wer da eigentlich in den Krieg geschickt wird: die Unterschicht, und dazu gehört ja nun mal alles, was nicht WASP ist. Die kehren zurück und stürzen die Welt, zumindest die USA, naja: L.A. in Chaos.

So ist es eben auch, wenn man sich im Irak und in Afghanistan engagiert: Man erntet Mord und Totschlag an der Heimatfront. Und züchtet traumatisierte, obsessive, verbohrte Dauersoldaten heran, die den Frieden nicht anerkennen können.

Tja, es ist nun einmal leider, leider so, dass die Amerikaner sich schlichtweg immer und stets die falschen Filme ansehen: So bestimmt der Doll Squad die Geschicke, und Death Force, wiewohl um Klassen besser in Inszenierung und Dramaturgie (wenn auch das Vergnügen gleichwertig ist), führt sein Schattendasein in der der Weltpolitik.

Und wir alle müssen darunter leiden.

Die Kleine mit dem süßen Po

Deutschland 1975. Regie: Hans Georg Keil (a.k.a. Georg Tressler).

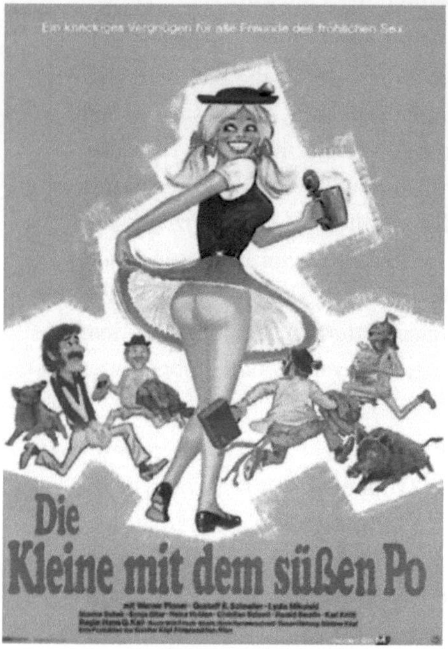

Von ihren Filmen her waren die 1950er Jahre die Fortsetzung des Filmschaffens der 30er und 40er mit anderen Mitteln. Die NS-staatliche Ideologie wurde durch religiös-moralische Ideologie ersetzt, seicht, bieder, chauvinistisch ging es nach wie vor zu, nur wurde nun jegliche Frivolität aus den Filmen rausgeschwärzt (die Filme der Nazizeit im Übrigen durchaus beinhalteten!).

Wie in der NS-Zeit gab es auch im Nachkriegsjahrzehnt ein paar Ausnahme-Meisterwerke, von denen eines der größten wohl Georg Tresslers Das Totenschiff von 1959 mit Mario Adorf und Horst Buchholz ist – letzteren hatte Tressler kurz zuvor mit Die Halbstarken zum Star gemacht, einem ebenfalls meisterhaften Film, der nicht nur über die Jugend, sondern auch von den Jugendlichen handelt. Das Totenschiff ist eine Abenteuergeschichte, in der Buchholz als mittelloser Seemann durch Frankreich wandert, um am Mittelmeer endlich auf einem Schiff anheuern zu können. Eine paradiesische Liebe auf dem Land schlägt er aus, um dafür auf einem Totenschiff verheizt zu werden, einem alten Kahn, der aus Versicherungsgründen auf hoher See untergehen soll. Action und Resignation gehen hier eine knisternde Verbindung ein.

16 Jahre später sieht es so aus in der deutschen Kinematographie: Es gibt Autorenfilme mit hohem Anspruch, der schon ins Elitäre geht, und es gibt das populäre Kino – sprich: Schmuddelsexfilmchen; eine Rückkehr der zuvor verdrängten und verdammten filmischen Freizügigkeit. Wo landet Georg Tressler? Es ist traurig, traurig… Wo die anderen Großen des Kinos vor dem Neuen Deutschen Film, Käutner und Staudte etwa, wenigstens ihr Auskommen im Fernsehen hatten, da landet Tressler unter dem Pseudonym Hans Georg Keil auf der Alm.

Die Kleine mit dem süssen Po: Da zieht sich zunächst mal die Muschi aus, sie ist die Kellnerin im Berggasthof vom Pichelhofer. Der hat einen jungen Sohn, der gerne der Muschi auf der Alm an die Dudeln gehen möchte, und auch in der Küche lässt er nicht von ihr, obwohl der Herr Pfarrer doch einen Schoppen bestellt hat: »Wo bleibt meine Liebfrauenmilch?« Die ist in Arbeit, in Handarbeit...

Eine Handlung gibt es natürlich auch, die hat sogar klassische Vorbilder, gar aus der Filmgeschichte: Schon in den 30ern war Geldvermögen in einer Heinz-Rühmann-Komödie in 13 Stühlen versteckt, denen nachgejagt werden musste, im Das Glück liegt auf der Strasse genannten Walter Giller-Georg Thomalla-Farb-Remake in den 50ern waren's wie bei Mel Brooks 1970 dann noch zwölf. Bei Tressler/Keil nun ist keine Erbschaft versteckt, sondern ein Diamant (was später bei Tommy und Mike zum Super-Tanken der Nasen führte: solcherartige Trash-Albernheit mit mehr Nacktheit ist ungefähr das Niveau von Die Kleine mit dem süssen Po), und er steckt nicht in Sitzgelegenheiten, sondern in gewissen runden Objekten. Und zwar solche, die eingeführt werden – erstens aus Japan, zweitens in die weibliche Anatomie, erhältlich sind sie im Sexshop von Herrn Spanner (sic!). Der ist ein windiger Betrüger und Hochstapler, man glaubt es nicht, wie er den Leuten das Geld aus den Taschen zieht. Zum Beispiel dem Pichelhofer, der die ganzen 40.000 Mark vom Kirchenbauverein investiert – ohne zu wissen, dass Spanner pleite ist, dass die Steuerfahndung all seinen Besitz beschlagnahmt hat (in einem großen LKW mit »Finanzamt«-Aufschrift) und dass der Spanner mit Pichelhofers Geld einen Diamanten kauft, den er in einer japanischen Liebeskugel versteckt, die der Pichelhofer und seine Söhne dann usw. usf.

Unglaublich alberne Situationen sind das: Wie der Pichelhofer beim Telefonieren seine Hand im Spalt einer künstlichen Herrenbefriedigungsgerätschaft einklemmt! Das ist lustig, weil es in seiner freizügigen Thematik so verklemmt ist. Das liegt nicht mal am Bauernschwank-Gewand – gerade in diesen Lustspielen geht es um die Lust –, sondern daran, wie die Libido in bizarr-öden Witzchen kompensiert wird. Wo irgendwo so etwas wie Erregung sich breitmachen könnte – beim Filmzuschauer oder bei einer der Filmfiguren –, wird munter eine billig kalauernde Zote hingeklatscht, wo Lust droht, wird diese sofort in einem Scherz aufgelöst. Was geil sein könnte, wird Gag: Genau das macht den Wert des Films aus, dass er sich ständig weigert, das zu sein, was er ist. Dass er jeder Qualität, die er haben könnte – und sei es die einer Blutpumpe in gewisse Körperteile – so konsequent aus dem Weg geht, ist fast schon bewunderungswürdig. Dass er in keiner Weise stimulierend ist – weder Lach- noch sonstige Muskeln–, das macht ihn schon wieder komisch, dass jede Lust verweigert wird, macht ihn lustig.

Also müssen die Herren fünf Liebeskugeln suchen. Also müssen sie die Öffnungen diverser Damen erkunden. Also gibt sich der eine Sohn als Arzt vom Gesundheitsamt aus, der mit seiner großen Spritze der bedürftigen Hausfrau so richtig hintenrein… »Peniscillin«, haha, und als der Ehemann unvermutet heimkehrt und seine Hämorrhoiden untersucht haben will, wird ihm ein Kollege »von der anderen Fakultät« empfohlen. Der andere Sohn bumst eine andere junge Dame durch, die eigentlich einen Klempner erwartet hatte, der das kleine Löchlein stopfen soll, aus dem immer so viel rausspritzt. Kalauerkalauer, das Niveau wird mau und mauer – und hinterrücks macht es wieder Spaß. Die Kleine mit dem süssen Po – der Titel hat übrigens nichts mit dem Film zu tun – ist eine Anhäufung miesen Geschmacks – und erreicht sehr schnell den Gipfelpunkt, ab dem man bestens unterhalten wird. Das ist ein bisschen wie beim Schwefelwasserstoff: Dieses Gas stinkt in geringen Konzentrationen übel nach faulen Eiern; bei stärkeren Konzentrationen aber kehrt sich der Geruchssinn um, alles riecht fein und süß – dann freilich sind schon solche Gasmengen in der Luft, dass sie tödlich wirken.

Zum Tod führt ist das Machwerk von Tressler/Keil nicht; aber zu seltsam verstiegenen Assoziationen; unerklärlich, wie man als Normalzuschauer von diesem unwitzig-witzigen Film auf die historischen Gipfel der komischen Kunst schließen kann, aber tatsächlich: Ist diese Burg, in die es den Pichelhofer auf der Suche nach den Liebeskugeln verschlägt, nicht vergleichbar mit Castle Anthrax / Schloss Dosenschreck, in das Sir Galahad auf der Suche nach dem Heiligen Gral gerät? Und ist ein leergeräumter Sexladen nicht so was wie ein Cheese Shop ohne Käse?

A Lizard in a Woman's Skin

Una lucertola con la pelle di donna / Schizoid

Italien/Spanien/Frankreich 1971. Regie: Lucio Fulci.

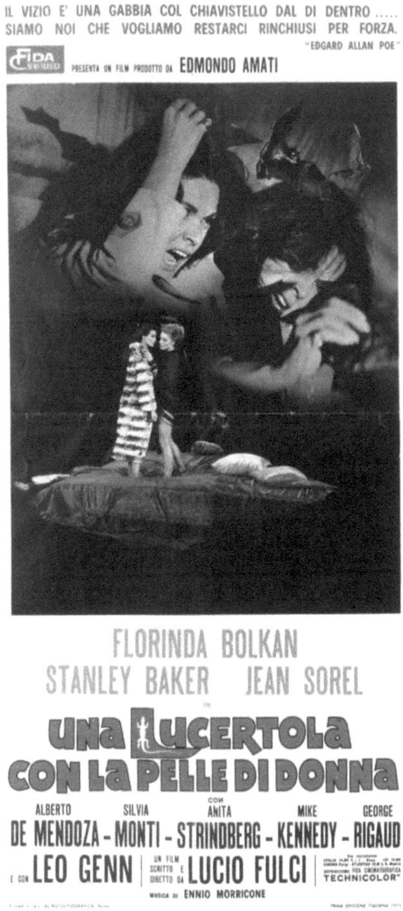

Im Nachhinein gesehen enthält der Titel A Lizard in a Woman's Skin schon die Lösung dieses Giallo-Rätselfilms.

Carol hat darin schlimme Träume von nackten Menschen allüberall, von der schönen Nachbarin Julia, von Liebe und Gewalt; sie hasst Julia und ihr Lotterleben, und allnächtlich lässt sie – im Traum – sich von ihr verführen... Ihr Psychodoc kann das schön erklären, wie sie zwischen der Lust des Es und dem Zwang des Über-Ich pendelt. Das hilft aber nicht, als sich einer ihrer Träume als wahr herausstellt: Sie träumt, die verhasste Julia ermordet zu haben, und tatsächlich: Julia wurde ermordet. Hat sie geschlafwandelt? Legt sie jemand rein? Oder ist alles gar nicht wahr? Und wer sind die beiden Hippies, die Carol ebenfalls in ihrem Traum gesehen hat? Ist ihr Mann der Täter; ihre Tochter; ihr Vater?

Lucio Fulci entspinnt von hier aus ein Netzwerk an falschen Fährten, an psychologisch-pathologischer Motivik, sein Mordkomplott wird zum um sich wuchernden Konstrukt zwischen Gewalt und Rache, Eifersucht, Obsession und Neurose, Traum, Imagination, Halluzination, Lüge und Täuschung – er versuche, so hieß es in der Grindhouse-Einführung zum Film, mit Erfolg Dario Argento nachzuahmen, mit der durchgestylten, hochartifiziellen, aber spannungseffektiven Inszenierungsweise: Carols Traum/Trauma-Psychose wird in die Bilder hinübergeführt, in lange Gänge, große, leere Hallen, Wendeltreppen, Spiegelungen, bizarre Kameraeinstellungen...

Das hat auch was von Hitchcocks hochstilisierten Spannungsräumen, auch von den Themen her: Obsessive Angsthasslust gegenüber der frivolen Blonden, Psychologisch-Pathologisches, das sich nach außen kehrt, Tod und Tabu; und es gibt eine Verfolgungsjagd durch eine verwirrend labyrinthische katholische Kirche, von den Katakomben durch den leeren Gotteshaussaal hinein in die Orgel, in geheime Kammern hinter den Orgelpfeifen, bis hoch aufs Dach – inklusive einem Priester mit Gewehr...

Natürlich will Fulcis Film niemals Kunst sein, und natürlich ist er in vielerlei Hinsicht billiger gemacht als Hitchcocks durchgeplante, kunstvolle Thriller, der Effekt ist das Wichtige, der Reiz fürs Publikum, Nacktheit und Gewalt – später wurde Fulci durch Zombiehorror berühmt, hat aber sein Handwerk von der Pike auf gelernt. Er weiß also, was er tut, das ist nicht selbstverständlich in dem Segment, das Fulci bediente: Filme fürs sensationsgierige Publikum, die aktuelle gesellschaftliche Diskurse ausbeuten für effekthaschende Sex- und Crimegeschichten. Wobei Fulci hier – wissentlich oder nicht – auch einen Kommentar abgibt über das Unbehagen der High Class gegenüber den freidenkenden, sich auslebenden Hippies, indem er die Vorurteile gegenüber der Gegenkultur zu wahnhaften Obsessionen der Hauptfigur werden lässt, bei der Abstoßung und Anziehung eine fatale Verbindung eingehen. Wobei zugleich – auch das zeichnet die Grindhouse-Filme aus – eindeutige Deutungen unmöglich sind: Die Hippies sind dermaßen auf Acid, dass sie sich selbst alles mögliche zutrauen und von Liebe und Frieden nicht viel übrig bleibt; während der Oberklasse, der Carols Familie zugehört, unter der Oberfläche ebenfalls alle möglichen Verbrechen zugetraut werden dürfen.

Ein Giallo also, die italienische Variante des Sex-, Crime- und Psychokinos; wobei er eher am Rande des Genres steht, weil es nicht um ein klassisches Whodunit um einen Täter in schwarzen Handschuhen geht.

CHIKAGO POKER

TRUCK TURNER

USA 1974. Regie: Jonathan Kaplan.

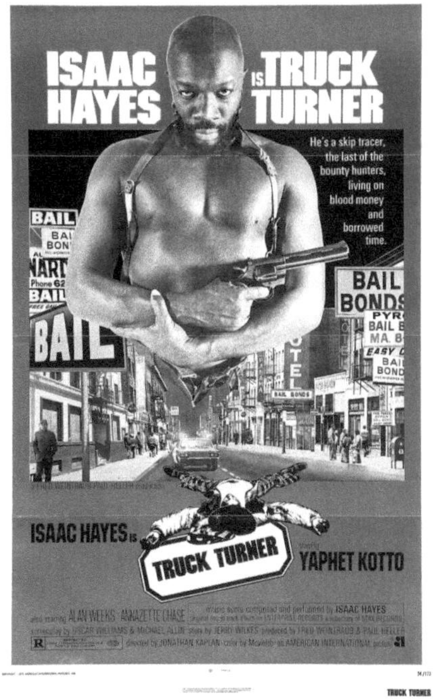

TRUCK TURNER: Da ist die Sprache wirklich wichtig, denn bei Blaxploitation kommt's auf den Ton an, der die Slangmusik so richtig zum Klingen bringt. Insbesondere, wenn Isaak Hayes, sonst eher als Komponist und Sänger auf den Tonspuren entsprechender Filme präsent – SHAFT, nur mal so zum Beispiel –, hier auch die Hauptrolle übernimmt. Das ist auch OK, man hört ihm ja gerne zu. Das Problem ist, dass er in diesem Film zusammen mit seinem Kumpel viel zu viel rumlabert, wie Kumpels es halt so tun; und dass darüber die Ermittlungen – die beiden sind Kopfgeldjäger, die es auf Kautionsflüchtlinge abgesehen haben – erstmal zur Nebensache werden.

Bis dann endlich, endlich die erste Verfolgungsjagd in die Gänge kommt, der Gangster flieht in seinem schönen rosafarbenen Straßenkreuzer und hat nur das Problem, dass er nicht Autofahren kann. Erst rammt er auf dem Gehsteig einen Einkaufswagen voller Bagels, den ein Rabbi vor sich herschiebt, dann kreuzen auch noch zwei Dussel mit ihrem Blumenstand die Straße, und rumms! Das leere Ölfass eines Obdachlosen geht auch drauf, bevor er in seiner Doofheit den Wagen vollends demoliert – ein Heidenspaß. Zu Fuß geht's weiter in die Kläranlage. Er entkommt. Der Film führt dann, nach einiger weiterer Laberei, zu einer Schießerei am Haus des Bösewichts, Truck Turner und Partner ballern rum, der Pimp Gator ballert zurück, schließlich ist er tot. Und seine Braut, eine Weiße (!), attackiert nackig Turners Partner. Das einzige Mal im Film, dass wir Nacktheit sehen, eine verwunderliche Zurückhaltung, denn im Weiteren gäbe es viele Möglichkeiten, die ein anderer Regisseur nicht ungenutzt hätte verstreichen lassen: Gators Witwe nämlich erbt jetzt dessen Nutten, versammelt noch auf der Beerdigungsfeier die Pimp-Kollegen, führt den Wert ihrer Mädels vor: Die eine ist für 37 000 Dollar im Jahr gut!, um dazu zu verlocken, den Göttergatten zu rächen.

Ah, wir haben es hier aber mit Truck Turner zu tun, wehren die Pimp-Helden ab, sichtlich vor Furcht und Schrecken schlotternd, und hier kommen wir auch dem Grund auf die Spur, warum der Film so lange keine Fahrt aufnehmen wollte. Weil Truck Turner in seiner Isaac Hayes-Inkarnation ein Mann ohne Eigenschaften ist; solche freilich braucht ein Blaxploitationheld nun mal. Klare Kante, Charisma, Härte und Weichheit in dynamischem Verhältnis, das die Weiber anzieht und die Kerle abschreckt. Das alles wird standesgemäß behauptet – hihi, wie sich im Schönheitssalon alle *bitches* nach ihm umdrehen...! –, aber zu spüren ist es nie, weil diese Behauptungen nie von Turner selbst ausgehen.

Aber wurscht! Denn von diesem Zeitpunkt an sind Fragen der Charakterisierung eh egal, jetzt geht es darum, tödliche Anschläge zu verhindern, Attacken zurückzuschlagen und vor allem den Obermotz der Gangster, Blue, zu bändigen, der eine Killerbrigade einsetzt. Höhepunkt: Eine heftige Schießerei im Krankenhaus, Ärzte und Patienten liegen als Kollateralschäden blutend in den Korridoren, es geht schießend durch einen OP-Saal, und wer zählt all die Toten, die dadurch entstehen, dass ihre Bluttransfusionsbeutel zerschossen werden! Das Besondere an der Szene ist, dass sie wirklich unter die Haut geht, weil sie knallhart gefilmt ist (was wir in anderen Sequenzen des Films vermisst haben), da geht es richtig zur Sache, wenn Blue auch noch einen halb betäubten, richtig kranken kleinen Jungen als Geisel nimmt! Schließlich, im Ausgangsbereich der Klinik, wird er doch erschossen, und tödlich getroffen rappelt er sich wieder auf, schreitet weiter, dem Rufe des Jenseits trotzend, hin zu seinem Auto: ein würdiger Abschluss für die Schießerei, weil hier der beinahe naturalistische Habitus all der heftigst Verwundeten im Krankenhaus sich wieder in die überzogenen, aber nicht übertriebenen Sphären des Genrefilms hebt.

Jedenfalls hat Truck Turner, auch das lustig, seine Freundin, die er so sehr liebt, beiseite schaffen lassen, um sie zu schützen nämlich, und ihr einen Ladendiebstahl untergeschoben, weil er wusste, dass man's auf ihn abgesehen hat. Geht mit ihr shoppen, lässt ein paar Parfumflakons in ihrer Handtasche verschwinden, grinst der misstrauischen Verkäuferin dabei schelmisch zu, informiert dann den Wachmann. Und schafft es am Ende, wenn sein wütendes Girl aus dem Gefängnis wieder raus ist, ihr Herz doch wieder zu gewinnen, mit einer süßen Miezekatze, die er ihr schenkt.

INTRUDER

BLOODNIGHT / NIGHT OF THE INTRUDER

USA 1989. Regie: Scott Spiegel.

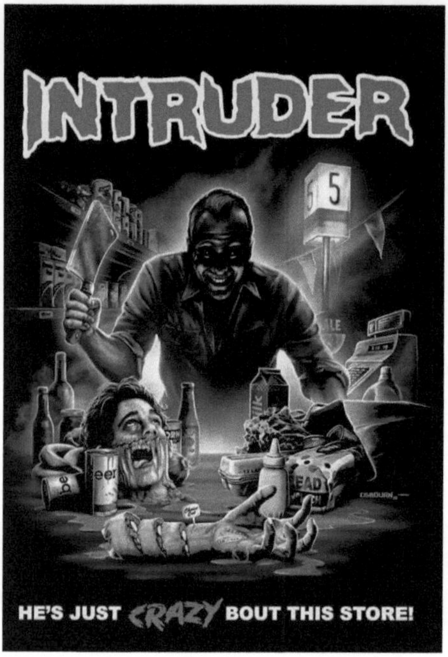

Gute Szenen *en masse* finden sich in INTRUDER. Darin geht ein Killer im Supermarkt nach Ladenschluss um und tötet die Angestellten, die mit Aufräumen, Warenkennzeichnen und Rumhängen beschäftigt sind. Der Film ist eine Art Freundschaftsprojekt unter EVIL DEAD-Veteranen, Sam Raimi spielt mit und Bruce Campbell, beide Regie und Produktion bei TANZ DER TEUFEL-Filmen, Scott Spiegel führte Regie, er war Autor von EVIL DEAD II – alle drei waren zudem Highschool-Freunde –, Robert Kurtzman besorgte das Special Make-Up, Sams Bruder Ted Raimi spielt auch mit.

Der gewalttätige Ex-Freund bedroht eine Kassiererin, wird rausgeschmissen, der Supermarkt geschlossen, aber er schleicht rum… Und von den Angestellten fällt einer nach dem anderen dem Killer zum Opfer. Das ist von der Story her überhaupt nicht spannend, als Whodunnit ist der Film unglaublich schwach – vielleicht deshalb verrät sogar der Filmtrailer, wer der Killer ist (Achtung – wer den Trailer ergooglet, hat 'nen Spoiler am Hals!).

Aber die verschiedenen Todesarten, die dieser lustig-gewalttätige Film bietet, machen alles wieder gut. Sie haben keinerlei Funktion für die Story, für die Filmfiguren, die keine Ahnung haben, was die ganze Zeit über passiert, sie sind einzig und allein zum Vergnügen der Filmzuschauer inszeniert, und das reicht ja auch. Man hat in einem Supermarkt ja 'ne Menge Möglichkeiten: Messer gibt's genug, Sägen und Fleischerhaken in der Metzgereiabteilung auch, und im Büro ein Zettelspieß… Doch nicht nur die Waffen, auch die Ausführung der Morde ist doll. Der Marktleiter, profitgierig wie man als Marktleiter halt so ist, erleidet sein Schicksal: Er wird aufgespießt auf dem Papierhalter, sein Kopf fällt auf die Rechenmaschine, die blutrote Zahlenkolonnen ausdruckt... und sein Blut tropft auf die Schreibtischlampe, wo es auf der Birne vor sich hinköchelt, mit psychedelisch-roten Schattenschwaden an den Wänden...

Weil der Killer pervers ist, zerteilt er die Leichen, verteilt sie im Markt, und ich bin sicher, nicht alle Körperteile in all den Regalen und Verstecken entdeckt zu haben. Eine Hand im Hummerbecken, ein Torso im Mülleimer, ein Auge im Olivenglas...

Der Film ist eine Freude in seiner ausgefallenen Exzentrik; und er verweist auf die Zukunft des Filmemachens. INTRUDER IST das Produktionsdebüt von Lawrence Bender, der fürderhin, bis zu den BASTERDS, ca. alle Tarantino- und tarantinoverwandten Filme produzieren wird. Nur ein Jahr später entstand nicht im Supermarkt, aber in einer Lagerhalle RESERVOIR DOGS – der von den Erfahrungen des Filmdrehs auf Kammerspiel-Level, die Bender mit INTRUDER gesammelt hat, sicherlich profitierte.

Und dann haben wir in INTRUDER noch die wunderbaren Kamerastandpunkte, die Bender zu Tarantino mitgebracht hat. Subjektiven aus dem Einkaufswagen raus, vom Kassenband aus, ja sogar die Perspektive des Fußbodens, über den ein Besen drüberfegt, oder die Sicht eines sich drehenden Türknaufs; natürlich kippt die Kamera da mit. Boy, muss Tarantino von INTRUDER gelernt haben! All die extravaganten Kameraeinstellungen, die wir immer wieder bei ihm finden, Subjektive eines Samuraischwertes, ausm Kofferraum raus etc.: Das hat Spiegel in INTRUDER im Extrem vorgemacht.

Frauenlager der Ninja

Shadow Killers Tiger Force / Das Todescamp der Ninja

Hongkong 1986. Regie: Godfrey Ho.

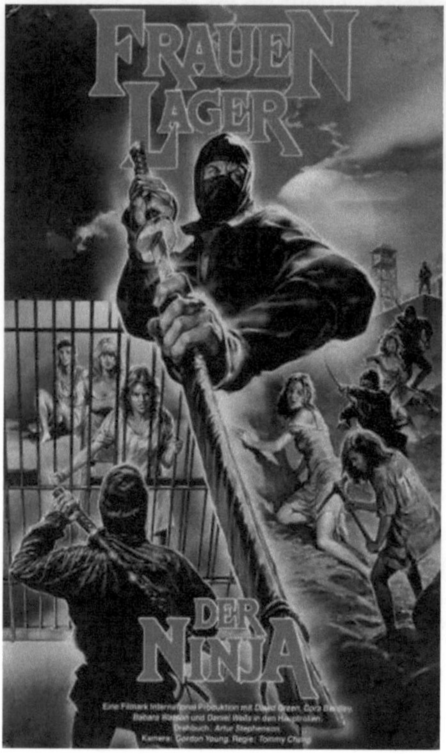

Frauenlager der Ninja hat den Vorteil, dass der Titel nicht lügt. Es gibt ein Frauenlager. Und es gibt Ninjas. Das Problem ist, dass das Frauenlager aus einem anderen Film ist wie die Ninjas. Und zwar buchstäblich. Weil Regisseur Godfrey Ho einfach einen alten koreanischen Film genommen und durch ein paar selbstgedrehte Rahmenhandlungsszenen ergänzt hat. Die leider gar nicht zum Originalfilm passen…

Am Anfang: Bilder von Hongkong. Flughafen, Hafen, Küste. Dann, bei einem Schwenk über den Jachthafen, eine Stimme: »Sieh mal da rüber!« Hä?! Das gibt Raum für eine schöne Vorstellung, und vermutlich ist diese Vermutung wahr: Der Kameramann schwenkt, und ein Assistent weist ihn auf irgendwas hin, was er auch aufnehmen soll, und der Tonmann nimmt das auf, und im Schnitt bleibt's drin, und die Synchro übernimmt den Satz. Der nirgendwo hindeutet, und überhaupt nicht zu irgendwas gehört. Und so ist halt auch der Film.

Junge Menschen beim Picknick, Cola und Hühnchen, und dann tauchen schwarzvermummte Ninja auf und entführen die Mädels. Oder: Ein Pärchen rudert im Boot, und Ninja schwimmen hin, schmeißen den Dödel ins Wasser und entführen das Mädel. Das alles sind die nachgedrehten Sachen, ein Kampf auch, bei dem die Ninja kräftig gegen ein paar Mädelverteidiger kämpfen. Und Schnitt, sind wir bei einer blonden, kurzhaarigen Dame, ohne Schlitzaugen, die zwei Ninja vermöbelt. Das war ein Test, sie hat bestanden, sie ist die Richtige und bekommt eine Menge Geld, um die Tochter ihres Auftraggebers aus dem Frauenlager zu befreien. Dahin bringen nämlich die Ninja die Mädels, mit bösen Absichten: Sie müssen eine steinige Böschung bearbeiten.

Das ist dann der alte Film, und der ist eher blass, und in ihm spielen nur Koreanerinnen. Und koreanische Wärter: Es ist ein Frauengefängnisfilm, der offenbar nicht auf sexuelle Reize aus ist, sondern auf die Gruppendynamik unter Zwang. Ein gutes Dutzend Frauen in einer Zelle, sadistische Gefängnisaufseher – aber sorgsam keine unzüchtigen nackten Stellen. Das ist an sich nicht schlecht – aber auch nicht zwangsweise gut. Es ist offensichtlich ein Dutzendfilm, der nicht weiter interessiert. Also: Außer Mr. Ho, unseren wackeren Regisseur. Den interessiert's so sehr, dass er seine blonde Kämpferin einschleust. Und bald ist klar: Alle Szenen, wo die Blonde auftaucht oder dieser fiese Typ, der der Oberbösewicht sein soll und die gefangenen Mädels nach Dienst an einen Mädchenhändler weiterverfrachten will, die sind nachträglich erschaffen worden. Mit Europäern als Protragonisten, für den westlichen Markt. Zwei der böschungsbearbeitenden Gefangenen haben Streit – der alte Film –, und die Blonde versöhnt die beiden – der neue Film –, indem sie mit einem Handstreich eine Steinlawine am Hang löst und die eine die andere retten lässt. Eine der Gefangenen bricht aus – der alte Film –, und die Blonde – im neuen Film – besorgt ihr die nötige Zeit, indem sie an der Böschung ruft: Wir arbeiten weiter, wir wollen keinen Feierabend! Ein weiterer Ausbruchsversuch – der alte Film –, die Blonde verführt einen Müllkutscher – im neuen Film –, damit die Gefangen in dessen Exkrementekübel versteckt sich aus dem Lager schmuggeln kann.

Was sich beinahe so anhört, als sei das aufeinander abgestimmt, dem sei gesagt: Die Blonde sieht nicht nur doof aus – es ist eine furchtbare 80er-Kurzhaarfrisur! –, sondern sie kann auch noch zaubern. Blöd nur, dass der Gegenspieler, der Ober-Ninja (also der hinzuerfundene Frauenlagerchef) auch zaubern kann. In einem Wald (warum auch nicht) kommt's zum Endkampf, der dauert sehr lange; vorher haben sich die beiden durch verschiedene Dimensionen teleportiert, inklusive hypnotischer Verführungsszene. Im Wald geht's hart auf hart, und einer der Helfer der Guten holt die Bazooka raus (!), und der Bösewicht wird von der Rakete verfolgt, und das ist lustig anzusehen, aber halt auch reichlich bescheuert.

Das größte Manko des Films aber – jenseits des Offensichtlichen –: Nie zieht sich jemand aus. Im alten koreanischen Teil sowieso nicht, aber der neue, nachgedrehte schreit geradezu danach, wenn man sich das Genre und das Niveau ansieht. Ich meine, man kennt das ja, beispielsweise aus Firecracker, wo eine Karatekämpferin während des Kampfes nackig ausgezogen wird. Ja, sowas wäre halt wahre Inszenierungskunst gewesen!

Jeans Blues: No Future

Jinzu burusu: Asu naki furaiha

Japan 1974. Regie: Sadao Nakajima.

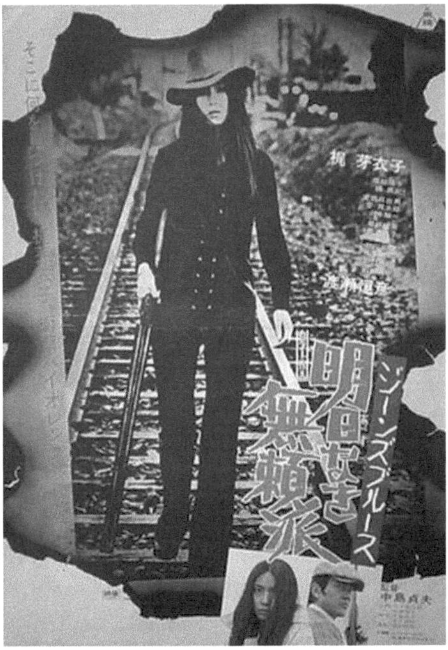

Irgendwann kauft sich Jiro einen schicken Anzug, englisches Tuch mit Karomuster und distinguierter Batschkapp; Hijiriko hat sich einen hautengen Lederdress zugelegt und trägt darüber einen beigen Trenchcoat. Wie sie so gekleidet durch die Gegend fahren: Da sind sie Bonnie und Clyde am ähnlichsten.

Das Geld, das sie auf den Kopf hauen, hat Jiro erbeutet bei einer skurrilen Killeraktion. Als Helfershelfer eines Yakuza schaufelt er ein Grab aus, das Opfer wird brutal mit Spitzhacken und Stöcken totgeschlagen – die erste und größte Gewalttat im Film, mit dem meisten Blut –, und Jiro angelt sich das Geld, mit dem die Killer diesen Knochenjob honoriert bekommen sollten. Und haut ab. Gleichzeitig langweilt sich in einem Swingerclub Hijiriko, die Empfangsdame, die Orgie im Hintergrund entlockt ihr ein Gähnen, sie schnappt sich Kohle aus der Kasse und ein Auto. Und haut ab. Beide treffen sich, weil ihre Autos aufeinanderknallen, und sie machen sich gemeinsam auf den Weg. Jeans Blues: No Future heißt der Film, Jeans gibt's zwar keine, dafür viel schöner instrumentaler Blues auf dem Soundtrack, und eine Menge keine Zukunft.

Mit der Gewalt und dem Sex zwingt Regisseur Sadao Nakajima in der Anfangssequenz des Films die beiden Hauptattribute des Exploitationkinos zusammen. All seine Figuren verhalten sich dabei cool, drücken ihre Rolle im Film – die jeweils einem bestimmten Typus des gesellschaftlichen Nebeneinanders entspricht: die desillusionierte Aussteigerin, das vom Leben gebrannte, neureiche Hallodrikind, die geldgierige Tussi, der brutale Stotterer, der hartnäckige Gangsterführer etc. – scharf skizziert aus. Und – auch damit muss man beim Grindhousekino rechnen: Man weiß zunächst nicht, wohin der Film eigentlich führen will, und das ist kein gewolltes retardierendes Element, sondern eine Schwäche der Dramaturgie; wie auch der Filmschnitt mitunter dilettantisch wirkt, und man bei den Gags und Witzen nicht so recht weiß, ob sie tatsächlich gagig und witzig gemeint sind. Erst langsam bekommt man ein Gefühl für den Film, wenn Jiro und Hijiriko unterwegs sind: Dann nämlich hat sich der Sex aus der Handlung verkrümelt, die Gewalt ist nicht mehr nur sinnlos als Augenkitzel eingesetzt, und die Komik – die, wie sich herausstellt, stets gewollt ist – bekommt zunehmend bittere Beigeschmäcke.

JEANS BLUES ist ein offenbar amerikanisch geprägtes, aber durch und durch japanisches Roadmovie, zwei Außenseiter, Rebellen, Kriminelle auf der Flucht, auf ihren Fersen die Gangsterbrut, in der Tasche fünf Millionen Yen. Zu Anfang haben sie Spaß, wenn sie tun, was sie wollen – und sich auch leisten, sich dusslig anzustellen. Problematisch wird's, wenn sie alles Geld verlieren; und spannend, wenn sie sich wieder welches beschaffen wollen. Da steht ein Angler am See, legt auf Enten an: Er hat einen unpassenden roten flachen Hut auf mit großem Lacoste-Krokodil drauf, die beiden überfallen ihn, knallen ihn mit dem eigenen Gewehr ab, mit dem sie fortan auf Raubzug gehen; nach ein paar Schießübungen mit der japanischen Flagge als Zielscheibe. Eine Tankstelle, ein illegaler Spielclub – es hagelt Tote. Die beiden, zuvor eher Opfer der Umstände und auf der Flucht vor den Umständen, machen sich ihre Umstände jetzt selbst, weil ihnen jetzt sowieso alles egal ist.

Bemerkenswert ist der Kern des Films, das Pärchen *on the run*: Er ist ein Nichtsnutz, ein Ausgebeuteter, einer, der glaubt, jetzt auf das große Glück gestoßen zu sein, und der es auch auskosten will; sie ist angekotzt vom Leben, alles langweilt sie, da kann sie ebensogut irgendwas anderes machen. Er ist ein Draufgänger, sie schweigt meistens, weiß aber genau, was sie will/was sie nicht will. Er lebt im Jetzt, sie sieht eh keine Zukunft: Sie sind Seelenverwandte, irgendwo im Dreieck von Perspektivlosigkeit, Nonkonformismus, Nihilismus. Und immer ist da das Gefühl, dass die beiden auch jederzeit ihre Verbindung zueinander kappen könnten – als Duo von Hauptfiguren ist diese Konstellation brüchig; und deshalb ungewöhnlich; und deshalb reizvoll. Wie sie zueinanderfinden, wie sie sich weiterentwickeln: Das ergibt die eigentliche Geschichte des Films, die sich unter der Oberfläche von Flucht und Action und Kriminalität abspielt. Und das ist doch schon mal doll, dass in der Grindhouse-Filmreihe mal ein Subtext, etwas Doppelbödiges drinsteckt.

Madman

USA 1981. Regie: Joe Giannone.

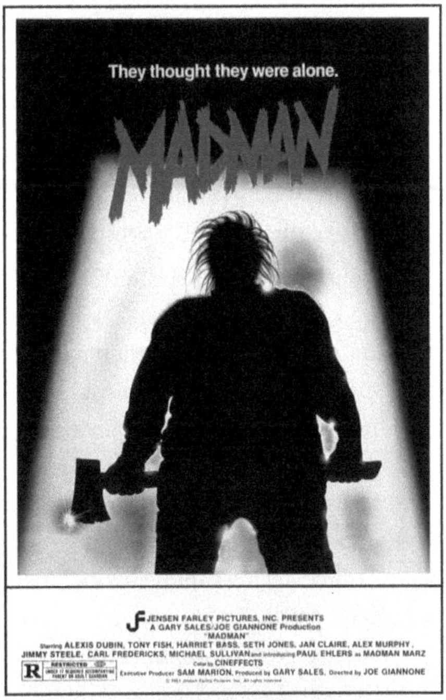

Da sitzen sie alle am Lagerfeuer, die Betreuer eines Camps und ein paar Kids, und einer singt eine Horrormoritat vom Killer im Dunkeln. Dann erzählt der Chef des Camps, passend zur Atmosphäre, die Geschichte des alten Bauern Marz, hässlich, fies, brutal, ein Säufer und Schläger, der eines Tages durchdreht und Frau und Kinder mit der Axt zerhackt. Ein Mob lyncht ihn, erhenkt entkommt er der Schlinge und streunt seither durch die Wälder. Und wer seinen Namen ausspricht, den holt er: Madman Marz.

Wie sich herausstellt: eine lebende Legende. Degeneriert und mehr Tier als Mensch, mit klobigen nackten Füßen, behaarten Klauen mit langen Krallen, einem fellähnlich behaarten Gesicht, gebücktem Gang tötet er die, die allein im Wald unterwegs sind. Mal mit einer Axt zugeschlagen, mal eine Schlinge flugs seinem Opfer von hinten um den Hals geschlungen; gefährlich auch, nachts den Pickuptruck reparieren zu wollen, den Kopf unter die Motorhaube zu stecken, wenn Madman Marz auf dem Autodach steht, bereit zum Sprung... Ein Kühlschrank bietet gleichwohl Sicherheit, nicht nur – siehe Indiana Jones – vor einer Atombombe, auch vor dem Wahnsinnigen; sofern man nicht zu früh die Türe aufmacht...

Da sitzt sie, die verängstigte Frau, wie ein kleines Zicklein im Versteck: Dieser Moment offenbart, was die Grundlage für diesen Film Madman von Joe Giannone aus dem Jahr 1982 ist, was die Grundlage eines jeden Slasherfilms sein sollte: Der böse Wolf kommt, die Geißlein versuchen, ihr Heim zu verrammeln; vergeblich: sie verstecken sich voll tödlicher Angst, und sie werden doch eins ums andere gepackt und gekillt. Ein Muster, das im Horrorfilm lediglich um die Komponente eines weitläufigeren Geländes ergänzt wird, und um eine größere Eigenständigkeit der Geißlein, die im Slasherfilm dummerweise ihren eigenen Kopf haben und deshalb immer wieder alleine in den Wald gehen. Mit den besten Vorsätzen zwar – die Vermissten zu suchen –, aber mit fatalem Ergebnis. (Was nebenbei ein kleines Rotkäppchenmoment mit hineinbringt: Ich will mein Lebtag nicht wieder allein vom Wege ab in den Wald laufen, wenn mir's die Mutter verboten hat… Im Übrigen ist das Bäucheaufschlitzen – wie es in beiden Märchen vorkommt – das konstituierende (und titelgebende) Motiv des Genres, wenn's auch vornehmlich nicht beim Bösen Wolf geschieht, sondern bei den bemitleidenswerten Opfern.)

Ein grandioser Slasherfilm ist Madman, voll von Ideenreichtum und Wirkung, und dann nochmal 'n Quäntchen in Richtung »interessanter« weitergedreht – sind die Opfer doch nicht die Teenies, sondern die Betreuer, die sich wie Teenies verhalten, mit ihren kleinen Kabbeleien, mit ihren Sehnsüchten, mit ihren Beziehungskisten und Sexaffären. Dunkel ist der gefährliche Wald, unheimlich das halbverfallene Farmhaus, in dessen Keller Marz seinen Vorrat an selbstgefertigten Leichen anlegt, unmenschlich-grauenhaft ist der Killer; Regisseur Giannone spielt nach den Regeln, er weiß um die Regeln, er variiert sie und ironisiert sie mitunter, wobei der *tongue-in-cheek*-Ansatz dem Grusel nicht im Weg steht. Vor allem aber: Die Opfer wissen um ihr Schicksal, und der Zuschauer tut es auch. Denn zu Anfang, bei den Lagerfeuer-Horrorstories – das ist der Clou des Films – blendet Giannone sekundenkurze Flashforwards auf das spätere Schicksal derer ein, die sich da am Feuer so schön gruseln – und die später stolpern, schreien, fliehen und sterben werden.

Das ist der Unterschied zu, beispielsweise, Freitag, der 13.: Der ja als definierender Slasherfilm gilt, als der, der mit seinem immensen Erfolg den Tsunami dieses Subgenres so richtig mit angeschubst hat, der deshalb filmgeschichtlich legendär ist – in dem aber die Teenies voneinander isoliert und dann aus heiterem Himmel gemordet werden. Ohne dass sie es selbst merken würden. Ohne dass irgendjemand im Film Angst hat. Sprich: Nicht sieben Märchen-»Geißlein«, sondern zehn kleine Kinderlied-»Negerlein« werden hier zum Opfer, die nichts wissen von ihrem Schicksal, die nichts ahnen, die einfach rumlaufen und plötzlich tot sind. Bis zu den letzten fünfzehn Minuten weiß keiner, dass da überhaupt irgendwo ein Killer ist!

Diverse Filme der langlebigen Franchisereihe um Jason Vorhees, der dann in späteren Filmen eine Hockeymaske aufgesetzt bekam: Das zeigt, wie viel Potential nach oben im ersten Freitag, der 13.-Film steckt. Während der Madman ein Unikat blieb, das nicht hätte verbessert werden können.

Dr. M schlägt zu

La venganza del doctor Mabuse

BRD/Spanien 1972, Regie: Jess Franco.

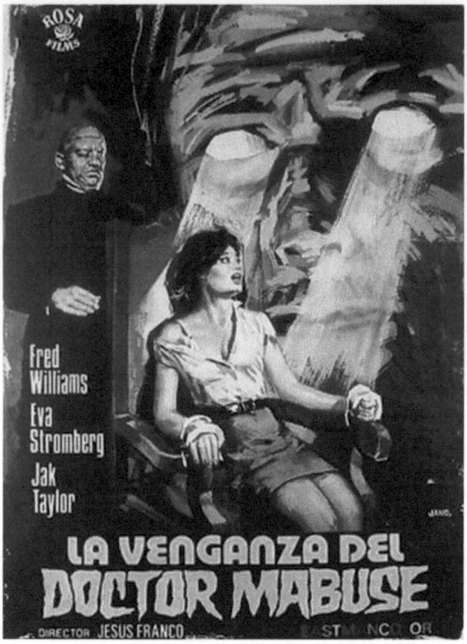

Es ergibt nichts irgendeinen Sinn. Nichts. Keinen. Nirgends.

Jess Francos Dr. M schlägt zu zeigt vor allem eines – und das ist etwas Hoffnungsvolles für jeden Menschen jeden Alters, der sich mit dem Gedanken trägt, irgendwie mal selbst als Regisseur so richtig Filme zu drehen. Denn Dr. M schlägt zu macht eines klar: Keiner am Set und in der Postproduktion muss irgendein Talent vorweisen, keiner muss sich anstrengen, irgendwas Großes abzuliefern: Es wird trotzdem was draus, nämlich etwas, das Jahrzehnte nach Drehende noch einem verwegenen Häufchen Zuschauer Vergnügen bereiten wird. Tatsächlich kann Jess Franco keine guten Filme drehen. Das ist Fakt. Er kann es einfach nicht. Es geht nicht. Was er aber damit aufwiegt, dass er einfach Filme dreht. Und zwar haufenweise. Stetig. Immer mehr. Die Masse wiegt jeden Mangel auf. In den Jahren nach seinem Abschied von dieser Welt wurden im Cinema Quadrat einige Aprils als Jess-Franco-Gedenkmonat gefeiert: Und klar sind alle Franco-Filme schlecht. Aber es gibt schlechte und schlechte. Und dieser hier gehört sicherlich der besseren der beiden Seiten an.

Einfach mal machen, ist doch wurscht! Hauptsache Film belichtet! Und wenn man dann wie Franco noch einigermaßen billig ist, dann sind auch die Großproduzenten zu überzeugen, einen zu engagieren. Wie beispielsweise Atze Brauner. Dessen CCC-Film hatte Anfang bis Mitte der 1960er als Antwort auf den Rialto-Edgar Wallace-Boom den Dr. Mabuse wiederbelebt, über den Fritz Lang in der Weimarer Republik ein paar Höhepunkte der deutschen Filmgeschichte inszeniert hat. Lang selbst konnte auch für das Revival gewonnen werden, nach sechs Filmen war aber 1964 doch auch schon wieder gut. Nur hatte Brauner noch ein paar Drehbücher und Mabuse-Motive in der Hosentasche, und die vergammeln zu lassen wäre ja auch schade gewesen. Also schnell was Billiges in die Kinos ballern, kurz: Jess Franco engagieren. Der haute aus dem Mabuse-Material ein Drehbuch zusammen, indem er eine Handlung aus einem seiner früheren Filme verwurstete, strich Mabuse freilich vollkommen und gänzlich raus; der überlebte nur als Anspielung im deutschen und ausgeschrieben im spanischen Titel: La Venganza del Doctor Mabuse. Womit vom Titel her klar ist, dass in dem Film nichts stimmt. Atze Brauner hat sich freilich nicht geschämt, sondern – weil sich kein Verleih für den Film interessierte, der sowieso erst zweieinhalb Jahre nach Dreh im Jahre 1972 seine Uraufführung erlebte – den Film per CCC selbst zu vertreiben versucht. Ein Drehbuchcredit ging auch an ihn, Pseudonym: Art Bernd.

Wobei von Drehbuch im herkömmlichen Sinne eh nicht gesprochen werden kann. Von Handlung auch nicht, Darstellung, Mise en Scene, auch Schnitt, Rhythmus, Kohärenz, kurz: grundlegende Sinnhaftigkeit sucht man vergebens. Dafür findet man einen hünenhaften Glatzkopf, eine Billigversion der grotesken Bond-Bösewichter; wir finden eine Hypnotisier-Kanone, die in den Händen des schurkischen Dr. Krenko allerhand aus dessen Entführungsopfern rausfindet; wir treffen auf zwei Wildwest-Sheriffs (!), die nun gar nicht passen, aber immerhin verdeutlichen, dass die »Handlung« in USA spielt; Sheriffs, die übrigens keine Ahnung haben, wie sie in diesen Film reingerutscht sind und was sie da machen sollen; dann, später, tritt noch ein Vagabund auf, den wir erst sehen, wie er eine der Entführungen beobachtet, der dann später aus dem Fluss ein Damenhöschen fischt, um dann in laberndem Redeschwall bei der Polizei die Sachverhalte genau umgekehrt zu Protokoll zu geben, nicht wegen Lüge oder falscher Erinnerung, sondern weil die Filmmontage offensichtlich die Handlung rumpfuschend umgestellt hat, die Synchronisierung dabei aber nicht mitgekommen ist. Eine Stripperin zeigt beim Verhör Bein; der Vorgesetzte des Sheriffs – ja, so was gibt's – ist sehr interessiert an den Fortschritten der Ermittlungen; wenige Szenen später erfährt der Zuschauer, dass dieser Sheriffs-Chef zur Schurken-Organisation gehöre, die Ermittlungen genug verzögert habe, jetzt aber im Wege stehe und deshalb mit einer Klapperschlange im Bett beseitigt werden müsse. Nie wieder hört man etwas von ihm im Film; auch nicht, dass oder ob er bei einem Klapperschlangen-Unfall irgendwie hopsgegangen sei. Auch hatten wir sowieso den Eindruck, dass er eigentlich vor allem den Handlungsfluss, aber nicht unmittelbar im Auftrag der Verbrecher die Suche nach ihnen sabotierte. Vielleicht hatte der Darsteller keine Lust mehr; vielleicht wurde auch einfach in der Postproduktion nochmal was gedreht. Vielleicht hat auch einfach keiner aufgepasst – das ist die wahrscheinliche Variante.

Dr. Krenko entführt die Mitarbeiterin des Instituts von Dr. Orloff; der macht irgendwas mit Laser. Die Hypnotisiermaschine funktioniert nicht so richtig, die Entführte wird getötet – nicht, ohne vom Hünen Andros befummelt zu werden. Die Pläne für die Waffe werden mit Hilfe von Giftgas auf offener Straße – »Nebel«, der per Fett auf die Kamera geschmiert wurde –, gestohlen; die Fahrer des überfallenen Lieferwagens haben durch das Gas die Erinnerung verloren, finden das alles auch irgendwie seltsam, aber nicht seltsam genug, um davon irgendwem Bericht zu erstatten. Leider lag den Plänen kein Verschlüsselungscode bei, die Gangster müssen weiter gangstern. So muss die Tochter von Orloff geraubt werden, der wiederum gekillt wird. Eine Stripteasetänzerin war Zeuge, die Polizei ist aber zu doof, die richtigen – nein: irgendwelche Schlüsse zu ziehen. Dem Vagabunden, der die Bösen beobachtet hat, glaubt der Sheriff auch nicht; gleichwohl ist er der positive Held dieses Films. Am Ende schaufelt sich das Böse selbst das Grab, weil, wer hätte das geahnt, Andros, das Monster, zu schlecht behandelt wird und irgendwann zurückschlägt. Hinter dem Ganzen steckt übrigens noch eine weit größere Verbrechensorganisation, und der Fantasie des Zuschauers ist es überlassen, sich als deren Oberhaupt den sagenhaften Mabuse vorzustellen.

Diese Handlung lässt sich mit viel Denkarbeit mühsam rekonstruieren; es hilft, dass einiges im Film doppelt und dreifach gesagt wird – meist aber nur Nebensächliches –, vor allem aber, dass ein geheimnisvoller Voice-Over-Erzähler ziemlich am Anfang all die Fakten über die Laser- und die Hypnotisierwaffe erklärt, während (!) sich der Schurke mit seinem Handlanger über was ganz anderes unterhält.

Überraschenderweise ist nur einmal eine Nackige im Film zu sehen; Dr. M schlägt zu ist eben noch total in den 60ern verhaftet mit all der Faszination an großen Verbrechen und großen Schurken. Das freilich trägt zum Trash-Charme des Filmes bei. Ein Film, der ja schon bei Fertigstellung veraltet war, der zu schlecht war für eine Kinoauswertung, in den Franco alles reinwarf, was er hatte – von seltsamen Kameraeinstellungen aus allen Ecken des filmischen Raumes bis zu alten, schon längst woanders abgelutschten Handlungs- und Szenenmotiven. Kurz: Genau das richtige Material, um in einem April Francos Todestag feierlich zu begehen.

Hi-Riders – Jungs lasst die Fetzen fliegen

Hi-Riders

USA 1978. R: Greydon Clark

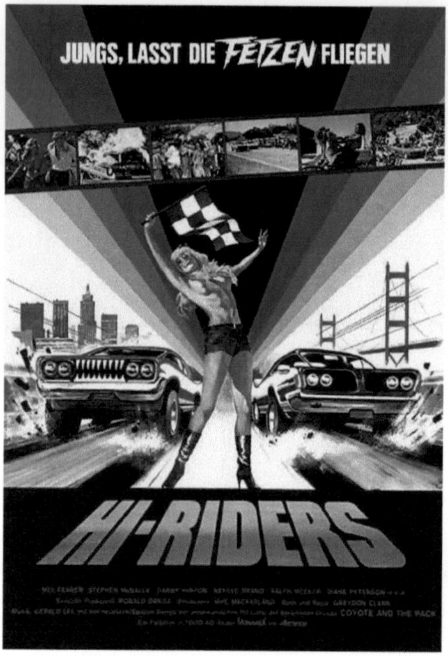

Mark und Lynn kommen neu in die Stadt, sie sind auf der Durchreise, aber sie suchen nach »Action«. Ein paar der Kids weisen ihnen den Weg – nachdem ein paar Mädels ihre nackten Hinter- und Vorderseiten aus dem Autofenster gestreckt haben, das ist für die Einheimischen die Action –, Mark und Lynn jedenfalls finden sich bei einer Wette wieder: Ein Autorennen, wer gewinnt, kriegt 50 Dollar. Natürlich verlieren sie. Ja, einer der »Hi-Riders« ist nicht zu schlagen! Mark und Lynn fordern Revanche: Diesmal geht's um 500 Dollar. Natürlich gewinnen sie. Sie sind ein eingespieltes Team, sie haben Bill reingelegt, jetzt ist der sauer. Prellt sie um denn Wettgewinn, und so kommen Mark und Lynn zum Village der Hi-Riders, das sind die Merry Men von Kalifornien, die sich auf einem Filmset, einer alten Westernstadt, niedergelassen haben, freilich nicht als Psycho-Mord-Sekte à la C. Manson, sie leben in einer Art motorisierten Hippiekommune, da gibt's Bier, da gibt's Autos, und der Boss findet Mark und Lynn sofort gut.

Die beiden sind so was wie die pärchengewordene Variante des Fahrers und seines Mechanikers aus Two-Lane Blacktop, wie sich Hi-Riders ohnehin aus dem ganzen Individualisten- und Freiheitstopos speist, den das sagenwirmal semi-undergroundische, newhollywoodische US-Kino der vorvergangenen zehn Jahre, also seit Ende der 60er, hervorgebracht hat. Die ganze Bande von »Lost Boys« (inklusive ein paar weiblicher Anhängsel) macht sich auf zu einem großen Wagenrenn-Festival, bleibt aber in einer Kneipe am Wegesrand hängen. Dummerweise. Denn Billy, der ja ohnehin gerne wettet und ab und zu unfair fährt, fordert einen Einheimischen raus. Zweimal. Das zweite Mal geht's schlecht aus. Die beiden krachen in eine Baustelle, da, wo die Gastanks stehen, und es gibt enorme Explosionen, und damit fängt der Ärger an.

Und man merkt: Ja, der Film hat was. Denn dass bei diesem Unfall die Feuerbälle in die Höhe schießen – klar. Aber, und das ist das Gute: Wenn später Autos kaputtgehen, durch die Luft fliegen etc., dann explodieren sie nicht. Ganz gegen jede Gewohnheit dieses Filmgenres – und das spricht definitiv für die Qualität des Films. Zweites Qualitätsmerkmal: Ein guter Kameramann – Dean Cundey fotografierte später Halloween und weitere Carpentersachen, Zurück in die Zukunft und weitere Spielberg-Produktionen... Regisseur von Hi-Riders ist Greydon Clark, von dem kennen wir den Blaxploitationreißer Black Shampoo; hier scheint er sehr viel ernsthafter mit seinem Film umzugehen.

Die Hi-Riders bekommen es mit dem Daddy des verunfallten, verbrannten einheimischen Buben zu tun. Der böse Paps hat seine Gang an alten Hinterwäldlern, das sind ungefähr die, die zehn Jahre vorher Dennis Hopper und Peter Fonda von ihren Easy Rider-Bikes geschossen haben: Rednecks, die die jugendlichen langhaarigen Autorebellen grundsätzlich scheiße finden und nun einen Anlass gefunden haben. An einer Tankstelle gibt es ein Massaker, fast alle Hi-Riders sind tot. Und schnell spurlos beseitigt, so dass der Sheriff wenig Grund zum Eingreifen sieht. Die alten Spießer sind gut organisiert in ihren Pick up-Trucks, immer wieder sehen wir einen in einer Ecke stehen, der beobachtet und die anderen via Funksprechgerät instruiert – Mark, Lynn, der Boss und ein Barmädchen sind übrig, einerseits geschockt, andererseits romantisch infiltriert, an einem schönen Felsenweiher sitzen sie und beginnen mit Liebesszenen, bevor sie gegen die Proto-Trumpwähler Recht und Ordnung wieder herstellen.

Was heute ein bisschen aus der Zeit gefallen scheint, wenn inzwischen – m. E. zurecht – junge, rücksichtslose Raser höchstrichterlich bestätigt als Mörder verurteilt werden; die aber sind hier die Guten.

Kein großer Film, das Budget nur minimal höher als Low-Budget – aber effektvoll inszeniert, ohne grobe Fehler, wenn man mal von der Softrock-Musikberieselung absieht, wo sehr mau bei Fahrtszenen Einfach-Riffs eingesetzt werden, die sogar Status Quo-Fans beschämt weggucken lassen, und zwischendurch, bei Romantik, säuselt die Akustikgitarre... Aber sonst: Gutgut.

BRUCE LEE – DER UNBESIEGTE

LONG DE YING ZI / CHINESE STUNTMAN

Taiwan 1982. Regie: Ho Chung Tao a.k.a Bruce Li.

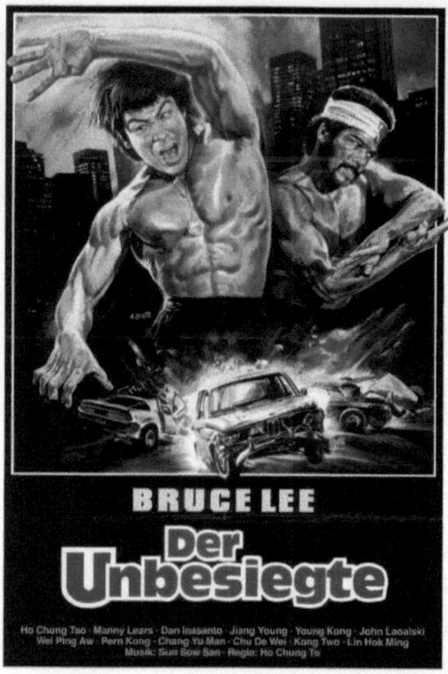

Da hat also einer namens Bruce Li beschlossen, einen auf Bruce Lee zu machen; und zudem eine Art selbstreflexives Kompendium des Kungfu-Eastern-Films zu kreieren. Nach dem Tod des echten Bruce Lee gab es ja eine Menge Avatare, Epigonen, Karnevalskämpfer – das Kriterium der Ähnlichkeit wurde eines erhöhten Filmoutputs zuliebe schnell vernachlässigt; Schlitzaugen und ein paar Moves reichen im Allgemeinen. Bruce Li aber, der hier einen Kungfuer namens Change Wei spielt, macht seine Sache recht gut, was Kämpfeactionstunts angeht. Freilich, die Story...

Da läuft also ein John – weiß, mit enormem Schnauzer und großer Klappe – in Asien 'rum und geht erstmal in einen Kungfu-Klub, um zu zeigen, wie man so richtig austeilt. Er führt sich auf wie ein Arsch, bis ihm Li/Wei zeigt, wo der Hammer hängt. Gleich darauf sind sie beste Freunde und wohnen beieinander. Wei freilich hat Geldsorgen und heuert, wie es halt so ist im Kungfugewerbe, bei einem Versicherungskonzern als Makler an. Hat da aber erwartungsgemäß wenig Erfolg, wird dafür immer wieder in Kämpfe verwickelt, einfach so, weil grad einer rumsteht und sich hauen will. Abends dann Handentspannung mit John – sprich: Man trainiert. Manchmal kloppt man sich auch gegenseitig freundschaftlich oben auf'm Hausdach, um dann postkoital ermattet aneinanderzusinken. Voll schwul, interessanterweise: wie die kämpfende Männlichkeit sich (ungewollt?) in die homoerotischsten Zonen ergießt...

Im Versicherungskonzern ist natürlich Korruption und Betrug gang und gäbe. Weis Chef macht krumme Geschäfte mit einem Filmproduzenten, der sich sanieren will, indem er seinen größten Kungfustar auf zwei Millionen Dollar versichern und dann absichtsvoll ins Messer laufen lassen will. Irgendwie gerät Wei da rein mit dem Ergebnis, dass er sich erstmal mit dem Film-Kampfmeister prügeln muss. Um dann dessen Freund und Stuntman zu werden. Ab hier wird es konfus.

Der Versicherungsjob spielt fortan keine Rolle mehr. Stuntman bedeutet in dieser filmischen Logik, dass man auch mit Wei die Versicherung betrügen kann; mehrere Mordanschläge von unterschiedlichen Typen aus unterschiedlichen Gründen folgen und münden in, na was wohl, Prügeleien. Wobei auch Nunchakus zur Anwendung kommen, diese Stöcke, die durch Ketten miteinander verbunden sind und mit denen man so schön posen und rumwedeln kann. Das erfreut die Jugend der 1980er Jahre!

Lustig sind natürlich die Film-im-Film-Szenen, in denen die Tricks des kunstvollen Vorbeihauens und spektakulären Durchdielufthüpfens ausgiebig vorgeführt werden – ein Blick in den Zauberkasten der Kampfeffekte. Doof nur, dass die Filmemacher zu doof waren, die Szenenreihenfolge korrekt zu schneiden, so dass Wei seinem Intimus John zuerst mal erklärt, wie Stuntmans zuhauen müssen – indem er rohe Eier auf der Dachterrasse aufhängt und knapp dran vorbeikickt –; aber dies bevor ihm von den Filmleuten erklärt wird, worauf man als Stuntman so alles zu achten hat…

Jetzt ist dies natürlich kein Enthüllungsfilm über die Tricks der Filmleute, wo ja am Set alles gar nicht echt ist und alles nur gefaked zum Vergnügen der Zuschauer, denen die Leinwand als Brett vorm Kopf eine erlogene Wirklichkeit vorgaukelt. Nein: Vielmehr wird hier das Handwerk des kunstvollen Kunstgriffs gefeiert, zuzuschlagen ohne zuzuschlagen, sprich: Der ist ein Superstar, der den Kämpfer so richtig gut mimen kann. Im Übrigen wird der Produzent von Thomas Reiner – sprich: Prof. Farnsworth aus Futurama – gesprochen, was einen noch surrealeren Touch verleiht. Denn der Film baut immer mehr Quatsch aufeinander, jeder hat jetzt immer irgendeinen Plan, um die Dreharbeiten zu sabotieren und Stuntmen und/oder Star und/oder Versicherung zu betrügen. Ein geheimnisvoller Superkungfuspezialist spielt auch eine Rolle, er wurde – vom Kungfufilmproduktionsveteranen – als Berater unter lauter Kungfufilmspezialisten engagiert und ist eigentlich ein Killer. Die Frau vom Star hat auch eine eigene Agenda. Es ist verwirrend. Am Ende eine Auflösung, die so gar nicht zum Rest des Films passt, weil plötzlich der Freund von Wei es auf ihn abgesehen hat; Anlass, sich in einem Haus zu prügeln und dabei die Wände einzureißen.

THE TEXAS CHAINSAW MASSACRE 2

USA 1986. Regie: Tobe Hooper.

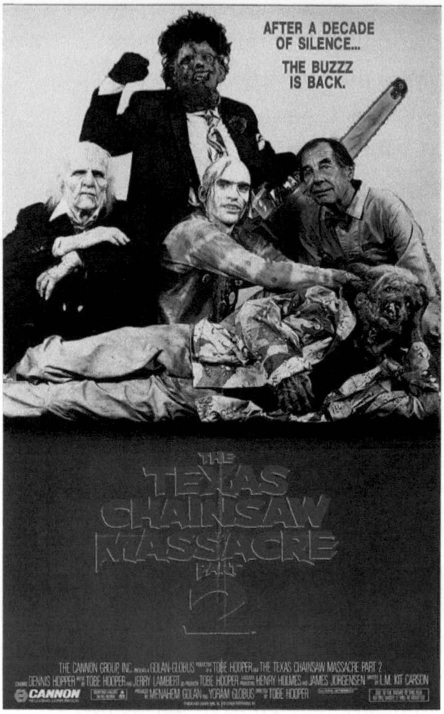

Kurz vor dieser Vorführung, ungelogen, hatte ich erwogen, mir diesen Film auf DVD anzuschaffen; und ich hatte Abstand davon genommen, weil es sicherlich nur das halbe Vergnügen ist, ihn allein vorm TV anzusehen. Weil er auf jeden Fall ein Kandidat für die Grindhouse-Nacht ist; und, wie es das Schicksal so fügt: Nun lief er da: Tobe Hoopers TEXAS CHAIN SAW MASSACRE 2 von 1986, der Film, den Christoph Schlingensief als Haupteinfluss für seine eigene Kettensägenmassaker-Version angegeben hatte.

Der erste Texas-Kettensägen-Massaker-Teil von 1974 konzentrierte sich ganz auf Terror, auf das Schaffen einer bedrohlichen, unheilschwangeren Atmosphäre. Erst am Ende geht es los mit dem Blutgericht-Gemetzel, mit dem kannibalischen Abendmahl der texanischen Hinterwäldlerfamilie: Mit allen Mitteln der Horrorkunst geht einem der Film an die Nerven und an die Nieren. Der zweite Teil, der 13 Jahre später spielt, ist eine Parodie darauf, auch auf den ganzen Horror-Undergroundkult, der sich um Kettensägen und Konsorten gebildet hat. Ein ganz abgedrehter Film mit sehr speziellem Humor, der sich vielleicht nicht jedem erschließt. Vor allem, wenn man so was wie den Vorgänger erwartet.

Von Anfang an ist klar, was Schlingensief an diesem Film faszinierte: Es geht Hooper hier nicht um Normalos, die in die Hände brutaler Perverslinge fallen; nein: Hier regiert überall und bei jedem der Irrsinn, vom ersten bis zum letzten Bild. Zwei durchgeknallte Teenager rasen über die Landstraße, schießen auf Briefkästen und Straßenschilder, die Jungs sind gut drauf, und das wollen sie auch allen zeigen. Deshalb rufen sie beim lokalen Radiosender an, beim

Wunschprogramm der Moderatorin Stretch, und labern sie heftig voll. Dumm nur, dass sie bei all dem Fun, den sie da haben, einen Pickup-Truck von der Straße drängen... der dann, nachts, vor ihnen auftaucht, auf sie zurast, dann rückwärts neben ihnen herbraust, just bei einem weiteren dieser spaßigen Anrufe bei Stretch. Auf dem Dach des Trucks taucht ein Freak auf, die überdrehten Jungs kriegen total den Horror, und Stretch hört am anderen Ende der Autotelefonleitung alles mit an: wie Leatherface grunzt, wie die Jungs in Todesangst schreien, wie die riesige Motorsäge aufheult, das Auto zersägt, bis sie zu den Körpern vordringt...

Subtiler Suspense-Horror ist hier nicht angesagt, hier geht's gleich ans Eingemachte, in einer überzogenen Form, die das Splatter- und Slasher-Genre ad absurdum führt. Ganz geradlinig geht der Film weiter: Dennis Hopper tritt auf, als Polizeileutnant Lefty Enright, der verbissen dem ursprünglichen Massaker von vor 13 Jahren auf der Spur ist, damals ist sein Bruder umgekommen, das Ganze wurde vertuscht, vergessen, obwohl immer wieder Leute verschwunden waren. Nun findet er den Beweis, den er gebraucht hat: Denn dies ist kein normaler Verkehrsunfall, man sägt sich nicht bei 90 Meilen die Stunde die Schädeldecke ab. Das waren sie, die Killer. Und das Beste: Der Mord ist auf Audiokassette aufgezeichnet, Stretch hatte den Anruf mitgeschnitten, und den sendet sie nun übers Radio: »Hört sich an wie der Soundtrack zu ›Rambo 3‹« – der erst zwei Jahre später erschien...

Hopper ist die Krönung des Films, wahrscheinlich war er damals nicht mehr allzu sehr auf Droge, auf Alk war er aber sichtlich heftig. Bei seinem ersten Erscheinen vor der Kamera kann er seine rechte Körperhälfte kaum bewegen, wie angeklebt hängt sein Arm am Rumpf; beim zweiten Auftritt ist er blass, mit unglaublichen Augenringen, kaum zu so etwas wie Gestik oder gar Mimik fähig: In jedem anderen Film würde er locker als Zombie durchgehen. Hier aber gehört er zu den Guten, zusammen mit Stretch und deren Radio-Tontechniker. Dieser ist von Anfang an als Opfer prädestiniert, und er erfüllt seine Rolle meisterhaft.

Indem er nämlich weggeht, Kaffeeholen, und Stretch allein im Studio zurücklässt. Wo alsbald Chop-Top auftaucht, der ein extremes Hautproblem hat, eine Sonny-Bono-Perücke trägt und einen Kleiderbügel dabeihat. Mit dem kratzt er sich an der Kopfhaut, reißt sich kleine Hautstückchen ab, die er dann nonchalant runterschluckt. Ekelhaft! Er wünscht sich Iron Butterfly, »In a Vida da Gadda« (sic!), und schon stürmt Leatherface aus dem Plattenarchiv und jagt

Stretch, die gerade noch im Lagerraum Schutz suchen kann... Leatherface ist wahnsinnig, ein Tier, das seine Beute wittert. Und Top Chop ist vollständig irre, brabbelt vor sich hin, während er Schallplatten aus ihren Hüllen reißt. Als der Tontechniker zurückkommt, haut er ihn mit einem Hammer, und haut und haut, und plappert und plappert, und hetzt Leatherface wieder auf Stretch. Als der ihr dann aber gegenüber steht, regen sich menschliche Gefühle. Sprich: Die Mordlust wird zum Sexualtrieb, ja: Er verliebt sich. Sie hat aber auch ein kurzes Höschen an, schön glatte Schenkel an langen Beinen. »Are you good? Hmmm, are you goooood?« – Stretch hat einen guten Überlebensinstinkt, sie umgarnt ihn mit lockender Rede und räkelndem Körper. Und wie Leatherface mit seiner ausgestreckten Säge durch eine Kühltruhe mit Eiswürfeln wühlt, wie er sie vor sich hält, da wird plötzlich deutlich, was das Slasher- und Goregenre überhaupt ausmacht, mit all den tödlichen Waffen, all den Sägen, Hämmern, Eispickel, Messern, Heckenscheren: Deutlicher als in TEXAS CHAIN SAW MASSACRE 2 kann man kaum zeigen, wie die eindringenden Waffen und das spritzende Blut umkanalisierte Pornographie ist, in Horrorbilder gegossen.

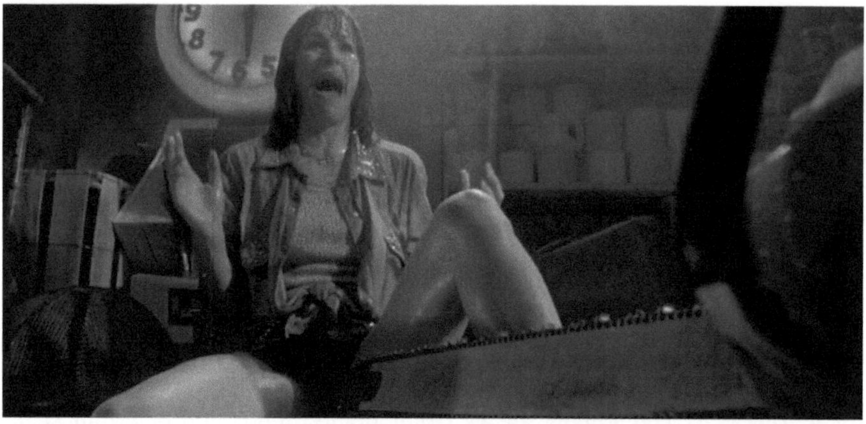

Direkt vom Tonstudio geht der Film auf einen Vergnügungspark, wo historische Schlachten als Family Entertainment nachgestellt sind, in dessen Untergrund die Kannibalenfamilie ihrem einträglichen Schlachtergeschäft nachgeht. Der Boss der Familie, der bereits aus dem ersten Teil bekannte Koch, hatte zuvor schon einen Chili-Wettbewerb gewonnen, und nein: Er hat kein Geheimrezept, es liegt nur am Fleisch, das muss gute Ware sein. Man versteht schon, was für Fleisch das war... In den Katakomben des Parks verwursten die Kannibalen ihre Opfer. Stretch fällt durch ein Loch, ein tiefer Fall wie durch ein Kaninchenloch, dann eine Rutsche runter in die Vorratskammer. Dort häutet Leatherface gerade den Tontechniker, zieht ihm die Gesichtshaut runter – plötzlich wird dem Film das Motiv der Maske wichtig, Leatherface, total verknallt, zieht Stretch das Tontechniker-Gesicht über, küsst sie unter diesem ledrig-blutigen Hautüberzug. Und völlig bizarr wird es, als der Tontechniker wieder aufersteht: Er war noch gar nicht tot, nun steht er Stretch gegenüber, die sein Gesicht trägt… Während eine Kelleretage darüber Dennis Hopper tobt. Er hat sich ein paar Kettensägen zugelegt, mit dem Ein-Meter-Schwert zersägt er die Balken der unterirdischen Gänge, dass die Funken fliegen… Eine wilde Hatz beginnt, als Stretch entdeckt wird, Deckeneinstürze, Angst, Flucht, und schließlich soll sie geschlachtet werden. Ja: Opa lebt noch, 107 Jahre alt und schnell wie Jesse James, er darf wieder den Hammer führen beim Festmahl, Stretch ist angstvoll über einen Bottich gebeugt, der Hammer entfällt wieder und wieder der greisen Hand. Zeit genug für Dennis Hopper, zur Szenerie dazuzustoßen und dem Koch den Arsch aufzureißen (»Wir kleinen Geschäftsleute kriegen's doch immer in den Arsch!«). Und nein: Entgegen dessen Befürchtungen kommt Hopper nicht von der Konkurrenz, nicht vom Catering-Service und auch nicht vom Taco-Mann, es geht nicht um Geschäftsspionage, sondern schlicht um Rache. Weshalb sich Hopper und Leatherface einen Mantel- und Degen-Kampf auf dem Tisch leisten, unter dem der Koch, ganz Geschäftsmann, seinen Bankrott eingesteht, und eine Handgranate zückt.

Man sieht: Tobe Hooper zieht alle Register, um ein Panorama des Wahnsinns zu zeigen, vom durchgeknallten Mordlüstling über den irren Psycho und den pervertierten Kannibalenmetzger mit Sinn fürs lukrative Geschäft bis hin zum besessenen Rächer, der angesichts seiner Feinde völlig durchdreht. Und auch Stretch wird nicht verschont bleiben, angesichts der mumifizierten Kannibalenoma im Rollstuhl, mit der alten, traditionsreichen Kettensäge in den vertrockneten Händen – »the saw is family«… Indem Hooper seinen Film weiter und weiter treibt, geht er weit über die Wirkung seines eigenen ersten Kettensägenmassakerfilms – und in dessen Nachfolge ähnlicher Terrorfilme – hinaus. Wo zuvor die unbehagliche bis unerträgliche Atmosphäre bedrohlicher Mordlust herrschte, da werden nun genau diese Bilder massiert aufeinandergedrängt, bis sie sich wandeln: bis sich eine parodistische Lesart Bahn bricht. Ohne, dass sich ostentativer Nonsens in den Film geschlichen hätte (wie dies ja etwa bei den Peter-Jackson-Splatter-Orgien der Fall ist), sind seine Bilder sind sowohl Bilder des Horrors wie auch eines ironisch-parodistischen Kommentars darauf.

Am Ende schwenkt Stretch triumphierend ihre Motorsäge, und ihr irrer Verfolger ist in ein tiefes Loch im Boden gefallen, seinen Tod sieht man nicht – Keim für ein weiteres Sequel. Das aber nicht mehr von Hooper inszeniert wurde; und das man wahrscheinlich auch nicht gesehen haben muss.

Im Fieber der Lust

Take Her by Surprise / Violent Love

Kanada 1967. Regie: Rudi Dorn.

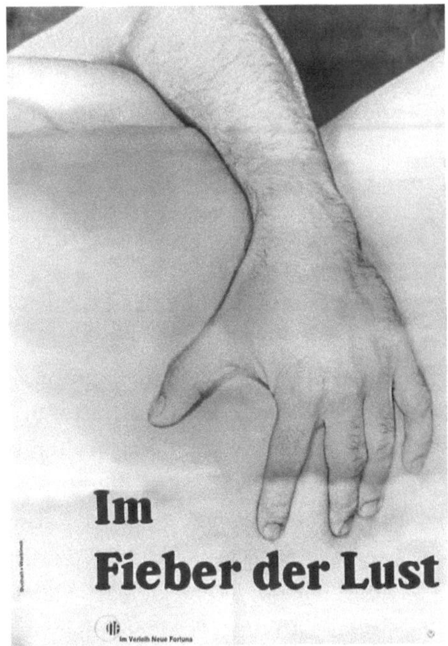

Im Fieber der Lust ist ein seltenes Kleinod aus den kanadischen Wäldern... Aber zunächst von vorn. Wir besuchen, zusammen mit dem distinguiert wirkenden Herrn Walter Dorland, eine Varietéshow mit einem Hypnotiseur, der Frauen dazu bringen kann, dass sie mit der Pistole auf eine Zielscheibe schießen. Und dann treffen wir auf Miklos. Ein vollkommen irrer Triebtäter, zig Vergewaltigungen, immer wieder Gefängnis, immer wieder Resozialisierungsversuche. Wie nun auch hier im Park, wo sich die junge Sozialarbeiterin so um ihn bemüht. Doch wir sehen die Welt mit seinen Augen. Titten, Ärsche, die Kamera, nein: Miklos hat nur sie im Visier. Und was für ein kurzer Rock die Frau Sozialhelferin hat. Ein kleiner Spaziergang vielleicht? Und am See fällt er über sie her, reißt ihr die Kleider runter und macht sich ans Bumsen. In ihrem Helfersyndrom scheint es der Dame gar zu gefallen...

Jetzt ist dieser Anfang natürlich eines dieser schäbigen Beispiele von lustvoller Verquickung von Sex und Gewalt, um auf die niedereren Instinkte der Zuschauer zu zielen. Doch dieser Eindruck führt, wie der weitere Film zeigt, in die Irre. Vielleicht ist er nur geschuldet einer etwas amateurhaften Herangehensweise? Stets hat man den Eindruck, als hätte ein Filmemacher am Wochenende seine Freunde dazu angehalten, diese Story zu drehen; vielleicht war's ja auch so. Teuer jedenfalls kann's nicht gewesen sein.

Doch man muss auch eine gewisse Grundhaltung konstatieren, die in den immer wieder eingeschobenen Nacktheitsszenen zu finden ist: Denn niemals ist die Kamera von sich aus voyeuristisch; niemals nimmt der Zuschauer direkt die Rolle des Spanners ein. Sondern, im Gegenteil: Stets werden die nackigen

Frauen von irgendeinem Typen beobachtet, und der hat nichts Gutes im Sinn. Die unmoralischen Bösewichter blicken lüstern auf Frauenkörper: Der Blick der Kamera auf den weiblichen Leib wird dadurch böse, und wir, die Zuschauer, geraten mittenrein in die Lust des Voyeurs einerseits, in die Konnotation mit dem Psychopathisch-Gewaltsamen andererseits. Beispiel: Walter, der Zuschauer bei der Hypnoseshow, lädt den Meister zu sich ins Büro und lässt ihn seine Kunst vorführen – an der Sekretärin, mit der er übrigens ein Verhältnis hat. Und unter Trance muss sie sich ausziehen bis auf Straps, mit sadistischer Lust lockt Walter sie in eine höchst peinliche Situation, und den Hypnotiseur gleich mit, der hier als Werkzeug benutzt wird. Denn er wird gegen einen anständigen Geldbetrag auch Miklos hypnotisieren; und der wird fortan Walter hörig sein.

Und in diesem Moment schließt sich der Film all den großen Vorbildern an, aus der Zeit der dämonischen Leinwand der 20er Jahre mit all ihren Caligaris und Mabuses; und an die große Zeit des Film Noirs, mit all den betrügerischen Ehemännern und ihren finsteren Plänen. Wir als Zuschauer müssen dem Bösen folgen in diesem Film: Walter hat es geschickt eingefädelt, seine nervende Ehefrau loszuwerden, die entweder die teure Scheidung fordert oder ihn bei der Polizei wegen diverser Rauschgiftgeschäfte anschwärzen will. Miklos hat er sich ausgeguckt; den Hypnotiseur; und seine Frau aufs Wochenendhaus ins Nirgendwo geschickt, nach der Dienstreise nach Montreal wird er nachkommen… Und, so der Plan, eine vergewaltigte und ermordete Ehefrau vorfinden, von Miklos geschändet, allerdings, und das ist der Trick: auf Walters hypnotischen Befehl hin. Karawanda heißt das Zauberwort: Darauf wird Miklos alles tun, was Walter will.

Und wie Miklos sie beobachtet, sein Opfer, das im Wochenendhäuschen sich einrichtet, während Miklos draußen lauert. Das am See sich nackt sonnt; das sich abends fürs Bettchen zurechtmacht – wie glüht seine Lust, wie steigen seine Säfte! Das ist von Rudi Dorn, österreichstämmiger Filmregisseur, der laut IMDB kaum was gedreht hat, wirklich ziemlich subtil, aber wirkungsvoll inszeniert, wie überhaupt der Film immer beklemmender wird, den Zuschauer immer tiefer in den moralischen Morast treibt, der sich da auftut…

Und nun stelle man sich vor, Dorn hätte nicht die einfache, helle Ausleuchtung genommen, sondern Licht-Schatten-Spiele, und wenn sie gar von Jess Franco übernommen wäre, hätte dessen zwar recht simple, aber schön schräge Kamerawinkel angewandt – wäre dann dieser Film vielleicht als spätes Noir- bzw. frühes Neo-Noir-Meisterwerk gefeiert worden?

Five Dolls for an August Moon

5 Bambole per la luna d'agosto

Italien 1970. Regie. Mario Bava.

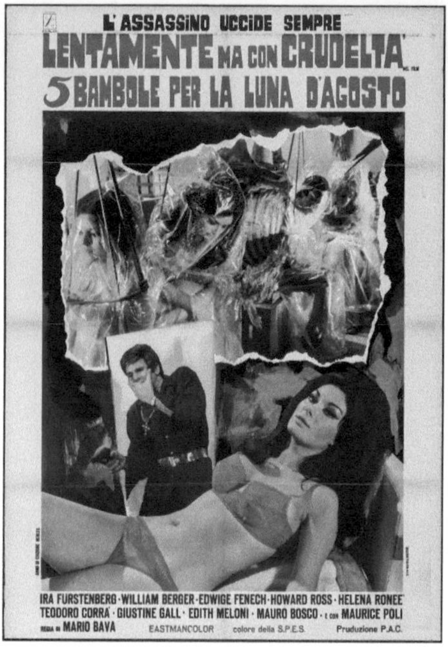

Mario Bavas Five Dolls for an August Moon hat einen seltsamen Titel – was soll das heißen, Puppen, August, Mond? Aber, klar: Bei Bava sieht alles immerhin gut aus, mit großem Gespür fürs stimmige Design in Primärfarben, und das hypermoderne Haus aus Stahl und Glas, wo sich alles abspielt, ist halt auch ein dolles Filmset...

Wir sind auf einer Insel, ein paar reiche Schnösel verbringen hier ihre Ferien, die schönen Frauen sind auch dabei, drei Geschäftsleute wollen einen vierten dazu bringen, eine wichtige Geheimformel rauszurücken, und nach und nach werden sie gekillt von einem geheimnisvollen Mörder. Das ist an sich gut und schön, und wer Agatha Christies Roman *Zehn kleine Negerlein* (in späteren Auflagen: *Und dann gabs keines mehr*) kennt, wird hier nochmal an der Nase rumgeführt (was denn auch zum Zuviel des Films führt). Zumal der Anfang ist effektvoll, eine schöne Frau streift durch die Dünen, während im Supermoderndesignhaus die Reichen und Schönen eine dekadente Party feiern, mit all der Ennui, der den oberen Zehntausenden so gut zu Gesicht steht. Leben in die Bude soll ein Mörderspiel bringen, eine der Frauen wird als Opfer ausgesucht, gebunden und ins Dunkle getrieben – zack, geht nämlich das Licht aus, grade als der Gastgeber ein anscheinend satanisches Ritual zelebrieren will, wir sind in höchster Spannung, wer ist der Mörder! Denn die Frau liegt da in ihrem Blut, ein Messer in der Brust – haha, es ist nur ein Scherz, sie zieht das Theatermesser weg, wischt das Ketchup ab, Erleichterung.

Bis am nächsten Tag der Diener tot auf der Yacht aufgefunden wird, eine der Damen hatte ein Verhältnis mit ihm, ist aber nicht schlimm, alle leben in offenen Beziehungen; und die junge Schöne streift noch immer durch die Dünen, und die Geschäftsmänner wollen noch immer hinter die Formel kommen. Und wieder wird einer umgebracht, und wieder wird – weil man nicht wegkann von der Insel – eine Leiche in die Kühlkammer verbracht. Dort werden sie an Fleischerhaken baumeln, mehr und mehr, es wird eng, weil immer mehr fallen. Warum? Das ist wurscht. Durch wen? Auch das interessiert nicht. Und die junge Frau in den Dünen, die sich immer absondert, die immer nur guckt? Die ist dem Film auch völlig wurscht, er zieht sie nie als Täterin oder Opfer in Betracht, und der Zuschauer ist irritiert.

Toll freilich eine Sequenz im Mittelteil, so gegen Ende des zweiten Drittels: Es sind noch zwei Männer und eine Frau übrig (plus die Junge in den Dünen, die aber aus unerfindlichen Gründen nicht zählt), und die Frau spricht auf ein Tonband: Sie ist auf der Insel gefangen, einer der beiden anderen ist der Mörder; dann trinken sie einen Cocktail; dann schlafen alle ein. Das Tonband läuft weiter.

Und dann sind alle weg. Just in dem Moment, als eine Schiffsmannschaft als Rettung eintrifft, das Haus durchsucht, aber niemanden findet. Alles ausgestorben. Der Zuschauer ist baff. Der Boden ist ihm unter den Füßen weggezogen. Zeitsprung? Parallelwelt? Traumebene? Plötzlich ist alles möglich, plötzlich scheint alles erlaubt. Als Kapitän und Matrosen wieder abziehen, unverrichteter Dinge, sind die drei wieder da. Und schwupps: Wissen wir, wer der Mörder ist, weil er alles verrät. Er hat raffinierterweise die anderen in Schlaf versetzt, weggeschleppt, versteckt, damit die Retter nichts mehr zu retten haben – das wird alles ein bisschen zäh aufgefächert, und dabei vergisst Bava, was uns Zuschauern die ganze Zeit bewusst ist: dass das Tonband mitgelaufen ist, dass man es einfach hätte abhören können, bevor der Herr Mörder die Oberhand gewinnt, bevor noch ein paar Leichen ins Kühlhaus verfrachtet werden… Exemplarisch zeigt sich, wie gute Ideen durch halbgare Logik innerlich wurmstichig und äußerlich faulig erscheinen können.

Zumal es sich Bava nicht nehmen lässt, einen blödsinnigen Epilog anzukleistern, in dem die naive Schöne plötzlich einigermaßen durchtrieben wirkt (ähnlich wie Carmen Sternwood in Chandlers *Tiefem Schlaf*) und wundersamerweise einer der Toten wiederaufersteht – als Mörder in einem ganz anderen Fall, der gar nix mit diesem Film zu tun hat. Man kann halt alles übertreiben und überziehen!

Der Krieger und die Hexe

The Warrior and the Sorceress / The Warrior

USA 1984. Regie: John C. Broderick.

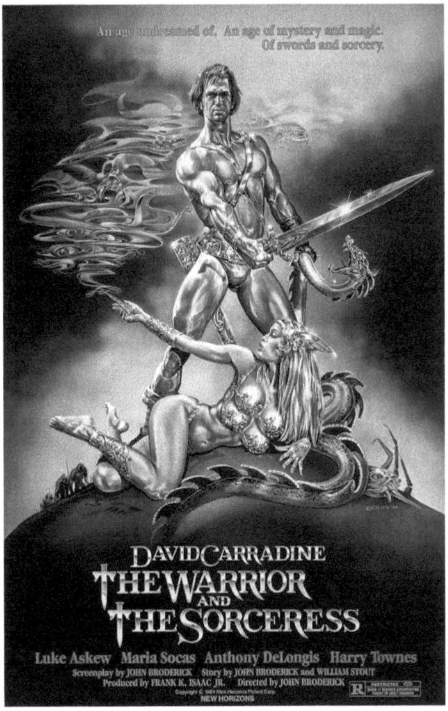

Ruhig geht's sich an: Felslandschaft, ein Mann in brauner Kutte, zwei Sonnen am Himmel. Ein paar kleine Gestalten lugen um die Steine. Das könnte ein Jediritter sein auf dem Weg in die Eremitage, beobachtet von ein paar Ewoks. Ist aber David Carradine, der Krieger, der in eine Stadt kommt, in der um einen Brunnen gestritten wird: Wir sind auf irgendeinem Planeten, und dort geht es mittelalterlich zu und gleichzeitig sci-fi-mäßig, und vor allem nackig. Der Krieger und die Hexe hört sich vom Titel her wie ein Disneyfilm an, sieht aus wie ein merkwürdiges Star Wars-Spinoff und ist in Wirklichkeit ein weiteres Yojimbo-Remake, in dem Regisseur John C. Broderick in eine an Leone angelegte Filmästhetik wieder den Kurosawa-Schwertkampf eingefügt hat, als Beitrag zum »Sword and Sorcerer«-Genre, das in den 80ern wieder mal aufkam: Mittelalter-SciFi-Fantasy mit Kampf und Nackedeis.

Es geht um einen Brunnen, der liegt auf dem Dorfplatz, links und rechts die Herren, die das Dorf je zur Hälfte im Griff haben, der eine hat den Brunnen erobert, der andere hat Geld, es ist ein fragiles Gleichgewicht, dahinein platzt der Krieger Kain, der die beiden gegeneinander ausspielt... Wenn der Brunnen mal von der einen Seite erobert wird, kommen die gnomenhaften, in Säcken gehüllten Bewohner der Stadt aus ihren Höhlen gekrochen und holen Wasser, und am Brunnenrand tanzen nackte Damen im Tanga. Und der eine der Herrscher – der harte Zeg – hat eine Frau in seiner Gewalt, Naja heißt sie, die die ganze Zeit ziemlich nackig rumläuft, im Tanga, der auch mal die Farbe wechselt. Und irgendwie kennt Kain sie von früher, sie soll irgendeinen Zauber tun, es ist wurscht, Hauptsache ihre wohlgeformten Brüste sind schön im Bild.

Auf der anderen Seite des Dorfplatzes liegt Bal Caz in seinen Kissen, er ist fett und sieht aus wie der Kalif, hat aber die bösartige Seele von Isnogud. Und ein echsenartiges Maskottchen, das ist irgendwas Außerirdisches, so 'ne Art Schoßleguan, der aber zischend kommunizieren kann und ehrlich gesagt total lächerlich aussieht, wenn er aufrecht rumläuft. Auf dieser Seite der Macht gibt's 'ne Menge nackter Damen, wohl so was wie ein Harem, aber nicht so prominent in Szene gesetzt wie unsere Busen-Naja. Eine vierbrüstige Dame macht mal 'nen Lapdance für Kain und will ihn mit einen Stachel, der aus ihrem Bauch rauskommt, töten.

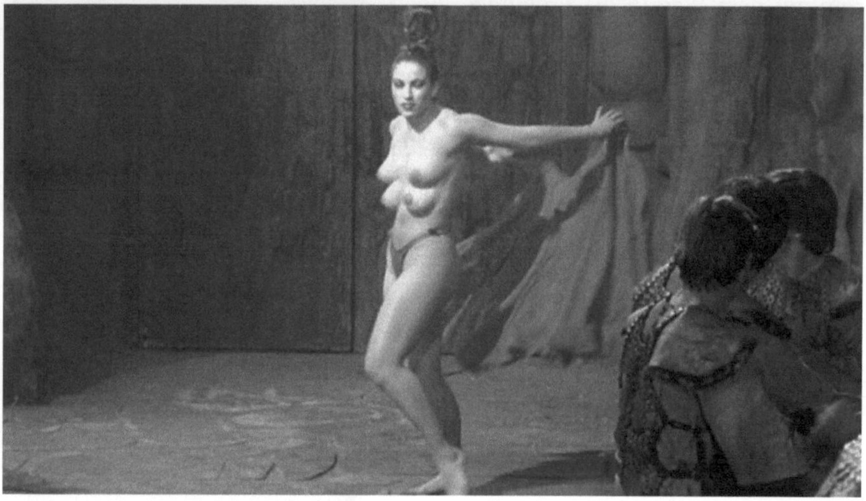

Einen weisen Priester gibt's auch, der ist neutral, Clint Eastw David Carradine kommt bei ihm ab und zu unter, und irgendwann machen sie eine Klappe im Felsen (!) auf und verstecken sich dahinter und da ist der Zugang unter den Brunnen (!) und die Wasserversorgung kann gekappt werden, nach Bedarf. Einen Sklavenhändler gibt es auch, der hat auch viele schöne Frauen (nackt) dabei. Irgendwann wird dessen Gefolge vergiftet. Irgendwann fällt eine nackte Frau (ohne Tanga) in ein Aquarium, weil der böse Zeg sie töten will, und dort ertrinkt sie dann qualvoll, wir sehen das in ganzer Länge, Zeg will damit Kain beeindrucken. Zeg hat einen bösen Handlanger, der ist Kains Feind. Immer wieder mal wird gekämpft. Die nackte Naja und Kain heiraten am Ende nicht, weil Kain weiterziehen muss, nachdem die Bösewichter sich gegenseitig abgeschlachtet haben oder vom Sklavenhändler abgeschlachtet wurden oder dann am Schluss von Kain selbst.

Roger Corman steckt hinter dem Film, er hat ihn mit Argentinien coproduziert, weil er von dort so viele schöne nackte Frauen in den Film stecken konnte. Ein tolles Erlebnis.

Die Grausamen

I crudeli

Italien/Spanien 1967. Regie: Sergio Corbucci.

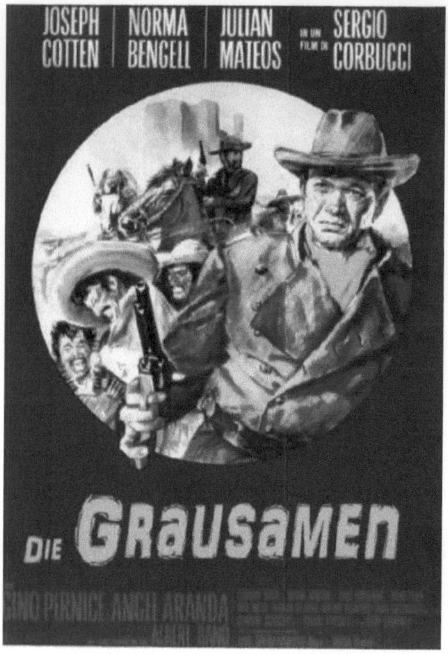

Sergio Corbucci nimmt in Die Grausamen Joseph Cotten – *den* Joseph Cotten – und macht ihn zu einem obsessiven, rasenden Südstaatenfanatiker, der auch nach dem Bürgerkriegsfrieden »seine« Staaten befreien will. Beten und massakrieren, zum Wohle seiner Nation – einem Hinterhalt mit Dynamit und gezielten Schüssen fällt ein 30 Mann starker Nordstaaten-Konvoi zum Opfer, ein böses Erschießen in schnellen, brutalen Schnitten, dann sind alle tot. Und fortan steht ein Sarg im Mittelpunkt des Films, in dem nicht wie im Vorjahres-Django ein Maschinengewehr versteckt ist, sondern zunächst Patronengurt, Schnapsflasche und Galauniform von Oberst Jonas Morrison, und dann eine Menge Geld, das dieser im Namen der Südstaaten von den Nord-Soldaten geklaut hat. Geld, das nun auf einen langen Weg gehen muss, im Sarg, mit Passierschein für einen gefallen Soldaten, der angeblich überführt wird. Die Witwe hat Morrison auch parat, eine dumme blonde Säuferin, die konsequent bald das Zeitliche segnet, weil sie nur stört. Eine Neue muss her, der Passierschein verlangt eine Witwe, der Herr Sohn macht sich auf in den nächsten Saloon, da gabelt er Claire auf, durchtriebene Falschspielerin und mutmaßliche Hure, die in diesen Bund von vier selbstzerstörerischen Radikalkonföderierten aufgenommen wird, ein Bund, der vom Menschenhass zusammengehalten und zugleich innerlich zerfressen wird.

Mit bösem Blick auf böse Männer zeigt Corbucci das Innere einer Terrorzelle unterwegs auf infernalischem Treck durch feindliches Post-Civil War-Gebiet in Richtung Heimatranch, wo mit dem erbeuteten Geld im Sarg eine neue Südstaatenarmee aufgestellt, der Krieg neu aufgelegt werden soll.

Offen reisen sie durch Feindesland, nicht versteckt, das würde eh nicht klappen; und sie müssen ein paar Hürden meistern: Finden einer neuen Frau (checked!), Umgang mit Patrouillen von Armee (auch dies checked) und Sheriff (jaja, checked). Noch ein paar mehr schöne Einfälle: Dass in einem Westernörtchen zum Beispiel der angeblich Verstorbene, der angeblich im Sarg liegt, bekannt ist, dass dort gar ein Gedenkgottesdienst für diesen Kriegshelden abgehalten wird und dass ein alter Kamerad zugegen ist – einer, der, suspense-suspense, die falsche Witwe verraten könnte — wäre er nicht blind. Erleichterung bei den Grausamen – aber wieder schiebt Corbucci einen neuen Twist rein: Der Blinde hat Fotos von dem Offizier, der angeblich im Sarg liegt, und von seiner Frau, die ganz klar nicht die ist, die hier mit den falschen Papieren durch die Gegend zieht...

Ein weiterer Punkt auf der *bodycount*-Liste. Der noch mehr hinzugefügt wird nach einem Überfall durch mexikanische Banditen, verhindert ironischerweise durch die Kavallerie der Nordstaaten, die den Südstaatlern, ein paar Monate zuvor noch Todfeinde, nicht nur hilft, sondern sie auch sehr zuvorkommend, wie es ehrenhaften Siegern gebührt, die die Nation einigen wollen, auf ihr Fort einlädt... So weiß Corbucci stets sehr genau Akzente zu setzen, die einerseits den Hauptprotagonisten Hindernisse in den Weg legen – und für deren Überwindung der Zuschauer unweigerlich fiebert –, die aber andererseits auch stets die Perfidie, die Sadismen, die fanatische Bestimmtheit zu Hass und Mord des Oberst und seiner Söhne betonen: die die Freundlichkeit Fremder ausnutzen für ihre destruktiven Ziele.

Was aber natürlich auf sie selbst zurückfällt. Eine sich selbst auffressende Zelle: Der stramme, gottesfürchtige, besessene Vater und die Söhne, der eine sadistisch, der andere dauergeil, der dritte, ein Halbbruder, etwas sensibler – weshalb sich Claire, die Schein-Witwe, schnurstracks in ihn verliebt, was ein ziemlicher atmosphärischer Bruch ist. Denn eigentlich ist sie ziemlich überlebensfähig inmitten der Bande von Grausamen. Später ist sie nach einer Regennacht ganz plötzlich krank, auch das ziemlich holprig (vielleicht gab es aber in der in Mannheim gezeigten 16mm-Fassung (!) auch irgendwo einen kürzenden Schnitt...)

Jedenfalls ist Die Grausamen wegen ein paar derartiger Misshelligkeiten im Detail kein Corbucci-Meisterwerk; aber als Italowestern ein vollkommenes Produkt. Klar: Ein gewisser Leo Nichols hat die Musik komponiert; hinter dem Pseudonym steckt Ennio Morricone.

Ninja – Die Killer-Maschine

Enter the Ninja / Die Rache des Ninja

USA 1981. Regie: Menahem Golan.

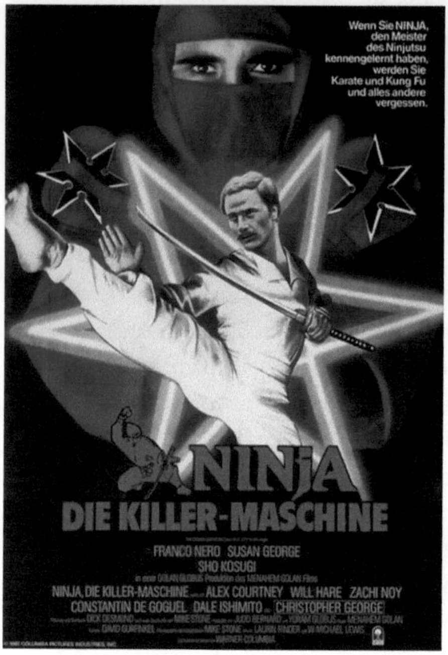

Ninja, die Killermaschine beginnt in einer völligen Fantasiewelt, in der ganz pur und ohne Zusatzingredienzien das gezeigt wird, was wir sehen wollen: Wie einer gegen viele kämpft, alles Könner auf diesem Gebiet, mit verschiedenen Waffen irgendwo in Wald, Gebüsch, hohem Gras, wo von überall her der Feind herausbrechen kann, um getötet zu werden. Feinde, die vermummt sind, gekleidet in reinem Schwarz, in Weiß, in Rot. Kämpfe mit tollen Posen, die tödlich enden. Ein Durchkämpfen durchs Gelände, hin zu einem Gebäude, wo noch einem Mönch der Kopf abgeschlagen werden muss, um endgültig einzudringen, um anzukommen – um die Prüfung zu bestehen.

Denn alles war nur die Abiturprüfung für den frischgebackenen Ninjakämpfer Cole, gespielt von niemand geringerem als Franco Nero. Der nun in sein normales Leben zurückkehrt, sagen wir: Er besucht einen alten Kriegskameraden auf den Philippinen, der eine geile Frau hat und dem Alkohol verfallen ist. Sie haben's schwer: Denn böse Bonzen wollen ihnen Grund und Boden abknöpfen, vergraulen die Arbeiter mit Gewalt und setzen ihnen zu, wo es geht. Klar, dass Cole hier helfen kann. Und wenn er es nebenbei mit einem fetten Schwein mit Hakenhand namens Siegfried Schulz zu tun kriegt: umso besser, da haben wir einen, an den wir uns halten können, zunächst mal. Solange nämlich, bis wir, also der begierige Zuschauer im Verbund mit Franco Nero, an den oberbösen Hintermann rankommen, Venarius heißt der, hat sein Büro in einem riesigen Penthouse – sprich: ein Schreibtisch und ein großer Pool, in dem sich schöne Bikinimädchen räkeln und auf Zuruf Synchronschwimmen performen.

Venarius: Eine faszinierende Persönlichkeit, gespielt von Christopher George auf ganz unnachahmliche Weise, böse und charmant, mit feinsten Manieren und immer ein bisschen over the top, in den kleinen Gesten, im Spiel seiner Finger, im ironisch zuckenden Lächeln der Mundwinkel – keine Frage, hochschwul und stolz drauf... Ein abgrundtiefer Schurke natürlich auch; und einer der großen Sterbenden der Filmgeschichte.

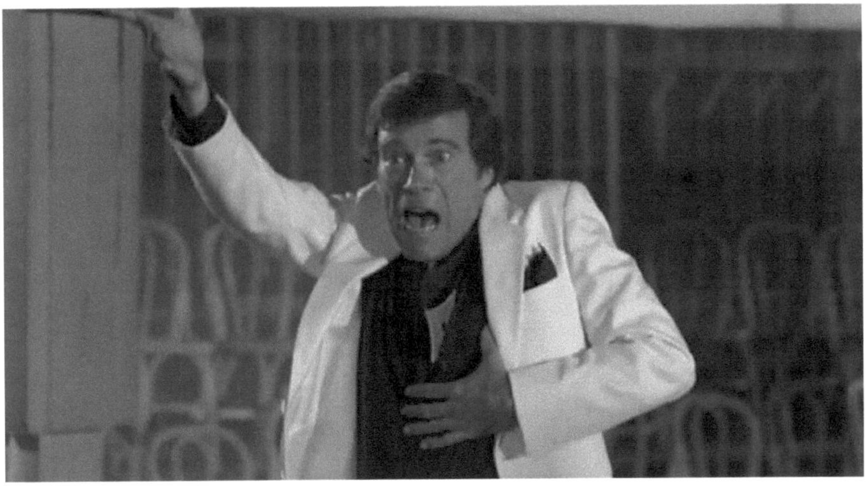

Zudem hat er eine Sammlung exquisiter Pornos – halt nee: Da sind keine Nackedeis, das ist ja der Bewerbungsfilm eines Ninjas, dem großen Rivalen von Cole, seit dessen Ausbildungstagen in Japan. Ein Ninja, den Vesarius angeworben hat, um es aufzunehmen mit Franco Nero, der seine Mannen unaufhaltsam niedermacht...

Ein doller Film, ein Kampfsportspektakel, das schön mäandert: Nicht einfach Gut gegen Böse, sondern Gut gegen allerlei diverse Bösewichter, die sich abwechseln in ihrem Status als Antagonisten. Kein Wunder, dass dies der erfolgreiche Beginn der Ninjafilmwelle war, die auf den Easternhongkongkungfukaratefilmen draufsaß wie ein Affe auf rasendem Motorrad. Produziert und inszeniert von den Machern der erfolgreichen EIS AM STIEL-Filmreihe, die Geld genug hatten, um Franco Nero auf die Philippinen zu locken und um mit genügend Zeit ganz vorzüglich den Film in den Kasten zu kriegen, perfekt gerade in den kleinen Details, in den Seitenblicken, im richtig getimeten Filmrhythmus, die man mit weniger Budget – und weniger Talent – nicht hinkriegen kann. Die aber den entscheidenden Unterschied ausmachen in der Qualität, den es eben auch im Trash geben kann.

Es geht im Übrigen das Gerücht, dass Regisseur Menahem Golan so viel Zeit in philippinischen Puffs verbrachte, dass einen Großteil des Films Franco Nero in den Kasten kriegen musste. Wie auch immer: Gut gemacht!

HYDRA – VERSCHOLLEN IN GALAXIS 4

DOOMSDAY MACHINE

USA 1972. Regie: Harry Hope, Lee Sholem, Herbert J. Leder.

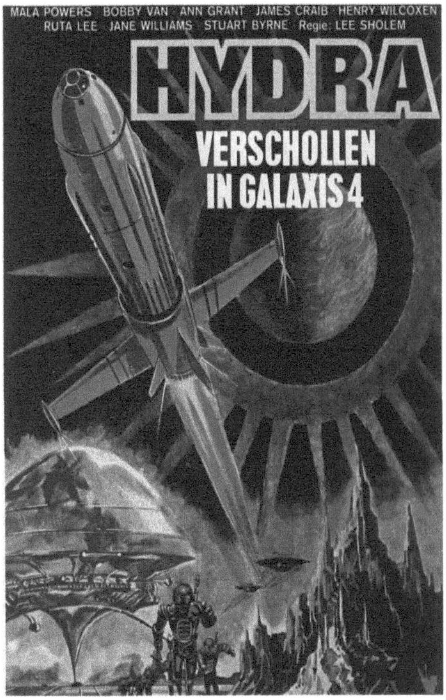

Stichwort Leben nach dem Tod. Stichwort Wissenschaft. Stichwort Fortschritt. Stichwort Selbstzerstörung. Summa summarum: Grindhouse-Thematik!

Inklusive verklemmte Sexualität, die sich Bahn bricht – das steckt, klar, irgendwo drin in HYDRA – VERSCHOLLEN IN GALAXIS 4, allerdings ist der Film selbst verklemmt. Und sieht doof aus. Und ist völlig blödsinnig.

Das alles liegt daran, dass er schon 1968 gedreht wurde, weitgehend. Bis auf das Ende. Weil Geldmangel, keine Lust, zuviel Stress... Man hat dann 1972 nachgedreht, mit anderen Darstellern (!) in anderen Kostümen (!) in anderen Kulissen (!), um den Film irgendwie zu Ende zu bringen.

»Der Weltraum, unendliche Dimensionen« – so fängt der Film an, zu Sternenbildern erläutert ein freundlicher Kommentar die Situation: Wir befinden uns im Jahr 1992, die Welt ist überbevölkert, West- und Ostblock arbeiten zusammen an verschiedenen Raumstationen, doch China ist eine Bedrohung. Und dann sehen wir etwas Dolles: Wie man nämlich in ein streng bewachtes Gebäude einbricht. Eine Frau – offenbar eine Agentin – wirft eine Katze über die Mauer, der der Wachhund eifrig nachspringt – der Weg ist frei, sie dringt ein, durchs Foyer in einen Aufzug, was der Aufzugsführer nicht überlebt. In einer Umkleidekabine zieht sie sich um, eine zufällig daherkommende Frau überlebt auch dies nicht – sie wird mit ihren eigenen Zöpfen erwürgt. Treffen mit einem befreundeten Agenten, Fahrt im Aufzug ins oberste Stockwerk, und dort finden wir sie: die Weltuntergangsmaschine, die dem Film ihren Originaltitel gegeben hat.

Auf Kubrick-Gelände befinden wir uns freilich nicht, dafür springen wir jetzt zur Nasa auf Cape Canaveral. Pressekonferenz. Ein Flug zur Venus wird geplant. Langweiliges Info-Geplapper – bis wir die Astronauten kennenlernen. Die sich gerne von ihren Frauen scheiden ließen, um zwei Jahre durchs Weltall fliegen und einen Planeten auf Bewohnbarkeit hin erforschen zu dürfen.

Frauen finden diese Macho-Spacemen nicht so gut. Der reine Horror für sie, als Alarm losgeht, der geplante Start um eine Stunde vorverlegt wird (weshalb gewisse Sicherheitsüberprüfungen unterlassen werden) – und als mit direkter Order aus dem weißen Haus drei Astronauten ausgetauscht werden mit – weiblichen Dingsbumsen! Das gibt nur Komplikationen! Frauen im Weltall? Wie soll man da vernünftig arbeiten! Was denken sich die da oben eigentlich?!? So lauten die Beschwerden. Ein kleiner Einwand – »Vielleicht können Frauen ja auch nützlich sein?« – wird weggebügelt: »Ja, wenn's ums Sockenwaschen geht.«

Drei Frauen an Bord: Wir als Zuschauer wissen natürlich, was das soll. Denn: Die Welt wird zerstört werden, wenn die Chinesen ihre Riesenwasserstoffbombe zünden. Das wird eine unkontrollierbare Kettenreaktion allen spaltbaren Materials überhaupt nach sich ziehen, die Erdkruste wird aufgesprengt werden… und unsere paar Raumfahrer sind auf einer Art Arche unterwegs zu neuen Welten. Nukleus einer neuen Menschheit.

Bis die Astronauten das kapieren, dauert es eine Weile. Wiewohl im Weltall sofort versucht wird, zu baggern – das sind die vorhergesagten Probleme, vor denen die Männernauten gewarnt hatten. Die Fraunauten jedenfalls werden als Freiwild angesehen, Küsse werden aufgezwängt – und in der verklemmten Moral des Films, die direkt aus den 50er Jahren genommen wurde, ist klar, dass dies Chiffren sind für brutale Vergewaltigungen.

Aber alles ganz natürlich, so ist es halt, wenn die Hormone ins Spiel kommen!

Es passt nicht zusammen. Nichts in dem Film. Die Kulissen sind billig, die Darsteller mies, das Weltall offenbar aufgebaut aus Ausschnitten anderer Science-Fiction-Filme. Die Moral ist von vorgestern – was würde an Frivolität drinstecken, wäre der Film tatsächlich anno 72 gedreht worden! (Wobei die Frauenfeindlichkeit natürlich gleich geblieben wäre, aber mehr Spaß gemacht hätte…)

Das alles macht das Vergnügen aus, das der Film bereitet – man stelle sich vor: Die Windschutzscheibe der Rakete weist Nord-Ost-Süd-West-Richtungspfeile aus! Im Weltall!!! Noch dazu ist alles schön bunt, als hätte Mario Bava ein paar Mal aufs Set geniest.

Ein toller Moment: Wenn die Erde explodiert. Das sehen wir alles, ein Aufschrei von Millionen gequälter Seelen, aber kein Todesstern in der Nähe, sondern alles selbstgemacht! Ein durchaus kritischer Film also; der dann aber auch ins Spirituelle sich wandelt. Venus ist unbewohnbar, das Raumschiff macht sich auf nach, ich glaube, Omega 3 oder so. Aber, Drama: Nur drei können mitreisen, die Rakete ist zu schwer (im Weltall!!!). Spätestens zu diesem Zeitpunkt fragt man sich, wofür man eigentlich vier Männer für drei Frauen benötigt, jeder Hühnerzüchter weiß um den Wert des einen Hahnes für seine hundert Hennen… Aber es ist ja klar: Wenn eine neue Zivilisation aufgebaut werden soll, müssen die Urväter und -mütter anständig monogam miteinander verheiratet werden.

Soweit freilich kommt es nicht. Der Computer als neutrales Superhirn wählt die aus, die weiterreisen dürfen – wobei sich zwei der Astronauten schon selbst erledigen, als in einer der vielen Vergewaltigungen des Films sich versehentlich die Luftschleuse öffnet und beide ins All geschleudert werden, als Strafe (er hätte sich zurückhalten können; sie hat sich zu aufreizend angezogen; sprich: Beide sind des Todes!)

Von Hand (!) muss eine verklemmte Raketenstufe abgelöst werden, das übernimmt der Jüngste der Crew. Unterstützt wird er von der russischen Kosmonautin an Bord: »Warum tust du das?« – »Weil ich dich liebe!« – »Das verstehe ich. Aber es ist Wahnsinn!« Kurz: Die beiden verirren sich im All, finden aber zufälligerweise die vermisste Raumkapsel einer vorherigen Weltraumunternehmung, jetzt wird es vollends wirr, weil ab hier die Darsteller wechseln und man offenbar verzweifelt nach einem Filmende gesucht hat. Das darin besteht, dass man nichts sieht, aber vieles erklärt bekommt – nämlich als Voice Over der Omega-Weltenbewohner, die im molekularen Bereich einer Superintelligenz frönen und die Spreu vom Weizen trennen – einige werden – zack! – getötet, die beiden anderen aber aufgenommen in die spirituelle Gemeinschaft.

Heißt: Sie sind auch tot. Die Menschheit ist ausgelöscht. Und das ist ja auch was Schönes.

DAS FRAUENHAUS

BLUE RITA

Schweiz/Frankreich 1977. Regie: Jess Franco.

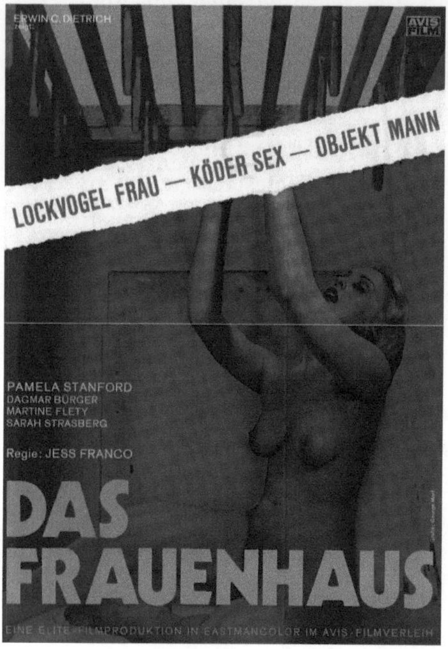

Jess Francos DAS FRAUENHAUS ist, sagen wir es geradeheraus: ein Politthriller mit, verschweigen wir es nicht, genderpolitischer Agenda.

Der Anfang: Ein Stripclub, eine Nackte schön im Rampenlicht ausgestellt. Eine exotische Kaffeebraune tanzt. Ein älterer Herr begutachtet sie mit Kennerblick. Er, nach rechts, zu einer halbnackten Blondine: »Den neuen Bomber würd' ich gern verzupfen, kannst du das arrangieren?« Und dabei hängt ihm, unbemerkt, von links eine Titte über die Schulter ins Haar.

Das ist eben so ein emblematisches Franco-Bild: Von irgendwoher hängt irgendein Geschlechtsteil in den Film. Auch wenn es bildästhetisch ein Ungleichgewicht hervorruft: Der Film wird gefüllt mit Nackedeis. Motto: Warum nicht?

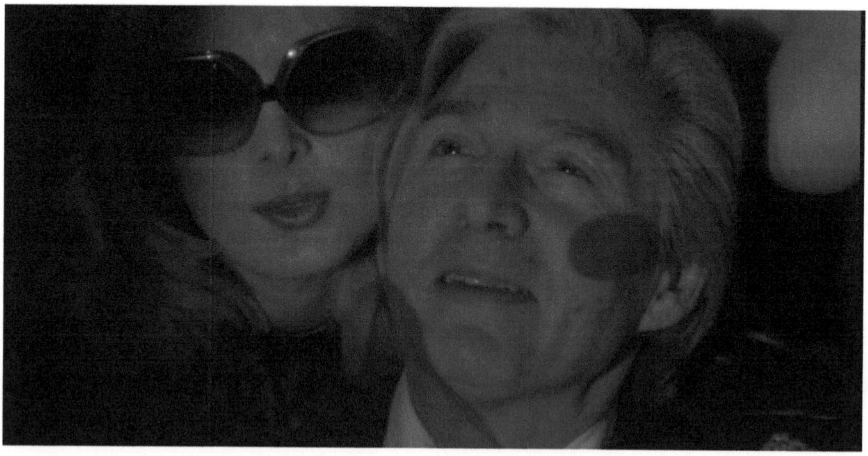

Was gleichzeitig die Frage aufwirft: Warum überhaupt? Eine Frage, die Francos Filme niemals beantworten. Ja: Eine Frage, die sie mit anderen Fragen geradezu zuschütten, um sie gar nicht erst aufkommen zu lassen. Das Grundsätzliche wird durch Beiwerk umrankt und damit verborgen, beispielsweise via einer Titte über der Schulter. Eine Titte, die für den Zuschauer als voyeuristisches Fetischobjekt dienen soll (vielleicht), während im Folgenden die männerhassende Emanzenkommune/Lesbensekte/Kampfbrigade/Terrorzelle ihre Opfer – ver- und entführt aus dem Stripclub – für ihren Voyeurismus und durch ihren Voyeurismus grausam foltern. Und die dabei auch noch drinhängt in einer rätselhaften Kalter-Krieg-Verschwörung, nämlich (ein weiterer dieser Widersprüche, die den Film so reizvoll machen) angeleitet von einem grauhaarigen bärtigen Mann, einem Spion vielleicht oder einem Terroristen, weiß der Himmel, für wen er arbeitet – jedenfalls setzt er die Emanzipationsbewegung um Blue Rita, die sich fast wie eine Großphantasie feminer Selbstermächtigung ausnimmt, mit schnöder männlich-opportunistischer Pragmatik ein für irgendwelche bösen Ziele, die man am Ende dann auch wieder nicht blickt.

Ins Einzelne aufgedröselt bedeutet das: Wir finden uns urplötzlich in einem Raum mit durchsichtigen, aufblasbaren Plastikmöbeln. Dort wird der feine Herr aus dem Stripclub von der dunkelhäutigen Exotik-Schönheit nach Kräften verführt, sie hecheln sich übers Polyethylenbett, bis Gas austritt – weil dies eben eine Venusfalle ist, der Freier wird betäubt und weggesperrt. Während dessen Gespielin plötzlich wegrennt, nackt unterm Pelzmantel die Straße entlangläuft und von der schönen blonden Clubbesitzerin mit'm Auto überfahren wird. »Das passiert mit denen, die nicht gehorchen!« – ein kryptischer Satz. Wer kann schon in die Weiber hineinsehen, warum die eine plötzlich wegrennt und die andere sie dafür killt?!?

Jedenfalls gewährt uns Blue Rita tiefe Einblicke. Nackt steht sie über uns, wir sehen alles – bzw. nicht wir, sondern der Monsieur, aufgegabelt, abgegast und gefangen in einem vergitterten Loch im Boden. Das ist seine Qual: Er wird aufgegeilt durch Einblicke ins Weibliche von unten und darf seine Bedürfnisse nicht befriedigen. Und wie er sich windet! Zumal Rita und ihre Gefährtinnen ihn mit einer giftgrünen Paste beträufeln, die ihn total scharf macht – eine Art Prototyp für gewisse blaue Pillen, anscheinend, aber längst nicht so appetitlich. Deshalb wütet er – und zwar bemerkenswerterweise nicht in der typischen 70er-Jahre-Sleazefilm-Sprachen (Stichwort »bumsen«), sondern recht keimfrei: »Gib mir die Frauen! Ich will mit ihnen schlafen!«

Was Rita und ihre Komplizinnen wollen, wird klar: Sie wollen erstens Männer quälen, aus ihnen zweitens – im Auftrag des Herrn Bergen – Informationen herauspressen und sie drittens um ihr Erspartes auf dem Bankkonto bringen. Böseböse! Und dazu auch noch ganz und gar schamlos, wie sie immer nackig rumrennen... Was Jess Franco ausnutzt für ein paar irre Striptease-Nummern, die wieder gar nichts mit dem Rest des Films zu tun haben. Eine in rotgelockter Pippi-Langstrumpf-Montur vergeht sich an einer griechischen Statue; zwei andere vollführen eine irre Show darum, dass die eine Tänzerin erstens komplett schimmernd geschminkt ist und zudem sich einen Elefanten ums Geschlecht gebunden hat. Hammer.

Während des Castings einer neuen Tänzerin kommt es mal zu einer Schießerei. Aber das nur nebenbei. Interessanter sind ein paar Szenen in einer Art gynäkologischem Labor, wo ein Neumitglied der Blue-Rita-Family eingehend untersucht und auf die männermordende Gottesanbeterin-Tour eingeschworen wird.

Oh. Der Plot des Films. Ein netter junger Mann (den wir als den bösen Gefängnissadisten aus Frauengefängnis wiedererkennen) wird auch gefangengenommen, und die Neue im feministischen Folterclub verliebt sich in ihn. Aber am Ende ist alles doch ganz anders, weil Interpol mitschwingt und KGB im Hintergrund agiert und so.

Im Übrigen gibt es auf dem steril-modernen Flur drei farbige Blinklichter, was auch immer sie anzeigen sollen. Eventuell die drei Kerkerlöcher für die drei Sexfolteropfer. Vielleicht auch einfach Alarm. Oder schlicht Buntheit à la Mario Bava. Wie überhaupt immer wieder die Kamera, das Filmlicht, die Schärfe mit unbedingtem Willen ins Psychedelische streifen.

Nämlich: Warum auch nicht.

HÄUTET SIE LEBEND – UNTERNEHMEN WILDGÄNSE

SCORTICATELI VIVI

Italien 1978. Regie: Mario Siciliano.

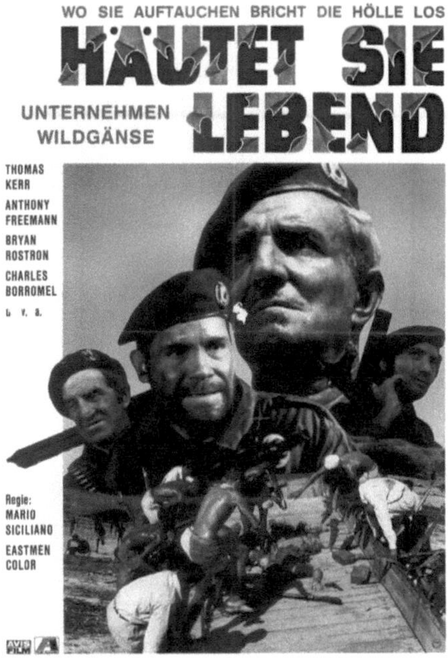

Ich bin ja generell der Meinung, dass Filme, die als »zynisch« charakterisiert werden, normalerweise nicht zynisch sind. Sei's Billy Wilder oder Quentin Tarantino: Allenfalls, was und wen wir auf der Leinwand sehen, sind Zyniker, die Zynisches tun; der Film selbst aber ist in der Regel nicht zynisch, er zeigt, aber er affirmiert nicht, zumindest nicht auf dem Grund seiner Ironieschichten. Ja: Die Unterscheidung zwischen Figurenrede und Autorenrede fällt vielen nicht leicht, das Verstehen von Lakonie oder Sarkasmus, oder auch die Unterscheidung zwischen einem Täter und einem Boten der Tat – da wird leicht fälschlicherweise das Gezeigte zur Eigenschaft des Films.

HÄUTET SIE LEBEND – UNTERNEHMEN WILDGÄNSE aber ist durch und durch zynisch, ein böser, böser Film, der es besser weiß, aber trotzdem das Böse schafft. Eine geradezu unerträgliche Story von italienischen Söldnern ist Afrika, die nichts als Verachtung vergießen, die gegen all die Paviane, die schwarzen Gauner, das Negergesocks (ja, nennen wir es, wie der Film es meint!) mit äußerster Brutalität und Grausamkeit vorgehen, wie ein ungezogener Bengel Ameisen zertritt, und während draußen vor den Strohhütten das Massaker an den Afrikanern zu hören ist mit MGs und Schreien, da muss man zusehen, wie dem Kommandeur plötzlich der Blick starr wird vor geilem Begehren, wie er fies zu grinsen beginnt, und die Kamera bleibt bei ihm, zeigt, wie er sich bereit macht, um dann, im letzten Moment, auf die Seite zu schwenken, zur Frau in Todesangst, um dann die fällige Vergewaltigung in aller Ausführlichkeit zu zeigen, während draußen das Sterben ihres Dorfes zu hören ist.

Der Bruder des Söldnerchefs hat Trouble in Italien mit der Drogenmafia, hat wohl Geld unterschlagen und flieht auf den Schwarzen Kontinent, und weil der Kommandeur, dieser Kriegsverbrecher, von den Einheimische gefangengenommen wurde – und nicht etwa gelyncht, sondern vor Gericht gestellt werden soll! –, zieht der Bruder mit dem Trupp durch die Lande, weiter kräftig mordend und vergewaltigend, zur Befreiung.

Wie der Film sich auf die Seite der Verbrecher mit den MPs schlägt! Wie er Unschuldige töten lässt! Wie er das auch ausweidet, wenn ein junges Pärchen dem Mördertrupp in den Weg gerät, der Junge direkt getötet wird, und dann im Eisenbahnwaggon ums Vergewaltigen des Mädchens geschachert und gestritten wird, mit tödlichem Ausgang. Und wie dann Horden von Schwarzen, viele von ihnen Kinder, völlig zurecht den Waggon angreifen, und wir sehen mit den Augen der Söldner nur wilde Tiere, die als Zielscheiben dienen, völlig entmenschlichtes Futter für ihre Handgranaten; dazu als Filmmusik eine Bassline, die von »In-A-Gadda-Da-Vida« geklaut ist, Psychodelic-Rock zum Gemetzel – er ist entsetzlich, dieser Film, und will dabei zwischendurch ganz heuchlerisch noch Gefühl und Romanze einbauen, wenn die Bruder-Hauptfigur an die Geliebte in Rom denkt, die er in der Anfangssequenz übrigens höchst degradierend behandelt hat…

Kesse Mary – Irrer Larry

Dirty Mary Crazy Larry / Auf Risiko ist kein Rabatt

USA 1974. Regie. John Hough.

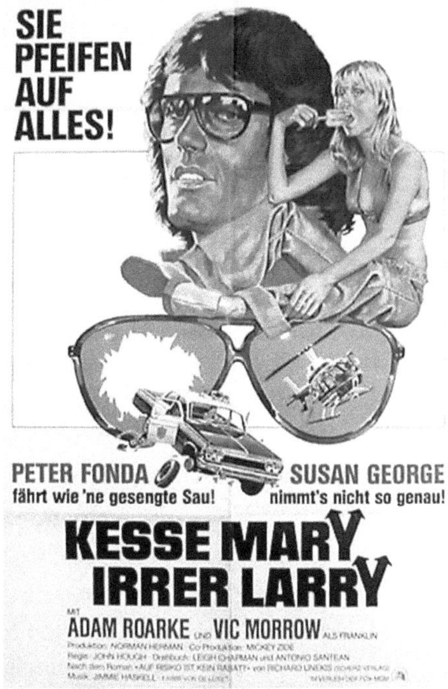

Für einen gelungenen Grindhouse-Abend braucht's manchmal einen irren Larry, eine kesse Mary und einen getreuen Heinrich, bzw. Deke. Tatsächlich heißt der Film auf deutsch Kesse Mary – irrer Larry, und der Wahnsinn – im Original Dirty Mary, crazy Larry. Hört sich bescheuert an, trifft aber den Kern der Qualität des Films auf überraschend genaue Weise mitten ins Herz. Es geht tatsächlich in einer Art Non-Comedy-Variante einer Screwballcomedy um das komplizierte und komplexe Verhältnis zwischen besagter Mary (Susan George) und besagtem Larry (Peter Fonda), mit einer kleinen Zusatzkomplikation: Larry hat einen Supermarkt ausgeraubt und ist auf der Flucht, als sich Mary einfach so an ihn dranhängt, weil er zuvor mal eine Nacht mit ihr verbracht hat.

Man merke auf: Allein schon, dass sich der Zuschauer Gedanken macht über die Charaktere, ihre Beziehungen zueinander und ihre Motivationen, sagt schon viel aus über die Qualität des Films. Dass Mr. Landis sich für seine späteren Blues Brothers hier offensichtlich viel abgeschaut hat, kommt dem Film ebenfalls nur zugute: lange Flucht, Polizisten als Versagerverfolger, gar ein Sprung über eine sich öffnende Klappbrücke…

Und letztendlich, newhollywoodlike, ist das Ganze natürlich auch 'ne Art Generationenporträt: Warum die kesse Mary überhaupt bei der ganzen Chose dabei ist? »Ich hab nichts anderes zu tun.«

Jetzt sitzt sie da, in seinem Auto, und er wird sie nicht mehr los. Sie ist offenbar verschossen in ihn und zeigt das, indem sie spielerisch rumzickt. Er zickt zurück, allerdings weniger spielerisch als aggressiv. Zeigt dabei aber sein breites Peter Fonda-Grinsen, das dem nicholsonschen Markenzeichen kaum zurückzustecken hat. Das macht sie umso heißer. Kampf als Flirt – schön und gut, aber vielleicht nicht gerade im Fluchtauto, oder?

Deke sitzt dabei und verdreht die Augen. Er ist Komplize bei einem hervorragend geplanten und konsequent ausgeführten Plan: Supermarktkasse ausrauben, indem der Boss kurzzeitig erpresst wird. Während Larry im Laden das Geld aus dem Chefbüro abkassiert, hat Deke beim Boss zuhause dessen Familie als Geiseln genommen. Mittels Kassettenrekorder am Telefonanschluss wird dann Zeit gewonnen, und wusch! Gleich mal über eine Rampe und über ein paar Bauarbeiter, und dann geht er ab, der Larry! Denn er ist Rennfahrer. Und will sich mit dem Überfall das Startkapital für eine Karriere verdienen. Und da sieht man, wie wunderbar man Pläne schmieden und doch erstens den Über-, zweitens den Unterbau völlig vernachlässigen kann. Larry ist ja nicht maskiert oder so: Wie will er da in die Nascarserie einsteigen? Und wie will er unauffällig verschwinden, wenn er erstens bei jedem Truck, den er sieht, Gas gibt, um ihn in halsbrecherischen Fahrmanövern zu schneiden und auszubremsen, und zweitens eine Spur an verunglückten Polizeiautos hinter sich herzieht, die er mit Karacho abhängt?

Über Nebenstraßen geht's Richtung Staatsgrenze. Dort nämlich gibt es eine riesige Walnussplantage, mit einem Straßennetz labyrinthisch durchzogen: super ausgedacht von der Inszenierung her, mit Flucht- und Verfolgerautos im Nussnutzwald, darüber Helikopter; und super ausgedacht von den Filmfiguren, hier die Bullen vollends abzuhängen... Der Plan an sich ist top: nur halt die Details. Und die Ausführung. Weil Larry halt irre ist. Und Mary zu kess. Und Deke zu loyal.

DER TOTE KEHRT ZURÜCK

MISTERIOS DE ULTRATUMBA

Mexiko 1959. Regie: Fernando Méndez.

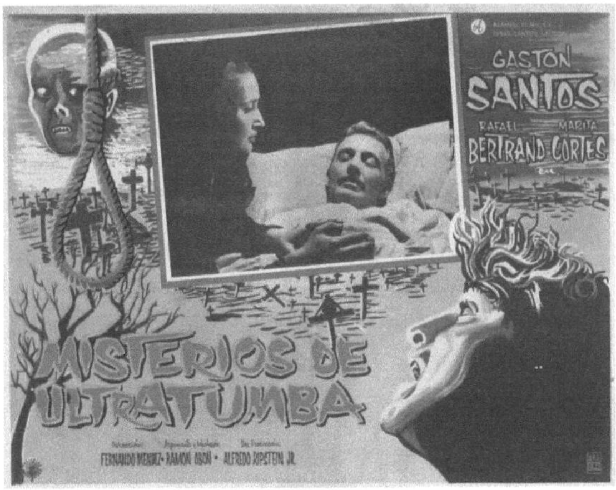

DER TOTE KEHRT ZURÜCK ist ein mexikanischer Gruselfilm von 1959, schwarz-weiß, gediegen klassisch, der im Irrenhaus spielt, wo die Irren genauso irre sind wie die Mad Scientists. Schön übernatürlich geht es zu, zu Anfang, und dann wird's zu 'nem fast schon putzigen Atmosphärenthriller.

Zwei der irren Ärzte nämlich schließen einen Pakt: Zur Erforschung dessen, was nach dem Tode kommen wird, soll derjenige, der zuerst stirbt, dem anderen aus dem Jenseits Hinweise geben, ja, womöglich zurückzukehren versuchen. Dies nun geschieht, aus einer Séance kommen die Hinweise: Drei Monate später wird sich eine Türe öffnen, die wird Einblick ins Jenseits bieten. Dafür werden merkwürdige Dinge geschehen… Beispielsweise kommt eine Nachtklubtänzerin ins Irrenhaus, nicht als Patientin wohlgemerkt; und ein junger Mann, der sie aus seinen Träumen kennt, folgt ihr; und der Arzt, der noch lebt, verliebt sich in die Frau etc., und eine wilde Irre bricht aus und geistert höchst verwirrt und höchst aggressiv durch die Hallen, und ein Schlüssel taucht auf, und ein Kästchen enthält einen Dolch, der zuvor in einem anderen Zimmer gelegen war, und der Tote wandert immer wieder als Schimäre durchs Bild, insbesondere durch den tollen Innenhof der Anstalt, eine dschungelartige Ansammlung von Pflanzen, die wohl kaum eine beruhigende Wirkung auf die Nerven der Patienten haben dürften, bei all den Schatten, die sie an die Wände werfen!

Während zu dieser Zeit in Deutschland Edgar-Wallace-Krimis mit Horrorelementen bestückt wurden, in England die knalligen Hammerfilme ihren Klassikerstatus erlangten, kommt aus Mexiko dieser wunderbare E. A. Poe-mäßige Horrorfilm, man könnte auch Vincent Price um die Ecke lugen sehen: Dunkelheit und Schatten und Überweltliches und Wissenschaft und das Schicksal, das Schicksal! Denn dem entrinnt keiner, und wer die Schwelle überschreitet, kommt um in all seinen Obsessionen, in seiner zielstrebigen Halsstarrigkeit, im Versuch, umzukehren, was immer schon bestand – in tollen Volten spielt der Film sein Finale aus, nicht als Explosion eines großen Konflikts, sondern als unausweichliches Verpuffen eines großen Traumes, der nie hätte geträumt werden dürfen. Weil der diesseitige Arzt die jenseitigen Tipps nicht richtig hat lesen können (wollen), weil dann über zig Banden und nach allerlei Andeutungen, falschen Fährten und kleinen Schocks und Wendungen jeden das Los trifft, das für ihn bestimmt ist: Tote gibt es, und ein von schrecklicher Säure entstelltes Gesicht, und Verwechslungen, und ein Todesurteil – und dann wird die Schraube nochmal weitergedreht, und tatsächlich wandelt ein Toter auf Erden, nicht nur ein Geist, sondern körperlich habhaft. Doch was für ein Körper, und welch ein Geist...

Ach, ich will nicht zuviel verraten. Wem der Film unterkommt, der soll ihn sich angucken, möglichst bei Kerzenschein.

DIE BESTIEN

BLACKOUT

USA 1978. Regie: Eddy Matalon.

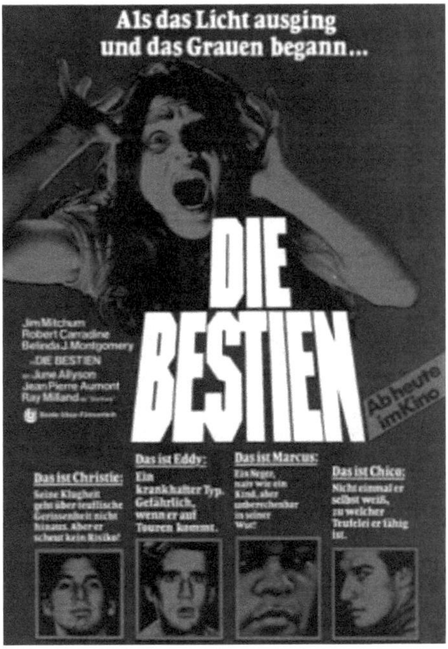

In der BLACKOUT-Hauptrolle: Jim Mitchum, Sohn des großen Robert – unverkennbar: Jim sieht dem Papa dermaßen ähnlich, sagenhaft. Gleich zu Beginn zeigt er seine moralische Integrität, wenn er auf den Straßen New Yorks einem Handtaschenräuber hinterherjagt. Und der Film zeigt, wie Moral und Integrität erschöpfende Sisyphusarbeiten sind, vergeblich, aber notwendig – der Räuber entkommt, Mitchum ist erschöpft, aber ungebrochen.

Geschickt springt Regisseur Eddy Matalon dann von Schauplatz zu Schauplatz, von Wohnung zu Wohnung, wir lernen die Figuren kennen, mit denen wir es im weiteren Lauf zu tun haben werden, ohne zu wissen, wer diese Figuren sind, welche Funktion sie haben werden und was mit ihnen geschehen wird. Hängen bleiben wir in einem Psychiatriegefängnis, wo ein Transporter gefüllt wird mit allerlei schlimmen Fingern, ein Pyromane, ein Serienvergewaltiger, ein Super-Psychopath, der gar mit dem Hochsicherheitshubschrauber angeliefert wird (wobei unklar bleibt, warum der Hubschrauber diesen von Robert Carradine gespielten Brutaloirren nicht einfach direkt zu seinem Bestimmungsort fliegt...)

Egal. Die sind also alle versammelt in der Grünen Minna, und dann beginnt der Film so richtig. Mit einer Schalte ins Elektizitätswerk nämlich, wo sie eines herannahenden Sturmes nicht mehr Herr werden können, weshalb überall der Strom ausfällt.

Und da kommen wir in den Bereich, den damals jeder kannte: Denn 1977 war in New York tatsächlich nach einem Unwetter der Strom ausgefallen, und die Produzenten hängten sich mit diesem Film an das reale Trauma an – es kam in der Dunkelheit des kriminalitätsgeplagten New York zu diversen Plünderungen, »marodierende Horden plünderten über 1600 Geschäfte und legten mehr als 1000 Feuer«, wie Spiegel Online 2007 rückblickend zu berichten wusste.

Matalon legt recht schnell seinen Fokus von der episodenhaften Einführung in die Filmhandlung aus auf einen Appartementblock. Von dem wissen wir, dass beispielsweise im obersten Stock eine große fette jüdisch-griechische Hochzeit gefeiert wird. Dass eine Frau ihren Sohnemann fürs Einkaufen kurz alleingelassen hat. Dass in der Ehe eines superreichen Paares (Ray Milland brillant als Millionärsarschloch) in gewohnter Weise Geld über Liebe herrscht; und so weiter. Außen vor dem Gebäude kommt's zum Unfall; die Psycho-Schwerverbrecher kommen frei. Und sie dringen in das stromlose Gebäude dieser sromlosen Stadt ein, nicht ohne den Portier vorher schön effizient aufzuhängen.

Stockwerk für Stockwerk erobern sie das Mietshaus, auf der Suche nach Geld und weiteren Wohltaten. Der Sex-Maniac bleibt alsbald hängen bei einer Blonden, die er in ihrem Bett brutal vergewaltigt – was wir im Off erleben. Da aber eilt Jim Mitchum als Polizist Dan Evans herbei, einziger Bulle weit und breit, der zumindest diesen Gangster ausschaltet. Und das Vergewaltigungsopfer erstmal tröstet, dann gleich rekrutiert. Sie ist überraschend schnell auf den Beinen, noch überraschender sofort bereit, als Hilfskohorte den Kampf gegen das Böse aufzunehmen, indem sie, während Evans deren Spuren folgt, hintenrum aufräumt. Leute aus dem festsitzenden Fahrstuhl rettet, beispielsweise. Oder diverse Opfer das Treppenhaus runterführt.

Dan Evans dagegen geht an die Gangster ran; freilich ohne zu wissen, wer genau die sind. Und geschickt schneidet Matalon zwischen den Verbrechern und ihrem Verfolger hin und her, baut so eine großartige Suspense auf, die sich aus verschiedenen kleinen Spannungselementen, aus einer klaren Informationsökonomie und aus den schrecklichen Untaten, die wir miterleben müssen, zusammensetzt.

Und das wirklich Faszinierende in Blackout ist der Oberschurke Christie – nicht ganz falsch, dass der deutsche Verleihtitel Die Bestien den Fokus auf ihn und seine Gang wirft. Während der eine geil wird bei allem Weiblichen, und der andere bei Feuer, und der dritte, ein großer, starker Bär von einem Mann, schweigend mitläuft, heckt Christie alle Pläne aus. Aus einem tiefen inneren

Sadismus heraus; oder vielleicht eher nicht Sadismus, das würde ja so etwas wie Lust und Leidenschaft, wenn auch pervertiert, tief in seinem Inneren bedeuten. Völlig gefühllos benutzt er Menschen, um mit ihnen, ja: im Grunde zu experimentieren. Sowohl seine Mit-Irren als auch seine Opfer: Er setzt sie ein, um zu sehen, was passiert. Ein Psychopath in absoluter Reinform – und weil der Bösewicht so gut ist, und dabei (wie auch alle anderen Filmfiguren) psychologisch nachvollziehbar bleibt, ist das nun wirklich ein Film, der in seiner handwerklichen Perfektion und seiner effektiven Story zu den Top-Angeboten in der Grindhouse-Reihe zählt.

THE TWILIGHT PEOPLE

Philippinen/USA 1972. Regie: Eddie Romero.

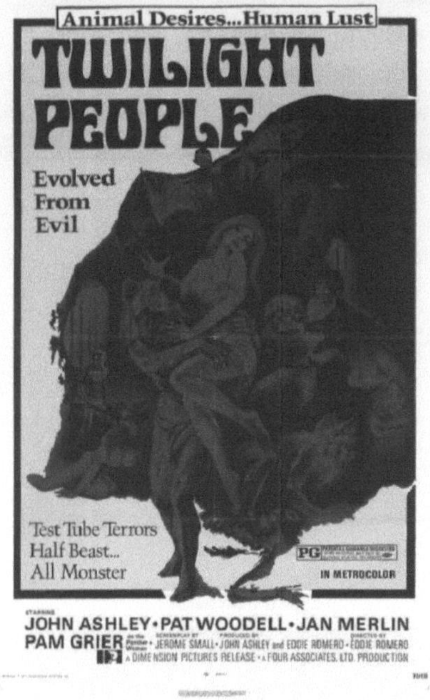

Vollkommener Stuss, is' klar. THE TWILIGHT PEOPLE ist – jawoll, so was wie eine Literaturverfilmung, von H. G. Wells' *Die Insel des Dr. Moreau,* der Mad Scientist heißt hier Dr. Gordon, er hat einen Helfer wie es sich für einen ordentlichen Bösewicht gehört, der ist wild und blondiert und heißt Steinman, so eine Art Proto-HP Baxxter in der Rolle von Christopher Walken als Psychopath vs. James Bond, im Angesicht des Todes.

Der Film beginnt mit idyllischen Bildern zu idyllischer Musik, die aber alsbald total unheimlich wird, obwohl nichts Bedrohliches zu sehen ist. NOCH! Denn ein softer Typ mit weichen Wangen taucht in exotischen Gewässern und guckt sich Fische an, als PLÖTZLICH böse Hände ihn greifen, unter Wasser fesseln, und mit einem Kran wird er kopfunter an Bord einer Yacht gehievt, und aber seine eigene Yacht ist gar nicht mehr da. Vielmehr eine sehr hübsche Krankenschwester und Mr. Blondiepsychopath. Sie fahren zur exotischen Insel, durch den Dschungel hin zur Villa von Dr. Gordon, bewacht von allerhand philippinischen Handlangern. Der softe Typ ist ein Superforscher mit Supergehirn, und weil er so ein guter Mann ist, will Gordon ihn für seine Experimente. Und was für welche! Es geht um die Zukunft der Menschheit!

Eigentlich ist alles an dem Film reichlich egal; interessant nur, wie die Liebe zwischen Farrell – das ist der Held – und Neva – die Krankenschwester a.k.a. Gordons Tochter – fix behauptet wird, indem sie ihn mal fragt, wie es ihm geht, und danach sind sie verliebt. Fluchtplanung etc., dazu Steinman, der Psycho, der so gerne jagt, und Gordon, der für die Wissenschaft verrückt geworden ist: Um das Überleben der Menschen zu sichern, züchtet er eine Über-Rasse, die das Beste aus Mensch und Tier ineinander vereint! Hat bisher nicht so recht geklappt, deshalb soll Gordons Gehirn, also der Inhalt, die Software, irgendwie kopiert werden, dann gibt es da noch irgendwelche Organfetzen unter Käseglocken und so was wie eine Laserkanone im Labor nebenan. Eine Gehirn-OP an einem Nebendarsteller hamwer auch. Und vor allem, und darauf kommt es an: Wir haben TIERMENSCHEN!!!

Im Keller, im Käfig. Ein Antilopenmann, mit Hörnern auf die Stirn gepappt. Eine Wolfsfrau mit Bart. Einen Affenmann, einen Fledermausmann mit Flügeln; und Pantherfrau, gespielt von Pam Grier, die wahrscheinlich grad sowieso auf den Philippinen war. Sie darf katzig gucken und sich putzen und ab und zu ihre Fänge in Menschenleiber schlagen, so'n richtiger Panther halt.

Das ist schon super. Kinderkarneval mit bisschen Blut und Toten, mit einem Bat-Man, der auf dem Baum seine Flügel ausbreitet, als alle mitnand durch den Dschungel fliehen, und man bedauert die Leute: Wie muss man sich fühlen, als Schauspieler, wenn man ein tolles Angebot bekommt für einen Science-Fiction-Horror-Abenteuerfilm, und dann stellt sich raus: Dir werden Haare, Hörner oder Flügel angepappt, und du weißt, das sieht scheiße aus, und du weißt, dass damit ein persönlicher Tiefpunkt erreicht ist, aber du weißt auch, du musst das durchziehen, Vertrag ist Vertrag, und Mensch!, was wird die Nachwelt sagen! Naja, Frau Grier ist ja ganz gut aus der Sache rausgekommen, aber eine Karriere-Rakete war das wohl trotzdem eher nicht…

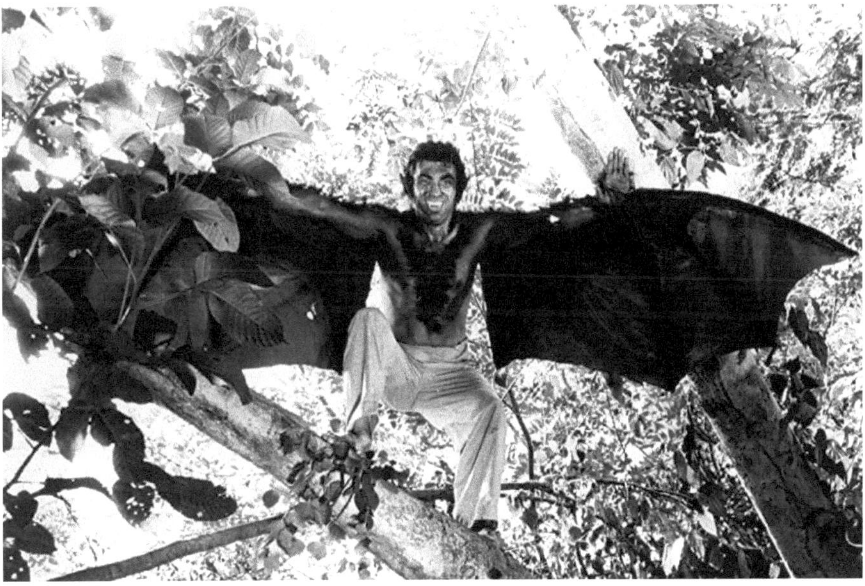

Fledermausmann hat am Ende noch seinen großen Auftritt, HUI! geht es durch die Lüfte, und durch einen geschickten Schnitt überlebt der Held auch, als er vor der Luger des Psychopathen steht. Wie er das angestellt hat, wissen wir nicht, wahrscheinlich ist es auch egal: Er darf nicht sterben, punktum, wie er entkommt, ist wurscht, Hauptsache ein Happy End mit ihm und seiner schönen Gespielin und dem Fledermausmann, idyllisch vor der Abendsonne.

OPERATION EASTERN CONDORS

DONG FONG TUK YING

Hongkong 1987. Regie: Sammo Kam-Bo Hung.

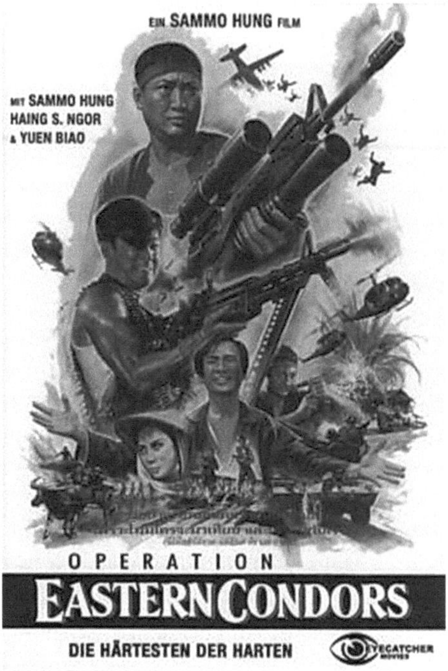

Hongkonger haben ein Problem, wenn sie einen Vietnamfilm drehen wollen. Solches zu tun: Dafür gibt es zwar viele Gründe. Man kann damit viel Geld machen, man kann Action reinpacken und Humor, die Philippinen als Drehort befinden sich direkt vor der Haustür, und wenn man geil ist auf Waffen, kann man sich so richtig ausleben. Und wenn's bei der Besetzung der bösen Vietnamesen auch keine Probleme gibt – nun ja: die schönen weißen WASP-GI-Helden kann man mit einheimisch-schlitzäugigen Darstellern schlecht hinkriegen.

Aber natürlich kann man sich behelfen. Schließlich ist die DRECKIGE DUTZEND-Formel flexibel genug, um eine der Variablen mit asiatischem Vorzeichen zu versehen. Zack, werden also zwölf asiatisch-amerikanische Delinquenten ausgesucht für ein Post-Vietnam-Himmelfahrtskommando namens »Operation Eastern Condors«: Dort im Dschungel nämlich hatten bei ihrem Rückzug die US-Truppen dummerweise eine Menge schwerer Waffen in einem Höhlenbunker-Versteck vergessen, das den Vietcong nun keinesfalls in die Hände gelangen darf. Also werden Schwerverbrecher – von Dieben über Körperverletzer bis zu Mördern – »freiwillig« eingesetzt, mit der Belohnung, ihre Haftstrafen (von zwei Jahren bis lebenslänglich) aufzuheben und zusätzlich 200.000 Dollar Honorar zu bekommen. Nun ja, wenn sie überleben.

Dass es mit den USA nicht zum Besten steht in der zweiten Hälfte der 1970er, in denen der Film spielt, wird total hochsymbolisch durchgespielt: soldatisches Appell, der Star Spangled Banner wird hochgezogen – und bleibt auf halbem Weg stecken. Die Soldaten harren im Schnee aus, während der Fahnenhochzieher vergeblich am Seil ruckelt. Zwei asiatische Offiziere fahren kopfschüttelnd vorbei. Auf dem Rückweg immer noch dasselbe Bild. Der eine steigt kurzerhand aus, schleudert seine Uniformmütze hoch auf die Spitze der Zehn-Meter-Fahnenstange und klettert dann flink wie ein Eichhörnchen hoch, so schnell kannste gar nicht kucken. Kordel entzerren, schon geht's wieder. Salut. Klar, völlig offensichtlich und nicht anzuzweifeln, dass die Asiaten den Mist der Amerikaner ausräumen müssen – und auch die einzigen sind, die das können.

Immer wieder baut Regisseur Sammo Hung Gags in die Handlung ein, solche wie dieser erwähnte, aber auch richtig platte: Einer der Unfreiwilligen auf Mission stottert, und er ist auch der erste, der stirbt: Die Fallschirme sollen bei »Dreißig« geöffnet werden, als er unten ankommt, zählt er gerade erst »Sss-ss-sss-sssech-zzz-zzeehn«. Immer wieder gibt es irgendwelche Sprüche, und die scheinen nicht einfach nur synchronisationstechnisch drübergestülpt – freilich eventuell verstärkt – zu sein. Da mokieren sich die Soldaten des amerikanischen Schlitzaugenkommandos über den strengen Duft dreier mitkämpfenden Frauen (vielleicht so ein China-Witz, den man außerhalb des Kulturkreises nicht richtig verstehen kann), dann geht einer »einen Neger abseilen« (das kapiert auch der deutsche Bahnhofskinogänger).

Ganz oft wird irgendwie irgendwohin gehüpft, oder sich auf die Seite gerollt, oder irgendwo hochgeklettert, als wäre die Schwerkraft mit Ein/Aus-Schalter versehen. Und wenn in Vietnam nichts mehr geht, dann hilft immer Kungfu. (Sonst würde es ja auch gar nichts bringen, dass sich Hongkong in diese filmische Auseinandersetzung um diesen kriegerischen Konflikt einmischt.)

Krieg jedenfalls ist die Hölle, so wird im Film mal gesagt, aber Knast ist schlimmer. Zumal Vietnam so eine Art großer Freilicht-Abenteuerspielplatz mit Waffen ist, mit richtig geilen Waffen zumal, wo man halt beim Ballerspielen sterben kann, wenn man Pech hat. Aber: »Passiert ist nun mal passiert«, wie es so schön heißt. Und die Actionshow muss ja weitergehen.

In Vietnam, noch vor dem Absprung unserer Heldentruppe, treffen wir unvermutet auf eine Mädel-Guerilla-Truppe, die einen Vietcong-Vorposten lautlos mit Hand und Messer ausschaltet: Die drei werden als kambodschanische Untergrundkämpfer die US-Mission inoffiziell unterstützen. Zwischendurch gerät das Kampfkommando auf seinem Weg zum Raketendepot in ein Dorf: Denn der Offizier *back in the USA* hatte als kleinen privaten Sonderauftrag auch noch darum gebeten, seinen Bruder rauszuholen, der damals verletzt in diesem Dörflein zurückgelassen wurde. Mit diesem Bruder – der inzwischen verrückt wurde und eine Menge fantastischen Unsinn brabbelt – kommt auch noch Wiesel ins Boot, der wieselflinke Schlawiner, der listig und wendig sich als Späher und Führer durch den Urwald andient. Und noch ein neues Ziel in den Film einzubringen scheint, irgendwo soll da wohl eine Menge Geld versteckt sein – zum Glück vergisst Regisseur Sammo Hung (der auch den Kommandanten des Himmelfahrtskommandos spielt) diese paar Drehbuchsätze, sonst wäre der Film wirklich überladen worden.

Kung Fu, Action, Krieg, Gags reichen schließlich aus für eine völlig überdrehte Urwaldsause, in der Die durch die Hölle gehen genauso drinsteckt wie Die Brücke von Arnheim. Einmal werden sie gefangen und in einem Vietcong-Lager gefangengehalten, standesgemäß in einem Käfig unter Wasser, und natürlich ist auch Russisch Roulette dabei – gespielt von vietnamesischen Kampfkindern, nicht von Christopher Walken. Und die Kids haben dazugelernt: Nicht an sie selbst wird die Waffe angelegt, sondern an einen der gefangenen Feinde. Schließlich haben die spielenden Jungs noch ihr ganzes Leben vor sich.

Natürlich wird viel gestorben, immer in erhabenem Gestus mit ein paar letzten Weisheiten auf den Lippen, und immer wieder opfert sich einer zum Wohle der anderen, ist doch klar. Unter Freunden…! Im Raketendepot-Bunker dann die finale Endschlacht, und hier tritt auch die vielleicht beste Figur des Films auf den Plan (also: neben dem Stotterer, neben dem Feigling, neben dem aufbrausenden Brillenfuzzi und und und). Der Herr Vietcong-General ist ein langer, dürrer Spargeltarzan mit nervös-schwulem Kichern und einem Taschentuch, mit dem er sich nicht vorhandenen Schweiß vom Gesichtlein wischt. Und dann geht er ab wie Zäpfchen: Unglaublich schnelle Moves, wenn es drauf ankommt, in einigen wirklich doll choreographierten Kampfszenen mit Sprüngen, Kicks und Schlägen, die hin und her hageln – und es wird einem gewahr, dass der Film tatsächlich ziemlich klug aufgebaut ist in dem, was er zeigen will. Von den komödiantischen Einlagen der ersten Hälfte ist jetzt nichts mehr übrig, die MG-Orgien des Mittelteils hat er auch hinter sich gelassen, um nun den dritten Teil der anvisierten Zielgruppen anzusprechen, die auf Mann-gegen-Mann-Kämpfe stehen – und das schafft ja nun auch nicht jeder Film, dass er gleich drei Wünsche auf einmal erfüllt. Nur vielleicht nicht gerade die pazifistischen – aber solcherartige hegen natürlich nur Weicheier.

Frankenstein – Der Schrecken mit dem Affengesicht

Furankenshutain tai chitei kaijû Baragon / Frankenstein – Zweikampf der Giganten

Japan 1965. Regie: Ishirô Honda.

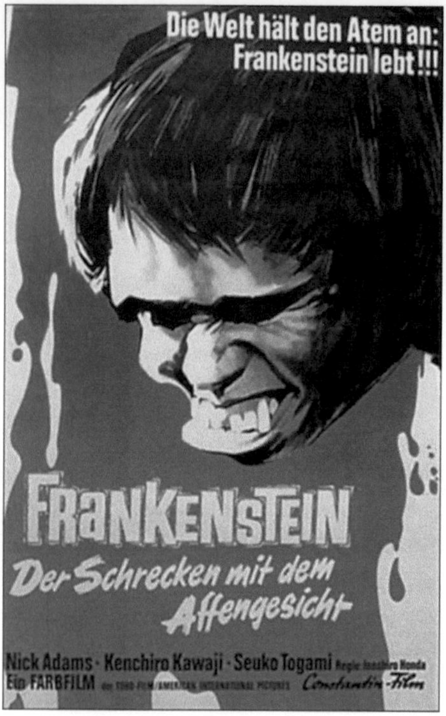

Die Deutschen, die bösen Nazis: Die sind auch Schuld an diesem Film. Frankenstein, der Schrecken mit dem Affengesicht ist ein japanischer Monsterfilm von 1965, der erste derartige Film mit Bezug zu Frankenstein, und zwar auch inhaltlich, während spätere Pseudo-Nachfolger im Godzillamodus sich nur noch den Titel leihen, um irgendwelche Schreckensassoziationen zu wecken. Nein: Hier sind es die Deutschen 1944, die Frankensteins unsterbliches Herz einem Wissenschaftler entreißen, die Gestapo darf alles, und per U-Boot nach Japan verschiffen. Der Fernost-Verbündete nämlich will die Unsterblichkeit der Zellen dieses in seiner Proteinflüssigkeit schlagenden Herzens erforschen, um damit doch noch den Krieg zu gewinnen. Der Wissenschaftler in der japanischen Forschungsanstalt zeigt uns noch dieses schlagende Herz, dann ein einsamer Bomber hoch oben am Himmel, eine Explosion, eine zerstörte Stadt: Mist, dass Frankensteins Herz ausgerechnet Anfang August 1945 in Hiroshima landen muss!

15 Jahre später leistet ein amerikanischer Mediziner Abbitte in der Klinik und Forschungseinrichtung für Strahlenschäden, er hatte damals mitgebaut beim Manhattan-Projekt, jetzt verrichtet er tätige Wiedergutmachung. Und ihm läuft dieser merkwürdige obdachlose Junge über den Weg, der durch die Gegend streift und Hühner stiehlt: Es ist Frankenstein, wiederauferstanden, persönlich – sprich eigentlich: Frankensteins Monster, aber um der Prägnanz

willen wird dieser Sachverhalt hier durchgehend und konsequent verkürzt dargestellt. Egal. Bei einem Strandausflug sehen wir den Jungen mit dem verwulsteten Kopf wieder – der Dr. Bowen nämlich macht sich an Dr. Sueko ran, seine hübsche Kollegin, und die geht mit voller Empathie auf den wilden Jungen ein, der sich verängstigt in den Höhlen der Steilküste versteckt und Zutrauen findet zur Ärztin, die für ihn eine Art Mama wird.

Offenbar ist er aus dem unsterblichen Herzen entstanden, und er ist auch selbst unsterblich, und er wächst und wächst immer weiter, bis er fast seinen Verschlag im Keller sprengt. Klar, dass er kein Blitzlicht oder Scheinwerfer mag, welches Monster hat das schon gerne. Ein ungeschicktes Fernsehteam ärgert ihn damit, er reißt sich los, es gibt die ersten Toten, das Militär wird auf den Plan gerufen, dass er eigentlich ganz lieb ist, weil keiner hören. Das Riesenmonster zieht sich in die Wälder zurück, ins Gebirge, da, wo es schön kalt ist. Und dafür haben die Wissenschaftler auch eine Erklärung: Er mag das kalte Klima, weil's in der Heimat von Frankensteins Herz, in Frankfurt nämlich, auch immer so kalt ist.

Jedenfalls ist das Problem, dass auch noch ein anderes Monster auftaucht. Zuerst bei einem Erdbeben, bei dem diverse Bohrinseln umfallen, da lugt es aus dem Erdspalt. Später zertrampelt es einige Dörfer, und die Tänzer bei der Beat-Musik-Party müssen ganz schön rennen. Das Ende vom Lied: Riesen-Frankenstein-Monster gegen die Riesenechse, jawohl: die Echse, die wir schon bei ihrem Kampf gegen Monsterschildkröte Gamera kennengelernt haben, Baragon, dieses böse Reptil. Das kann nun in diesem Film nicht mehr tödliche Regenbögen aus seinem Rücken aussenden, und es hat seinen Kälteatem durch Feuerstöße ersetzt, wie es sich für ein echtes Drachentier gehört: Aber das ist ja wurscht, letztendlich. Wichtig ist, dass es nicht allzu spannend und aufregend wird, und deshalb weiß der Zuschauer immer schon vorher, wann irgendein Monster auftauchen wird: Dann nämlich, wenn die Kamera über Modelllandschaften blickt, schönes Spielzeugland aus dem Hobbykeller, wo ein Plastikkeiler im Gebüsch wackelt und ein Plastikpanzer durch die Wälder kriecht. Ja, wenn man objektive Maßstäbe anlegt, ist dieser Film, inszeniert immerhin von Godzilla-Schöpfer Ishirô Honda, technisch ziemlich scheiße. Aber dafür ist im ganzen Film andauernd etwas los, und es ist auch lustig, die Japaner – zu sehen war die Originalfassung – das Wort »Frankenstein« aussprechen zu hören.

DER MANN AUF DEM DACH

MANNEN PÅ TAKET

Schweden 1976. Regie: Bo Widerberg.

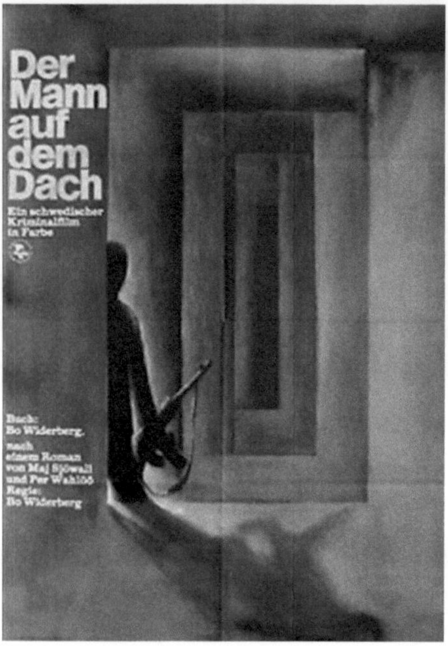

DER MANN AUF DEM DACH. Genau darum geht es: Ein Mann auf dem Dach. Einer, der um sich schießt. Der Film beruht auf einem Roman des Autorenpaares Maj Sjöwall / Per Wahlöö mit dem Titel *Das Ekel aus Säffle* – und darum geht es auch: um einen widerwärtigen Mann, der aus Säffle stammt, als Polizeioffizier eine mehr als harte Linie fuhr und für seine Brutalitäten im Amt brutal hingemetzelt wurde.

Dieser Polizist Nyman ist inzwischen ein alter Mann, pflegebedürftig im Krankenhaus, man sieht ihn, wie er nur mit Hilfe einer Schwester aufs Klo kann, mitleidheischend auf Hilfe angewiesen – und wir sehen die Augen seines Mörders hinterm Vorhang aufblitzen, wir sehen das Bajonett, mit dem er auf ihn einsticht. Wir sehen die Polizeiarbeit, ein Krankenzimmer voll Blut und Innereien, ein Schlachtfest, zum Kotzen im wahren Sinn. Auftritt Kommissar Beck – ja, der Kommissar Beck, der in unzähligen Schwedenkrimis im Fernsehen auftritt; Urfigur des skandinavischen Kriminalgenres, der inzwischen durch diverse öffentlich-rechtliche Wiederholungen fast schon ausgelutscht wirkt.

Nun: Hier haben wir das Original. Direkt aus den Sjövall-Wahlöö-Romanen, von Bo Widerberg auf die Leinwand gebracht in betont nüchterner Weise, die die langatmigen Details der Polizeiarbeit ebenso wenig ausspart wie die Spannungen der Gesellschaft, die zerrissen ist zwischen jugendlichem Aufruhr der 1970er und reaktionärer Staatsgewalt. Kameradschaft gebiert Corpsgeist, Verdrängung und Schweigen bei Überschreitungen polizeilicher Kompetenzen, ein »Wir gegen die«-Gefühl innerhalb der Staatsmacht, das letztendlich alles legitimiert. Von Polizeibrutalität gegen Demonstranten über Demütigung von Gefangenen bis zur Beweisfälschung, um Verhaftete gerichtsfest aburteilen zu können – Kommissar Nyman war einer der ganz Großen in dieser Kunst.

Jetzt ist er tot. Dass dieser Mord etwas zu tun hat mit seinem Verhalten, ist wahrscheinlich. Und alsbald kommt Beck mit seinen Kollegen auch auf den Trichter – insbesondere nach einem Gespräch mit Nyman-Intimus Hult, der so ungefähr jede Maßnahme billigt, die Nyman vorhatte; etwa mit bewaffneter berittener Polizei in Protestkundgebungen hineinpreschen, um möglichst viele der jungen Leute möglichst wirkungsvoll davon abzubringen, sich jemals wieder zu versammeln…

DER MANN AUF DEM DACH ist kein Whodunnit-Krimi. Es ist ein Gesellschaftsthriller, der den Krimiplot geschickt mit der gesellschaftlichen Realität verwebt und in vielen kleinen, scheinbar unbedeutenden Details eine Welthaltigkeit kreiert, in der die linke Kritik an Staat und Gesellschaft und Mentalität sich Bahn bricht, ohne je aufdringlich zu wirken.

Nymans Witwe und deren halbwüchsiger Sohn; die schöne junge Frau von Beck-Kollege Kollberg; Hult, der sich nur in Uniform gefällt; der junge Langhaarige, der aufgegriffen worden war und zu lange in der Zelle saß, der aber viel zu verweichlicht ist, um wirklich zu protestieren; schließlich Beck mit seiner Teenager-Tochter, um die er sich nicht kümmert, der an seinem Modellbauschiff sitzt und der, sobald der Fall ins Rollen kommt, aus dem Geheimfach seines Schreibtischs die Dienstwaffe herausholt und ohne viel mit der Frau zu reden verschwindet, um künftig im Kommissariat zu nächtigen.

Fleißige Kleinarbeit führen die Ermittlungen alsbald zu Erikson, Ex-Polizist, der ein fettes Hühnchen mit Nyman zu rupfen hat – und mit der Polizei überhaupt. Erikson, der sich auf dem Dach verschanzt und auf alles schießt, was eine Uniform anhat – diese letzte halbe Stunde des Films ist äußerst effektiv inszeniert, mit unheimlicher Spannung und höchst drastisch dargestellt: Verschanzt mit ein paar Gewehren ist Erikson unerreichbar. Er hat alles im Blick, und er ist entschlossen genug, jeden abzuknallen, der sich nähert… Deshalb wird auch Kommissar Beck angeschossen, ernsthaft. Die Hauptfigur! Er hängt schwer verletzt auf einem Balkongeländer, knapp unterhalb des Schussfeldes. Sein Kollege klettert die Fassade hoch, packt ihn ein, seilt ihn ab. Und vielleicht überlebt Beck nicht. Denn Gewalt ist allgegenwärtig. Und sie gebiert wieder Gewalt.

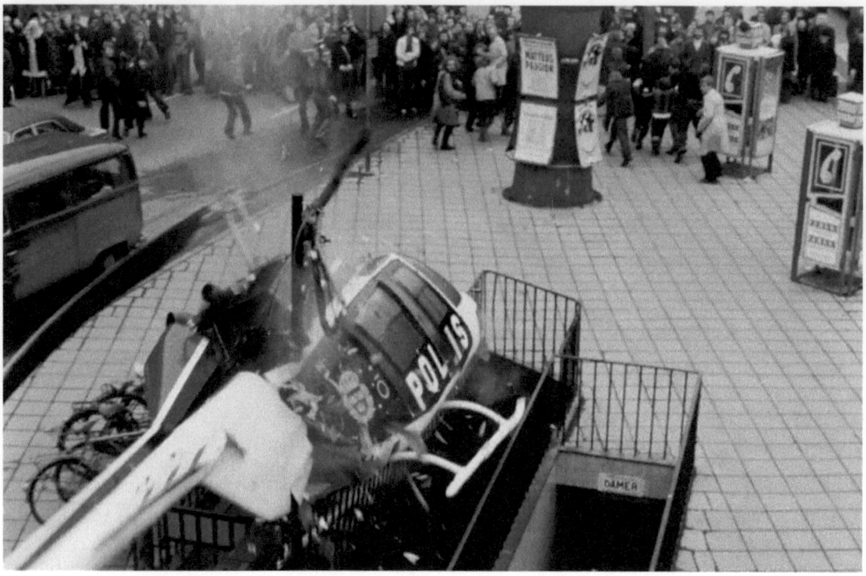

Was auch Hubschrauber mit einschließt: Alsbald hängt ein Toter SEK-Kollege an den Kufen; und ein anderer Helikopter stürzt ab. Ja, er stürzt ab! Eine unglaubliche Szene, die Menschenmassen, die auseinanderstieben, der Absturz auf einen U-Bahn-Schacht, und nein: keine Explosion. Wir sind schließlich nicht in Hollywood.

MAD FOXES – FEUER AUF RÄDER

LOS VIOLADORES / STINGRAY 2

Schweiz/Spanien 1981. Regie: Paul Grau.

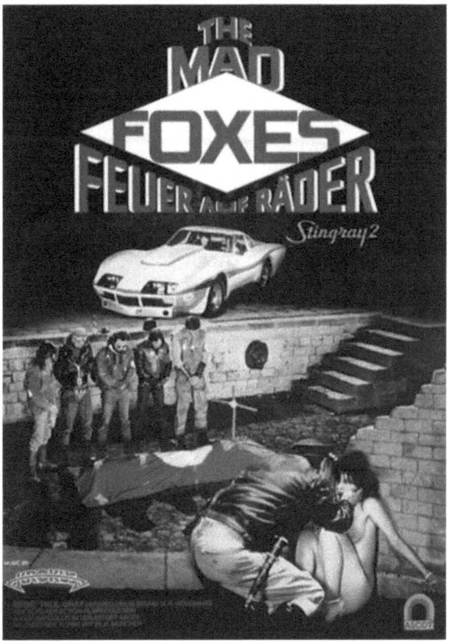

Ein politischer Film. Naja, so irgendwie politisch. Mit Nazis und so. Vor allem aber: Mit Hal. Der hat eine Art blonden Haarputz auf, den jeder Schlagersänger als *too much* ablehnen würde; ist so doof, dass sogar sein FDP-Aufnahmeantrag abgelehnt würde; hat aber ein super Stingray-Rennauto, das dem Film einen seiner vielen Titel gab: STINGRAY 2, womit sich Regisseur Paul Grau – unter dem einfallsreichen Pseudonym Paul Gray – als inoffizielles Sequel an einen inzwischen auch schon vergessenen Film anhängt, in dem Mark Hamill mitspielt, oder so. Aber wurscht. Hal jedenfalls hat gescored: mit seiner gerade 18 gewordenen Freundin rauscht er deren Defloration entgegen, aber Halt: An einer Kreuzung überholt sie das Böse. In Form einer Gruppe Motorradrocker in so exzessiver Nazi-Leder-Kleidung, dass der innere Reichsparteitag, den wir bei diesem Anblick feiern, nur von den vor Entzücken im Viereck springenden Marcusstigleggers in uns übertroffen wird (an dessen schönes Bändchen *Nazi-Chic und Nazi-Trash* wir an dieser Stelle erinnern wollen).

Jedenfalls: Nach dieser ersten eher unfreundlichen Begegnung geht's weiter in die Disco, wo die Flasche Privatwhisky wartet, Hal sondert Schleim und Phrasen ab, ein bisschen Rummachen mit der Freundin – hey, ihr 18. muss gefeiert werden! –, und verbale Vorbereitung auf die Entjungferung: »Für mich ist es auch das erste Mal! Ja, ich hatte schon viele Frauen – aber weil es für dich das erste Mal ist!« Immerhin hat man sich schon vor acht Jahren (!) für dieses First-Time-Fickificki verabredet. Auf der Fahrt zum Bett – die Nazirocker wieder. Sie hauen Hal auf den Kopf und vergewaltigen dessen Babsy (ausgesprochen: »Bäbsi«) – er sitzt in der Ecke, und sehr lange bumst der Nazi-Capo das verzweifelte Mädchen, das damit auch aus dem Film verabschiedet wird. Womit klar ist, dass wir es hier mit einem heftigen inhärenten Zynismus zu tun haben, im ganzen Film, in all seinen Strukturen, und vielleicht ohne es selbst zu bemerken, denn Regie, Mise en scene, Schauspieler, Kamera, Musik, Schnitt – alle sind so herrlich unbedarft! Und aus jedem *frame* tropft hochkonzentrierte Unmoral! Hach!

Direkt nach der Vergewaltigung will Hal Rache – aber an seine Kleine denkt er nicht mehr, die ist in der Klinik versorgt. Vielmehr schneidet der Film auf ein hohes phallisches Gebäude, wo angeblich die Polizei drin wohnt, die aber auch nicht hilft. Dafür sehen wir Hal im Bett mit seiner Geliebten – also einer anderen jetzt, er hat nämlich viele –, und zudem ruft er seine Kumpels vom Kickboxerkaratekungfu-Club an. Nachts im Amphitheater (!) gibt's Klopperei, und der Nazi-Führer wird entmannt. Was wir auch so ziemlich genau sehen, wie ohnehin die Penisquote im Film hoch ist.

Was haben wir gelernt in dieser Exposition? Hal ist ein Arsch. Die Nazis sind Ärsche. Die Frauen sind McGuffins. Und im Weiteren wird gerächt und gegengerächt, hin und her, mit Maschinenpistolen und Handgranaten gegen den Karateklub, dann Hal hinterher – und ganz plötzlich weiß man als Zuschauer gar nicht mehr, woran man ist. Weil ein nackter Mann und eine nackte Frau im Bild auftauchen, deren Leibesmitte in Großaufnahme, und der fummelt an ihr rum, am Strand, und sie lässt es geschehen, und er beschwört seine Liebe, und sie so: jaja, und er so: liebst du mich, und sie so: jajajaja. Dann taucht Hal wieder auf in seiner Stingray, wir freuen uns, dass wir uns noch im selben Film befinden, und weil Hal ein viel geilerer Stecher ist als der Schlaffi vom Strand, schließt sich die Nackige als Hitchhikerin unserem Helden an, der mit ihr aufs Landgut seiner Eltern fährt. An den eigentlichen Grund seiner Fehde mit den Nazirockern, an die Vergewaltigung oder wenigstens vielleicht an die verpasste Entjungerferung denkt Hal jetzt keine Sekunde mehr. Auf dem Landgut: Die Mama im Rollstuhl, der Papa Typ alternder Intellektueller, der Sohn reitet mit seiner Neuen aus. Die immer denselben Pullover anhat, während Hal, stilbewusst wie immer, ständig sein Outfit wechselt, auch mehrmals am Tag: Muss ja nicht immer der olle Pullunder sein mit dem bunten Muster, das auf unglaublich irritierende Weise die Rallyestreifen der Stingray repetiert…

An dieser Stelle ist es ratsam, darauf aufmerksam zu machen, dass wir es hier mit einem der trashigsten Trashstreifen der Weltgeschichte zu tun haben – der in seinem Titel MAD FOXES – FEUER AUF RÄDER halt auch ein N weglässt, kommt nicht drauf an. So schlimm ist der Film, dass sich sogar Produzent Erwin C. Dietrich schämte und in den Credits verleugnen lässt! So schlimm, dass die Nazis immer mal wieder keine Hakenkreuze in ihren Armbinden tragen – das scheint von einem letzten Rest Verantwortungsgefühl bei den Filmemachern zu zeugen (freilich aus Selbsterhaltungstrieb heraus), die nämlich vermutlich bei den Außenaufnahmen eben doch keine Hoheitszeichen nationalsozialistischer Provenienz vorführen wollten; Drehgenehmigungen gab es wahrscheinlich eh keine. Jedenfalls: Im Freien keine Swastikas, dafür im Haus. Einer der wirklich üblen Continuity-Fehlern, den wir krass bemerken, als die Bande das Landgut überfällt und der Film wieder in seinen Gore-Modus rutscht, mit der Heckenschere im Rachen des Garten-Boys, mit den MG-Salven durch diverse Leiber, und der netten spanischen Haushälterin werden bei lebendigem Leib die Eingeweide herausgerissen.

Ja: Der Film wurde in Spanien gedreht, das versucht er auch gar nicht zu vertuschen, wiewohl die Synchro das dennoch nicht mitgekriegt hat und Hals Wohnung penetrant in der Marktstraße verortet.

Der wird nach Bumsi-Freuden und Familiegemeuchelt-Schock zornig und zieht los, jetzt aber mal persönlich die bösen Nazibuben so richtig ranzunehmen. Dafür hat er sich ein Gewehr besorgt – bzw. drei – nein: eigentlich doch nur eines, das aber von Szene zu Szene seine Gestalt wandelt, von Schrotflinte über Winchester zu Pumpgun, wie ja auch die Nazis von Einstellung zu Einstellung in derselben Szene diverse Waffen in den Händen halten. In seinen Fehlern ist der Film konsequent! Haben wir zuvor den obersten Rocker-Lackaf-

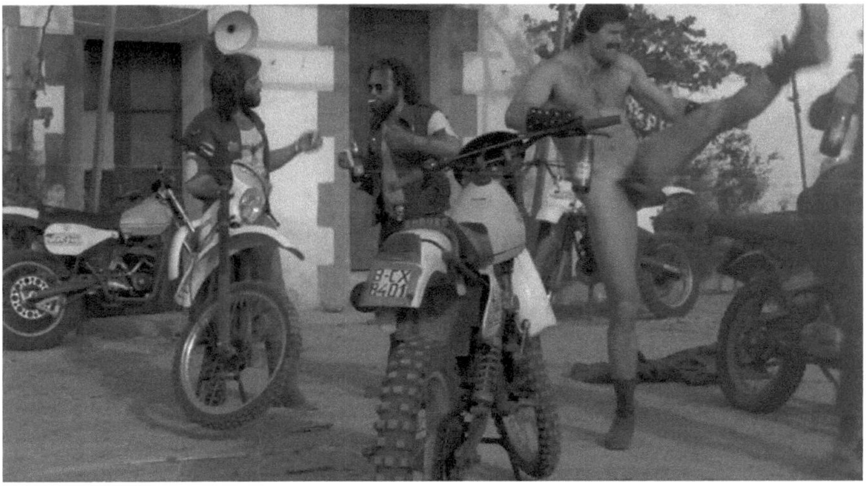

fen beim Pissen gesehen, nackt im Garten, der dann von seinem Kameraden in den Popo getreten wurde und ihm – Penisalarm! – nachstieg, als sei er Beamter im Ministry of Silly Walks, sehen wir ihn jetzt aufm Klo sitzen, das Hal hurtig in die Luft sprengt. Ein schöner Tod!

Noch schöner, dass er in der nächsten Szene durch ein Filmstudio muss, und zwar durch das Set eines Filmes namens Mad Foxes, der dort gerade gedreht wird – postmoderne Selbstreflexivität, ick hör dir trapsen! Einer der Nazis wird bei seiner Domina gekillt, und am Ende – nein, das muss man gesehen haben. Was der entmannte Oberführer in seiner Freizeit gebaut hat. Und was dem Film letztendlich doch ein Happy End verleiht: weil nämlich alle Unsympathen tot sind. Sprich: alle Filmfiguren.

So, wie wir's uns ja auch im wirklichen Leben wünschen, wo an allen Ecken Nazis hocken oder gewalttätige Lackmeier, tumbe Schläger und üble Flittchen: Über die lachen wir hier, ja, wir lachen, hahaha, wir lachen die Schrecken realer politischer oder gesellschaftlicher Quatschköppe und Gewaltextremisten weg, weil in diesem Film alles nur eitler Tand ist. Und weil wir's wissen, genießen wir's.

Der Mann mit der Stahlkralle

Rolling Thunder

Regie: John Flynn. USA 1977.

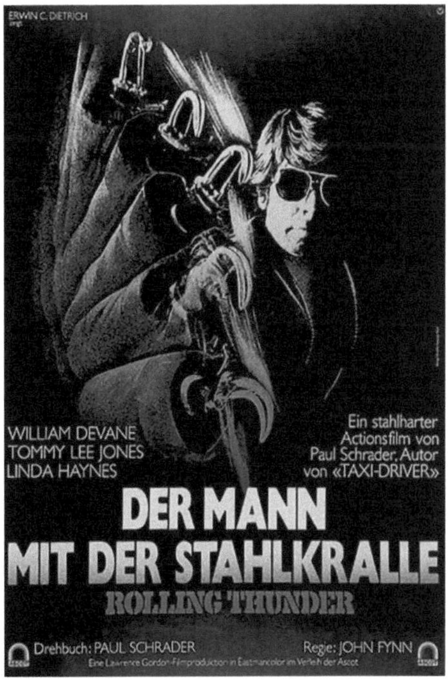

Wenn man zunächst nichts von dem Film weiß, dann ist er irgendwie noch cooler. Rolling Thunder – man weiß noch nicht, dass der deutsche Titel Der Mann mit der Stahlkralle lautet, und man kennt auch das Produktionsjahr nicht. Man sieht: 70er Jahre, Heimkehrer aus Vietnam. Und man liest: Drehbuch Paul Schrader. Boah: Eine Blaupause für Taxi Driver – wir erleben, wie sich Major Charles Rane nicht zurechtfindet in der Gesellschaft, in die er nach Jahren von Vietcong-Gefangenschaft heimgekehrt ist. Die Ehefrau: nett, zuvorkommend, und ganz bestimmt in ihrer Aussage, dass sie inzwischen mit dem netten Herrn Polizisten eine gewisse Freundschaft geschlossen hat. Dieser Hausfreund versucht sich anzubiedern, im Schuppen, in dem Rane vor sich hinbrütet, und er kann dabei gar nicht ab, wenn Rane tatsächlich und handgreiflich von seinen alptraumhaften Erlebnissen von Folter und Sadismus berichtet. Eine nette, blonde, freizügig aufgeschlossene junge Dame hat in den Jahren seiner Abwesenheit eine groupiehafte Obsession entwickelt, doch ist sie bereit, mit Rane enger und länger zusammenzusein?

In seinem Schuppen hat Rane einige Jagdwaffen hängen, eine ganze Menge Pistolen, wir befinden uns schließlich in den Südstaaten – das Schießen und der Baseball sind die Grundlagen, auf denen er die Bekanntschaft mit seinem Sohn erneuern will, der vor Jahren, als Einjähriger, den Vater gen Dschungel verabschiedet hat. Doch wie kann ein neues Leben, ein neues Miteinander aussehen, wenn man innerlich zerstört ist, wenn der Mitmensch stets der Feind war, jahrelang?

William Devane, der die Hauptfigur darstellt, hat das All-American-Face. Ein stets sehr selbstbewusstes, zupackendes Lächeln umspielt seine Lippen, die Falten in seinem Gesicht sprechen von größtem Optimismus, gelebter *pursuit of happiness*, der ganze Mann eine einzige *manifest destiny*. Blitzend weiße Zähne, gesund gebräunte Haut, volles Haupthaar, ein zupackender Körper – den kann nichts erschüttern. Äußerlich. Doch wenn es dann zum Schlimmsten kommt – dann wird irgendwo auch klar, dass er dieses Schlimmste ohnehin schon längst hinter sich hat, dass jede Katastrophe wie ein zartes Streicheln für ihn ist. Wenn alles verloren ist, ist eh alles wurscht. Und wenn dann drei barbarische, verrohte Fuzzis in sein Heim eindringen, weil er ein paar Goldmünzen bekommen hat als Auszeichnung für seine heldenhaften Dienste fürs Vaterland – die darin bestanden, die Hölle zu überleben: Dann schweigt er. Wo das Gold ist? Er spricht nicht. Das hat er sich in Vietnam angewöhnt. Keinen Schmerz, keine Regung zeigen. Auch nicht, wenn die Hand in den Müllzerkleinerer im Abfluss der Spüle gesteckt wird. Erst, wenn Frau und Sohn – das einzig geliebte Wesen! – als Geiseln in die Hände der Banditen fallen: Dann redet er. Vergeblich. Die Familie wird erschossen. Er auch. Aber er überlebt, weil er das Überleben gewohnt ist, weil das das einzige ist, was er kann.

Und er hat zwar seine Familie schon lange vorher verloren. Und er hat sich zwar nie etwas aus dem Gold gemacht. Und er hat statt einer Hand nur einen blutigen Stumpf. Aber er hat jetzt auch etwas zu tun. Weil ein solches Verbrechen nicht ungesühnt bleiben darf. Und weil die Aktion das einzige ist, was ihn von einem Toten unterscheidet. Er handelt. Und schärft sich am Schleifstein den Metallhaken, der ihm als Handprothese dient (eine Metallkralle, das hört sich – siehe deutscher Verleihtitel – weit reißerischer an, als es der Film tatsächlich präsentiert). Lädt Linda, sein Groupie, ein zu einer Spritztour. Und fährt nach Mexiko, auf den Spuren der Gangster.

Es geht dabei nicht um die tote Frau. Und nur bedingt um den toten Sohn. Es geht darum, etwas zu tun, egal was, das einigermaßen Sinn ergibt. Und dieser Sinn: Das ist aus Ermangelung jeder Empathie für die Menschen, aus Ermangelung jeder Fähigkeit, sich wiedereinzufinden in die Menschheit, die archaische Formel, Rache zu nehmen. Da wird der Hand-Haken in Hände gerammt, um den Aufenthaltsort der Gangster herauszufinden; es geht über die Grenze und wieder zurück, eine Verfolgungsjagd durch eine Rinderfarm mit all den kleinen Ställen; Linda wird immer wieder als Lockvogel eingesetzt, und rohe Gewalt ist die Sprache, die auch mexikanische Angreifer verstehen. In einem großen, altehrwürdigen, verfallenen Farmhaus wird er beschossen, doch er behält die Oberhand. Und als die Spur nach El Paso führt, ist klar, wer helfen kann: Tommy Lee Jones (in den Anfängen seiner Karriere), sein Mit-Leidender aus Good Old 'Nam, dem er nicht als Offizier, sondern als Freund im Leid begegnet. Der bei seiner Familie sitzt, ohne Regung, bis Rane auftaucht. Und dieses Blitzen in den Augen. Und dieses Lächeln in seinen Mundwinkeln. Und diese Bereitschaft zu handeln. Endlich wieder etwas zu tun! Endlich wieder lebendig sein! Und wenn es durch ein Himmelfahrtskommando in die Höhle des Löwen ist, sprich: durch einen bewaffneten Angriff auf ein Hurenhaus, wo die Bösewichter ihr Hauptquartier haben.

Massaker im Bordell – kommt einem bekannt vor? Nein: Dies ist keine Taxi Driver-Vorstudie, sondern ein Abklatsch. Rolling Thunder stammt von 1977, ein Jahr nach Travis Bickle geht Major Rane auf seinen Feldzug. Ein Vietnamveteran nach dem Vietnamveteran, der den Vietnamveteranen überhaupt definierte. Aber vielleicht muss man es anders sehen: Als Schrader den Taxi Driver schrieb, hat er nur geübt. Major Rane ist kein paranoider Verrückter, der tapsigerweise beim Date ins Pornokino ausführt, der ziellose Aggressionen in sich spürt, die sich dann eher zufällig in der »Rettungsaktion« für die minderjährige Jodie Foster entlädt. Rane weiß genau, was er will. Wohin er geht. Und er weiß, warum: Weil ihm nichts sonst bleibt im Leben. Wo Bickle eine Zeitbombe ist, die jederzeit und an jedem Ort explodieren kann, hat Rane seinen Zünder sehr genau eingestellt. Es geht bei seinem Feldzug freilich nicht darum, Gerechtigkeit herzustellen. Oder Rache für Frau und Sohn zu nehmen. Es geht darum, das zu tun, was sich richtig anfühlt. In seinem Fall: Killer killen. Hätte aber auch ganz anders laufen können: Könnte sich auch gegen all die nervigen rechtschaffenen Bürger richten, die ihn betütteln, wie es kein Mann aushalten kann. Wenn man den Film sieht, wird irgendwo klar: Dass sich die zielgerichtete Aggression gegen Bösewichter richtet, ist eher Zufall. Und Glück für alle anderen im Film. Posttraumatische Belastungsstörung – wie man das ja so schön in Schubladen steckt –: Die lässt sich nicht kanalisieren. Sie bricht aus. Ob mit Paranoia und Psychopathie – siehe Bickle – oder eben ohne.

Die Exekution

Sûpâ gun redei Wani Bunsho

Japan 1979. Regie: Chûsei Sone.

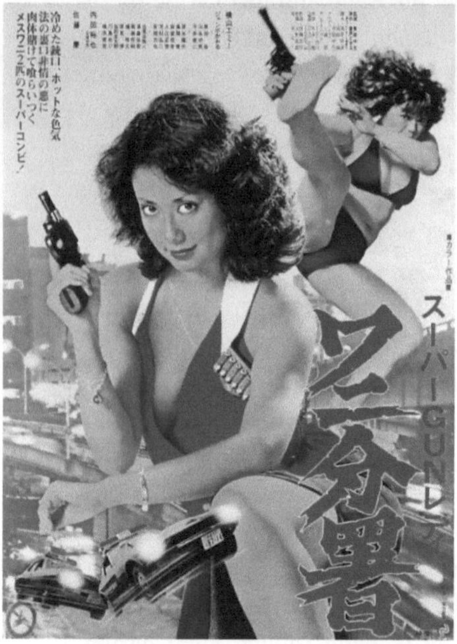

Die Grindhouse-Reihe beweist Monat für Monat, welche Menge an Spaß zwei Filme an einem Samstagabend bereiten können. Zumal, wenn es eigentlich mindestens vier sind – denn in Die Exekution stecken mindestens drei Krimis drin, in unterschiedlichen Genrevariationen: Polit-Korruption, Rape & Revenge, Banküberfall.

Aber zu Anfang haben wir den Filmbeginn… Eine Familie beim Abendessen, die Tochter mault wegen Hausaufgaben, der Papa will Baseball gucken, die Mama nörgelt 'rum und deckt den Tisch ab – und ein lautes Krachen ertönt, die Wand zerbirst, ein Polizeiauto rast ins Wohnzimmer und bleibt kurz vorm Esstischchen stecken. Draußen sehen wir: einen toten Polizisten am Steuer, und eine reichlich derangiert wirkende Frau taumelt über den Bordstein. Die herbeigerufenen Ordnungshüter sammeln sie ein, bringen sie zur Wache – und wir erkennen, dass sie Mitglied der Spezialeinheit Alligator ist bei der Fahndung gegen Korruption. Mit ruppigen Methoden. Und trotzigem Selbstbewusstsein.

Sie heißt Mika, und sie wird angesetzt gegen Bestechungszahlungen eines Rüstungskonzern. Klar: ein Wespennest, in das sie, die unangepasste Polizistin, da sticht. Zudem bekommt sie einen ungeliebten Partner zugeteilt: die Geheimdienstlerin Rin, mit der sie alsbald durch dick und dünn geht. Ermittlung, Beschattung, Verhör, auf die unkonventionelle Art. Abends geht Mika schlafen – und lässt den Rüstungsbonzen unbeaufsichtigt. Schon wird er von Mobstern übers Geländer geschubst, 20 Stockwerke sehen wir ihn runterfallen. Er war schwul; seine neueste Knabeneroberung wird anderntags von den Bösewichtern an einer Straßenkreuzung unter einen LKW geschubst. Mika und Rin fassen den einen, auf'm Parkdeck ist ein Auto nicht abgeschlossen, darin wenden sie ihre erweiterten Verhörmethoden an; inklusive Kieferverrenken, als er partout nicht aussagen will. Mit aufgesperrtem Maul, sabbernd, erschießt ihn darauf der Kollege... Eine der vielen erinnernswerten Szenen, denen Schlag auf Schlag weitere folgen. Etwa Verfolgungsjagd durch eine Industriebrache, inmitten von Bauschutt beim Abbruch der Fabrik – 20 Motorradfahrer gegen ein Auto, Verstecksuche, rasendes Brausen durch die Flure der ausgeräumten Gebäude, Ausweichen vor der Abrissbirne. Und schwupps, der Beginn des nächsten Filmabschnitts.

Mika wird gefangen genommen von den Gangstern, in eine enge, dunkle Kammer gesteckt. Nackt; unter Drogen gesetzt; vergewaltigt; vollgepisst – es ist widerlich, der Film kramt nun in den ganz dunklen Ecken der schlimmsten Perversionen, die die Bösewichter sich ausdenken können. Ein Film des Pinku Violence-Genre ist dies, sprich: Nackedeis und Gewalt, beides wird zur Genüge dargeboten. Aber, und das ist das interessante, nicht auf voyeuristische Art, eben nicht als »Exploitation«; sondern als Abbild der schlechtesten Seiten der Menschen. Mika wird zum Junkie gemacht, wird wieder und wieder rangenommen, schließlich auf eine Müllhalde transportiert, high und benommen soll sie hier krepieren. Nur dass Rin schon ihre Spur aufgenommen hat, eine krasse Schießerei auf der Deponie, die vor allem durch die lächerlichen Sprünge so richtig bekloppt wirkt, die Rin und ihr Gegner vollführen: Hops, um übers Autodach zu blicken, peng, schießen, runter wieder in Deckung... hüpfende Schießfrösche, ein totaler Stilbruch, das ist das Problem des Films: Er könnte, wäre er sorgfältiger gemacht, ein richtiger – und damit meine ich: wirklich echt richtiger – Klassiker der Filmgeschichte sein.

So aber müssen wir uns mit dem dritten Filmteil begnügen, in dem die noch nicht ganz durch Entzug ausgenüchterte Mika sich in einen Banküberfall einmischt. Und wie.

Den Überfall hatte der Gangster-Oberboss aus dem Innenministerium initiiert – die Polizei, speziell die Einheit Alligator, will er ablenken vom eigenen Tun. Deshalb hat er drei irre Verbrecher engagiert, die auf dem Weg ins Gefängnis zum Antritt ihrer lebenslangen Haftstrafen sind: ein mitleidloser Killer und zwei unverbesserliche Triebtäter, die schon mehrere Frauen geschändet und ermordet haben. Ihre Aufgabe: Banküberfall und möglichst viel Krawall. Und den machen sie, mehr, als allen lieb ist. Und Die Exekution erreicht eine neue Stufe der Abscheulichkeitsdarstellungen; denn unter den Mitarbeitern und

Kunden der Bank sind auch einige Frauen... Klar, die Sicherheitsbeamten werden sofort erschossen; der Bankdirektor auch, um den Polizei draußen ein Zeichen zu setzen. Und der Rest ist Kanonenfutter und Fickfleisch.

Eine solche Geiselnahme habe ich noch nicht gesehen. Radikal, rücksichtslos, sadistisch, ohne jeden Anflug von Menschlichkeit, die drei haben ja nichts zu verlieren, wird da gewütet, vergewaltigt, gemordet. Und halt nicht nur das. Auch perverse Spielchen getrieben, die die Geiseln in ihrer Todesangst mitmachen müssen: Röckchen hoch, Höschen runter, und dann in »sexy« Position... äääh! Oder: Die Damen müssen Pipi machen, in einen Eimer, der Vergewaltiger geilt sich daran auf, zwingt sich in die Frau und erwürgt sie dabei... uah! Beinahe unerträglich. Und bewundernswert im puren Drang zur Gewaltdarstellung, die äußerst hart, aber überhaupt nicht verherrlichend ist... Weil der Film nie, nie auch nur ansatzweise den Versuch macht, irgendwelche Lustzentren beim Zuschauer zu erreichen. Nicht im Brutalen, und nicht im Nackten.

Der Vorspann, der hatte Mika in ihrem Appartement gezeigt, abends, beim Ausziehen und Zubettgehen. Und wie er sie gezeigt hat: Immer wieder in Standbildern, die so absolut unvorteilhaft sind, man sieht sie beim Verrenken, beim Bücken, den nackigen Hintern unschön in die Kamera geschoben, in klumpigen Bewegungen; den ganzen Film über wird sie so rumlaufen, irgendwie ordinär, irgendwie unkoordiniert, die Handtasche schlenkernd, mit eingezogenem Genick und plumpem Gesichtsausdruck. Und Kollegin Rin kommt breitbeinig daher, grobschlächtig und völlig unweiblich – man kennt so was gar nicht aus dem Kino. Am Ende, nachdem sie in privaten Racheaktionen die Bösewichter einen nach dem andren gekillt haben, sehen wir die beiden am Strand, in Sonnenliegen, in Bikinis. Und sie gähnen herzhaft, ohne Hand vorm Mund, ein letzter Gruß des Regisseurs an den Zuschauer, dem er die ganz normalen Hässlichkeiten ebenso wenig vorenthalten will wie die tiefsten Abgründe der Bosheit.

Hölle hinter Gittern

Penitentiary

USA 1979. Regie: Jamaa Fanaka.

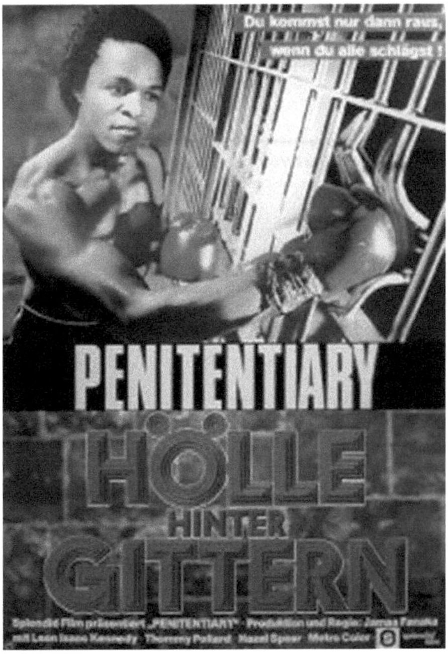

Körper. Körper, die sich ineinander verschlingen, die aufeinander prallen, die miteinander und gegeneinander agieren, reagieren, sich ausagieren. Körper, die sich nahe sind, die nicht ohne einander können, die nicht voneinander lassen können. Das Gefängnis als Schauplatz von Körperlichkeit, eine Initiationsgeschichte, aufs Härteste werden unsere Protagonisten ins Leben hineingerammt. Lernen, was es heißt, Bedürfnisse zu haben, diese Bedürfnisse durchzusetzen, sich mit der Dialektik von Geist und Körper auseinanderzusetzen.

Zunächst haben wir Martel. Der pennt am Straßenrand, zwei Biker mit röhrenden Maschinen wecken ihn auf, er fährt per Anhalter weiter, eine junge Frau nimmt ihn auf, begehrt ihn, verführt ihn, bietet sich ihm an. Muss aber zuerst noch die beiden Biker maßregeln. Wird selbst gemaßregelt. Blackout. Martel im Gefängnis.

Penitentiary von Jamaa Fanaka. Hier herrschen raue Sitten. Männliche Regeln, männliche Spielchen, männliche Sexualität. Nachts wird viel geblasen und gebumst, und ein dicker Häftling läuft als weibische Tunte rum. Martel wehrt sich. Er weiß: Niemand ist jemandes Eigentum. Das macht er auch dem Underdog in der Zelle gegenüber klar. Der wird heftig gepiesackt. Martel braucht keinen »großen Bruder«, der gegen gewissen Gegenleistungen nach ihm sieht... Ein langer, langer, langer Kampf in der nächtlichen Zelle macht das klar, für den Gegner, für den Zuschauer. Sie prügeln aufeinander ein, Martel und der Obermotz des Zellenblocks, mit Klauen und Zähnen, mit Eisenrohr und Stuhl, Schweiß, Blut und Tränen...

Martel wird im Boxteam des Gefängnisses aufgenommen. Der Direktor ist sehr stolz darauf. Penitentiary wird vom Gefängnisfilm zum Sportfilm. Burt Reynolds' Football-Team aus The Longest Yard paar Jahre zuvor wird zum Faustkampf-Turnier, und selten haben die Dramaturgie des Boxfilms und die Tatsache des Boxens so viel Sinn ergeben. Das Boxen kanalisiert die Aggressionen, die Hormone, die Einsamkeit, die Zwangsprostitution/Vergewaltigungen, den Überschuss an allem im Inneren, das man hier nicht nach außen abtragen kann. Zumal verlockende Preise für die Sieger warten: Eine Nacht im Wohnwagen mit einer Frau (wer keine Frau hat, dem wird vom Gefängnis eine gestellt); und sogar Freiheit, in Zusammenarbeit mit dem Schwager, der Talente sucht für sein Profiboxteam…

Wo im Frauengefängnisfilm die Körper leiden, weil sie sadistisch angegangen werden, mit dem Zweck der Befriedigung von Schaulustbedürfnissen beim männlichen Zuschauer, wird bei demselben hier, im Männergefängnisfilm, die Actionlust gekitzelt, wenn die Körper der Gefangenen sich in Schmerz und Pein treiben.

Das sind tolle Szenen, wunderbar choreographiert und inszeniert, in denen mehrere Elemente zusammenkommen: Die beiden Kämpfer, die aufeinander einprügeln in den verschiedenen Kämpfen, kein schönes Boxen, nichts technisch Versiertes, sondern rau, animalisch – ein Abreagieren, eine Verschiebungsarbeit vom nächtlichen Kampf um sexuelle Abfuhr hin zum einigermaßen nach Regeln ausgerichteten Verkloppen des halbnackten Gegnerkörpers. Der Schiedsrichter ist auch Häftling, tut, was er kann, so gut er es kann; hinter ihm die jubelnde Menge – darunter auch eine Abteilung aus dem nebenan liegenden Frauengefängnis: Die heizen die männlichen Körper so richtig an… Und dazu eine kleine lustige Nebenhandlung, ein Mann und eine Frau, beide sexuell ausgehungert, die sich aufs Klo geschlichen haben…

DIE SÄGE DES TODES

BRD/Spanien 1981, Regie: Jess Franco.

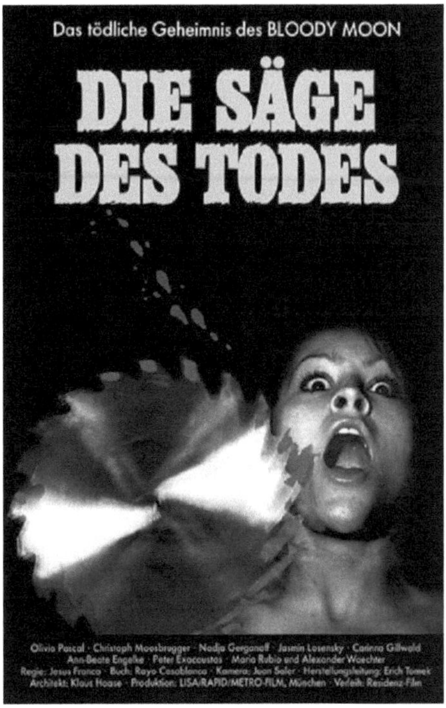

Jess Franco. Das lässt allerlei Schlimmes befürchten: Es ist eine wissenschaftlich gesicherte Tatsache, dass von soundsovielen Jess Franco-Filmen ein derartiger Prozentsatz giftig schlecht ist, dass die Wahrscheinlichkeit auf mindestens eine hochprozentige Gurke diese und jene Quote noch übertrifft.

Aber, puh, gleich zu Anfang möchte ich verraten: Es ist alles gut gegangen. Das liegt auch an Chris, dem Vorführer des Cinema Quadrat, der diesmal nicht nur freundlicherweise Schälchen mit Chips zur Verfügung stellte – nein, der auch eines der Mordwerkzeuge in DIE SÄGE DES TODES als Geburtszange identifizierte – was ich nicht verifizieren möchte, was aber durchaus im Bereich des Möglichen sein könnte: Schauplatz des Films ist schließlich eine internationale Mädchenschule für Sprachen, mit nett aussehendem Lehrer und potentem Tennistrainer, da kann man sowas immer gebrauchen. Dass Hebammenwerkzeug rumliegt, ist also nicht allzu weit hergeholt... und wenn ein Killer umgeht, dann nutzt er, was er findet, klar.

Ja, ein Killer... Zu Anfang, als Pre-Title-Sequenz, sehen wir das Narbengesicht Miguel, mit hässlicher Pflatsche, die seine rechte Gesichtshälfte entstellt. Nur mit Mickymausmaske kann er sich der Angebeteten nähern, die hält ihn für wen anderes, Teenie-Rumknutschen, Fummeln in Bungalow Nr. 13 – bis sie ihn erkennt und er sie mit einer Schere absticht, das arme Schwein. Kommt in die Psychiatrie, bis ihn fünf Jahre später Schwester Angela wieder heimholt, ins Mädcheninternat, wo nun das Morden wieder beginnt. Und wie perfide: Mal mit einem Messer buchstäblich von hinten durch die Brust, das geht ins Auge; mal ein Mordversuch mit Giftschlange; mal wie gesagt mit Zange. Und natürlich mit der titelgebenden Säge des Todes, in einer Werkstatt, wo der Mörder und sein Opfer, eine Schülerin, die ihn besteigen will, sich fröhlich hinbegeben, aber nur einer kehrt zurück… Steinmetzwerkzeug, ein Sägeblock, ein riesiges kreisrundes Sägeblatt – und aus ist's mit ihr. Nur ein kleiner Junge ist Zeuge, aber nicht lang, zielsicher überrollt der Bösewicht ihn mit dem Auto.

Das Köpfen: Das ist sicherlich der Höhepunkt des Films, wieviel Mühe hat man verwendet, um einen Gummikopf zu gestalten, der dem Opfer so ein bisschen ähnlich sehen soll… Blut und Gekröse im Hals muss auch dabei sein, da war der Herr Franco schon ordentlich fleißig. Wie auch überhaupt die verschiedenen Mordwerkzeuge perfide ausgedacht sind, man kann als Zuschauer einfach kein Täterprofil erstellen! Unglaublich, welche Spannung da möglich gewesen wäre in einem guten Film… Aber wer will sowas schon sehen. Was wir sehen wollen, ist eine bösartig schimpfende Tante, die ihre Nichte im Vorübergehen enterbt; eine tapfere Scream Queen, die wir zu Anfang wundersamerweise noch nicht als erstes Opfer oder *final girl* identifizieren können – einfach deshalb, weil der erste Mord der Killerserie eine dreiviertel Stunde auf sich warten lässt. Wir wollen willkürlich eingebauten Inzest sehen! Wir wollen Teeniegirls sehen, die am Pool blankziehen! Wir wollen stimmungsvolle Zwischenschnitte auf den Mond haben, wacklig aufs Nachtgestirn gezoomt – und tagsüber lässt es sich Franco nicht nehmen, auch mal die Sonne ins Visier zu nehmen, um die atmosphärische Spannung zu halten. Und, yeah, wir wollen Musik mit mindestens zwei Melodien hören, irgendwie so ein Gitarren-Synthie-Akkord und eine Flötentonfolge, wenn Miguels Gesicht mit den aufgepappten Narben naht.

Die Säge des Todes bedient uns mit allem, was einen Slasher ausmacht – und das auf ganz merkwürdig symbolische Weise. Nämlich stets mittelbar, mit einer »Das wäre jetzt«-Attitüde: Das wäre jetzt ein abgeschnittener Frauenkopf; das wäre jetzt eine unheimliche Nachtszene im Park; das wäre jetzt eine Leiche; und das wäre jetzt Suspense und Spannung. Klar wissen wir immer, dass es all dies gerade nicht ist. Aber im Spiel halt, im Spiel…

Bezeichnend ist eine Szene, in der eine böse Hand böses Schlafmittel in einen Drink einrührt, schön im Detail von schräg oben gefilmt – und dann, wenn das Händchen das Löffelchen zurück ins Pulvergläschen führt, verschüttet das

Dummerchen die Hälfte auf dem Tisch; naja, kann passieren. Und ist symptomatisch für Francos Kino, der das ganz Große will und irgendwo auf halbem Weg stecken bleibt.

Verdientermaßen erhielt der Film einstens die höchsten Weihe, die jedwedem Kunstwerk zuteil werden kann: Tatsächlich, jawohl, ein zweiteiligen *Bravo*-Fotoroman, in den Ausgaben Nr. 17 und Nr. 18 / 1981. Dort wird das oben erwähnte Mordwerkzeug übrigens als Rohrzange bezeichnet – fälschlicherweise. Wahrscheinlich, weil der Bauer-Verlag der Jugend nicht die volle Wahrheit zumuten wollte.

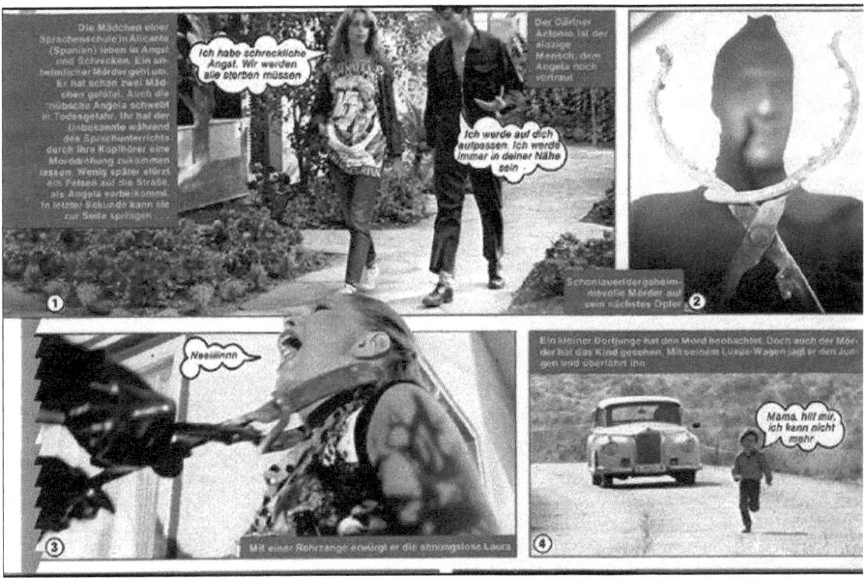

Halloween 3 – Die Nacht der Entscheidung

Halloween III: Season of the Witch

USA 1982. Regie: Tommy Lee Wallace.

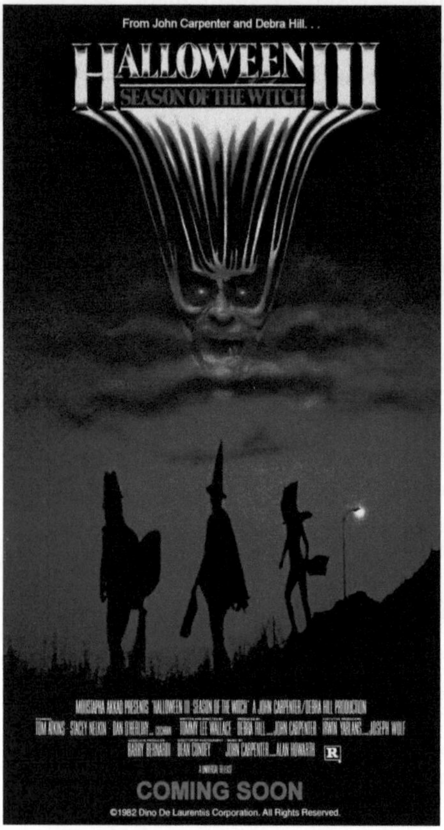

Halloween III – eigentlich ein Sequel, dritter Teil der Filmreihe, deren Anfang der große Überslasher ist... Doch Überraschung: nix mit *slash as slash can.* Keine Wiederauferstehung von Mr. Myers, der's einfach nicht lassen kann. Nein, ei der Daus: Der dritte Halloween-Film ist vielleicht ein Sequel im Franchise, aber keine Fortsetzung. Und das, obwohl doch die Struktur der Halloween-Filme so gut etabliert wurde, inmitten des Slasher-Booms der 1980er, in einer Welt, die nichts als das Gewohnte will!

Doch, so geht die Sage: John Carpenter wollte mit der Halloween-Reihe jedes Jahr einen anderen Film drehen (lassen), ein anderes Horror-Subgenre bedienen. Nächte des Grauens, alljährlich neu, alljährlich anders! Allerheiligen-Themenfilme, die immer wieder was anderes Schreckliches von dieser Schreckensnacht erzählen. Und jetzt stellen wir uns Otto Normalkinogänger des Jahres 1982 vor, der den neuen Halloween gucken will; produziert immerhin von Mr. Carpenter und dessen Kollegin Debra Hill. Wird am Anfang des Films schon eingestimmt mit einer Datumsangabe, noch sieben Tage bis Halloween, der Countdown läuft. Eine Auto-Verfolgungsjagd in der Dämmerung, ein Mann wird gejagt, er flieht auf einen Schrottplatz, die Verfolger heben mit übermenschlichen Kräften Autowracks an, der Verfolgte entkommt, versucht in einer Tankstelle Zuflucht zu finden – hier nun hören wir zum ersten Mal den enervierenden Ohrwurm des Films, Elektro-Synthie-Musik, schnell gespielt, dann einsetzend ein verzerrter Gesang: ein Kinderlied als Werbejingle, »London bridge is falling down« wird zu

»Seven more days till Halloween«, immer wieder im Film, bis man's nicht mehr aus'm Kopf kriegt, noch soundsoviel Tage bis Halloween, ein wackelndes Maskengesicht, ein Hype um den großen Event der Spielzeugfirma Silver Shamrock...

Zunächst aber haben wir immer noch keinen Schlitzer mit Messer, nein, ein braver Familienvaterkehrt heim. Wobei »heim« so eine Sache ist: Er ist geschieden, guckt bei seiner Ex-Frau und den Ex-Kindern vorbei, hat nicht mal so rechte Halloweengeschenke dabei. Weil Frauchen schon die dollen Silver Shamrock-Masken gekauft hat, können die Kinder nichts mit ihm anfangen, und dann schon wieder ein Notruf aus dem Krankenhaus. Ja, unser Held ist Arzt, vielbeschäftigt, vielzubeschäftigt für Frau und Kinder. Im Krankenhaus der Mann vom Anfang, verfolgt und fast getötet von den merkwürdigen Herren mit ihren unmenschlichen Fähigkeiten. Und noch immer kein Messerstecher in Sicht! Dafür diese Bösewichter, so was ähnliches wie die grauen Herren in *Momo*, einer taucht im Krankenhaus auf, eiskalt und ohne Regung macht er den Alten alle, verschwindet dann seelenruhig zu seinem Auto, schüttet Benzin über sich und explodiert.

Das erweckt das Interesse von Dr. Challis, zumal die Tochter des im Krankenhaus Getöteten ihn aufsucht, und mittels einer sehr merkwürdigen und völlig hanebüchenen Verhörsituation in einem Spielzeugladen sowie anhand zusammengereimter Handlungsabläufe – wenn der und der am Wochenende da und dahin ist, muss dieser und jener zu irgendeiner Zeit hie und dort gewesen sein und deshalb... – – – jedenfalls fahren Dr. Challis und Ms Grimbridge zu Silver Shamrock. Hier hat der Firmeninhaber, ein waschechter Ire, sich den ganzen Ort untertan gemacht, und wir geraten in eine Paranoia-Thriller-Phase, die wirklich gut ist. Mit Reminiszenzen an die 50er und an die 70er Jahre, damals, als das Misstrauen so groß war, dass es sich in tolle Filme ergoss, von Verschwörungen und von Massenbeeinflussung und von denen da oben, die machen was sie wollen, weil sie der Feind sind. Wobei »die da oben« in diesem Fall nicht Außerirdische sind; oder die kommunistische Führung; oder die US-Regierung: sondern der pure Kapitalist Conal Cochran, der Großes vorhat.

Dem Ganzen kommen Dan Challis und Ellie Grimbridge langsam auf die Spur, sie nisten sich in einem Motel ein, bumsen erstmal kräftig, weil Fräulein Grimbridge den guten Doktor gut findet. Dann in der Nacht aber im Nachbarzimmer: Da gibt es eine Fehlfunktion, nämlich in einer der Silver Shamrock-Halloween-Masken. Da ist so ein Chip drin; aus dem kommen Laserstrahlen raus und zerschmelzen die nette Nachbarin, die eigentlich nur neue Masken für ihren kleinen Spielzeugladen haben wollte. Schnurstracks kommen die grauen Herren und räumen die Sauerei auf, und auch Conal Cochran persönlich taucht auf und beruhigt Dan und Ellie: Das arme Opfer kommt selbstverständlich sofort in die betriebseigene Klinik, ihr wird die bestmögliche medizinische Betreuung zuteil werden... Jetzt ist es an der Zeit, diese seltsame Fabrik zu besichtigen, Mr. Cochran persönlich führt Dan und Ellie sowie eine durchgeknallte US-Hinterwäldler-Familie durch sein Werk, kann aber die Zweifel bei unseren Helden nicht ausräumen.

Und jetzt dreht der Film durch. Hat er seine Zuschauer bis hierhin verärgert, weil kein Michael Myers auftaucht, so kommen jetzt computergesteuerte Masken, noch mehr Androiden und die Hexenkraft eines geklauten und nach USA überführten Stonehenge-Hexenfelsen ins Spiel. Kurz: Was zunächst als überraschende, aber konsequent durchgezogene Abkehr von der Erfolgsformel durchaus überzeugte – denn der Zuschauer muss halt mit dem Film gehen, nicht der Film sich dem Zuschauer anpassen, da hat Mr. Carpenter vollkommen recht –; was also bis hierhin die Erwartungshaltung spannungsvoll gegen den Strich bürstete, wird jetzt albern. Eine alte strickende Oma ist ein Roboter, ebenso all die anderen Helfer von Conal Cochran, der in seiner Freizeit nämlich gerne Maschinen baut, und warum also nicht superstarke Helferlein, die all die Drecksarbeit wie Menschen umbringen etc. übernehmen. Vom Stonehenge-Felsen werden kleine Stücke in die Masken-Chips eingebaut, die Kinder sollen alle zu Halloween vor den TVs der Nation versammelt werden, alle synchron dann umgepolt und zack ist die Familie tot. Dies nun wiederum ist das Meisterwerk von diesem Mr. Cochran, der nämlich der Meinung ist, dass... ähm... weiß nicht genau. Ich glaube es geht um ein Opferfest oder so. Für die Hexe. Eine Hexe, die nie auftaucht.

Dafür eben dieser Firmenbesitzer, ein jovialer Bonze, ein netter älterer Herr, der für jeden ein freundliches Wort hat. Außer sein Gegenüber ist ihm zuwider. Und von den grauen Haaren abgesehen – auch wenn sie sehr schön frisiert sind: Dieser Herr Cochran ist ein vollendetes Muster für den Unternehmertyp, den Mr. Donald Trump darstellt. Hemdsärmelig, volkstümlich, zupackend. Und natürlich geht man über Leichen, wenn's dem eigenen Wohle dient, und natürlich macht man jeden fertig, von dem man annehmen könnte, dass er einem irgendwann im Weg stehen könnte. Und natürlich ist man so reich, dass man sich die Macht kaufen kann.

So visionär also Halloween III auf vielen Ebenen ist: vom Widerwillen, das alte Rezept nochmal aufzukochen; vom gekonnten Rückgriff auf die Paranoia-Geschichte des Kinos; bis zur Etablierung eines Prototyps von Mensch, der dereinst gar Präsident werden könnte –; so visionär der Film also ist, so hanebüchen und lächerlich wird seine Handlung, je weiter sie voranschreitet. Bis zu einem Ende, das nun ganz und gar nicht mehr zum Rest passt ---, ach es ist schade. Beziehungsweise eigentlich auch wieder nicht. Denn was hier verpasst wurde – aus Paranoia-Stimmung eine spannende, konsistente Handlung zu generieren –, das hat John Carpenter sechs Jahre später mit Sie leben geschafft.

Sternenkrieg im Weltall

Uchu kara no messeji

Japan 1978. Regie: Kinji Fukasaku.

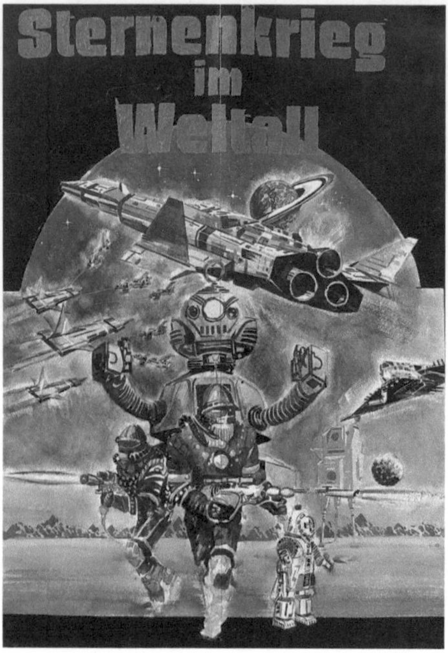

Sternenkrieg im Weltall führt uns auf den Planeten Jilucia. Wo es freilich alles andere als friedlich zugeht: Die Gavaner haben den Planeten erobert, expansionswütig und brutal, wie sie sind, und in einem beispiellosen Völkermord die Jilucier massakriert. Bis auf ein paar, die sich in den Bergen verstecken konnten. Und die jetzt für Rettung und Hilfe sorgen: In braunen Lumpen begehen sie eine Art Gottesdienst, der Hohepriester hat die gebündelte Kraft der Mutter Sonne in acht goldene Walnüssen konzentriert – äääähhh: ja, in Walnüssen. Die jetzt durchs Weltall fliegen zu den auserwählten Kriegern, die Jilucia erretten sollen. Den Nüssen hinterher: Prinzessin Emeralida im Brautkleid (!) und der Aufpasser Urocco. Denn der Hyperantrieb des Schiffes ist jetzt fertiggestellt, freie Bahn durchs Weltenall – in einem Dreimaster-Segelschiff (!). Natürlich bleibt das den Gavanern nicht verborgen, und sie schicken ihr Kampfraumschiff hinterher, das aussieht wie ein überdimensionierter Kampfpanzer.

Und schon sind wir mitten drin in dieser abenteuerlichen Weltallsause, die völlig absurd und lächerlich erscheint. War immerhin mit sechs Millionen Dollar die bis dahin teuerste japanische Filmproduktion, Regisseur Kinji Fukasaku hatte zuvor schon Co-Regie bei Tora! Tora! Tora! geführt, und ein paar amerikanische Schauspieler wurden auch verpflichtet, um den internationalen Erfolg zu garantieren. Der Film kam in Japan am 29. April 1978 in die Kinos – das war zwei Monate, bevor George Lucas mit Krieg der Sterne die dortigen Leinwände überfiel. Und für die Japaner musste es so ausgesehen haben, als hätte sich Lucas kräftig bei Fukasaku bedient…

Tatsächlich finden sich eine Menge Motive, Figuren, Details, wie sie schon Lucas in seinem Sternenkrieg-Universum eingesetzt hat (die er ja wiederum zusammengeklaut hat aus allen möglichen Quellen, von Buck Rogers bis zur römischen Antike): ein lustiger Roboter ist dabei namens Beba 2, rund und dick pfeift er seine elektronischen Töne und plappert zugleich drauflos und wedelt mit den Armen – eine Vermengung seiner beiden US-Vorbilder. Die Helden der Geschichte sind unbedarft und wild, in verschiedener Mischung, aber das sind Helden ja immer, nicht nur wenn sie Luke oder Han heißen. Zusätzlich zur Prinzessin gibt es auch noch Meia, die Abenteuerlustige – ein um 100 Prozent höherer Frauenanteil also als beim US-Vorbild.

Auf der Seite der Bösen haben wir den General-Chef der Gavaner, in einer Art Samurai-Maske mit Wikingerhelm und Inkaapplikationen; und über ihm steht nicht der Imperator, nein: seine Mutter. Womit Fukasaku ein ganz subtiler Verweis gelingt auf den erst zwei Jahre später veröffentlichten Das Imperium schlägt zurück, wo ja, Achtung Spoiler, eine ganz überraschende Vaterschaft offenbart wird…

Wir jedenfalls fliegen mit den Nüssen durch verschiedene Galaxien, bis wir auf Menschen treffen – nämlich auf drei jugendliche Taugenichtse, die nur durch die forsche Meia überhaupt zum Jagen getragen werden können, und auf General Gandor mit seinem Roboterfreund, der die Uniform an den Nagel gehängt hat, um fortan in Bars rumzuhängen, in Mantel und mit Schlapphut wie späterhin Indiana Jones (wieder so eine raffinierte Anspielung aufs Zukünftige!). Außer Meia will jedenfalls keiner in den Kampf ziehen, obwohl sie von den Nüssen doch auserwählt worden sind! Erst als die Gavaner hinter ihnen her sind, geben sie sich einen Ruck – und als sich Aaron, einer der draufgängerischen Teufelskerle, der seine Tollkühnheit hinter Trägheit versteckt, sich in die Prinzessin verliebt. Im Übrigen gibt es auch noch eine Episode mit einem Froschgesicht mit elektrischer Peitsche, der die Prinzessin zu seiner Frau machen will mit Hilfe seiner hexenhaften Mutter, aber das ist eine andere Geschichte.

Irgendwann jedenfalls haben die Gavaner der friedlichen Planeten Jilucia in eine fliegende Kampfstation verwandelt und nehmen Kurs auf die Erde, um sie zu unterwerfen. Es kommt zu unglaublichen Weltraumschlachten, die denen aus Marin County wirklich um nur ganz wenig nachstehen – und ja, inzwischen haben wir den Film liebgewonnen! Denn abseits von seinen albernen Dialogen, die der billigen Synchro geschuldet sind, erkennen wir durchaus den großen Entwurf an, den Fukasaku im Kopf hatte; den er mit seiner komplizierten, etwas episodenhaften Dramaturgie in den Griff bekommen will, was auch tatsächlich einigermaßen gelingt – ich meine, hey, Star Wars – Eine neue Hoffnung, also der erste bzw. vierte Film der Trilogie, ist auch über einige Strecken langweilig, und nur weil man die Macht nicht sieht, heißt nicht, dass sie in ihrer Esoterik weniger lächerlich ist als goldene Weltallnüsse.

Vor allem aber freuen wir uns, dass es Fukasaku nicht nur mit bloßem oberflächlichen Weltall-Rumgehampel belässt, sondern dass er auch eine Geschichte hinter der Geschichte bereithält, nämlich vom allübergreifenden Mit- und Ineinander von Früher und Heute und Zukunft; vom starwarsinspirierten Anfangsspruch »Es war einmal in tausenden von Jahren« über die Segelschiffe, die durch Sternenstaub gleiten, bis zu den Laser-Musketen und den Säbeln, mit denen so richtiger Swashbuckler-Charme in die Sternenkriege hineingerät. Was zu Anfang albern wirkte, das wird späterhin, bei der letzten großen Schlacht mit den Gavenern, als Konzept erkennbar; und damit kann man es gutheißen, jawohl!

Hätte Fukasaku ein bisschen mehr Wert auf Eleganz gelegt, auch ein paar doofe Bluescreen-Aufnahmen rausgeschnitten (das Aufsammeln von »Feuersteinen« im Planetenring! (wobei die leuchtenden Feuersteine atomarer Müll sind, der ins Weltall verlagert wurde, womit wir schon wieder bei einem gesellschaftlich relevanten Thema wären…)); dann jedenfalls wäre Sternenkrieg im Weltall tatsächlich das (noch) bessere Star Wars geworden.

Und eine Beba-Figur will ja wohl jeder im Schlafzimmer haben, ne?

BLUTMESSE FÜR DEN TEUFEL

EL ESPANTO SURGE DE LA TUMBA / BLUTMESSE DER ZOMBIES / DIE RACHE DER ZOMBIES

Spanien 1973. Regie: Carlos Aured.

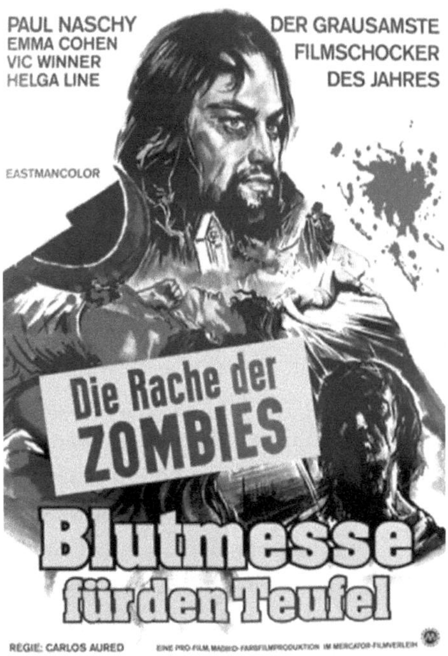

Unheimlichkeit in Spanien. Wobei es dort natürlich nochmal extra dicke kommt. Weil in den 1970ern dort der Horror ohnehin Teil des Alltags ist: Franco ist noch immer am Ruder, ein militärfaschistisches Regime mitten in Europa. Eine Wunde, aus der man schöpfen kann, filmisch: Denn da ist noch eine andere Wunde, vielleicht fast verheilt, die man aber aufreißen kann – die spanische Inquisition, eine andere, lang vergangene Form autoritärer, gewalttätiger Repression. Ach, was nun aber, wenn diese üble Vergangenheit in die üble Gegenwart hineingreift? Da kann man sicherlich historico-soziologisch eine Menge aufarbeiten, was den spanischen Horrorfilm so besonders macht, diese irre Mischung aus nackigen Frauen und grausligen Untoten, diese katholischen Urgründe und die rot-rohe Blutrünstigkeit…

BLUTMESSE FÜR DEN TEUFEL ist ein ziemlich treffender Titel – doch der Film beginnt im 15. Jahrhundert. Ein paar fackeltragende Reiter, ein Ochsengespann, ein Wagen mit Mann und Frau. Ein Baum, uralt, knorrig, und ein Urteil: Hexerei, Pakt mit dem Teufel, Bluttrinken, Kannibalismus – die beiden Delinquenten werden getötet. Ihm wird der Kopf abgeschlagen, der weit weg vom Körper begraben werden soll, sie wird verkehrt herum aufgehängt, nackt – das erste Mal Nacktheit in diesem Film. Vor der Exekution: Ein Fluch. Denn der Ankläger ist sein Bruder, der Henker dessen Freund, und diese beiden und ihre Nachkommen will der Verurteilte für alle Zeiten heimsuchen – – –

Jetztzeit. Zwei Pärchen. Bisschen Liebesgetingel. Und eine Séance, ach, da wackelt der Tisch, und das Medium, eine alte Frau, die wie ein Medium aussieht, fällt fast in Ohnmacht, weil da dieser geisterhafte Kopf des alten Alaric durch die Luft schwebt... In dem haben wir längst Paul Naschy erkannt, der sonst so gerne den Wolfsmenschen Waldemar spielt; er hat hier das Drehbuch geschrieben, und Boris, der verehrungswürdige Initiator der Grindhouse-Filmreihe, hat Naschys Filme mal schön charakterisiert: »Das ist von der Atmosphäre her wie bei den Hammer-Studios, aber etwas derber und mit Titten.« Nun agiert er gar in einer Doppelrolle, denn er spielt neben Alaric auch Hugo, den Nachfahren des verfluchten Bruders des Hexenmeisters, im heutigen Paris... Sein Freund Maurice übrigens – dessen Vorfahr wurde anno dunnemals auch verflucht. Jetzt ist er Maler, und er sieht immer nur in seinen kreativen Visionen dieses grässliche Gesicht des eifernden, geifernden Satanisten... Huch, was schreckliches Gemälde!

Man muss dem auf den Grund gehen, fährt in die tiefe Provinz, in die alte Heimat, wo Hugos Herrenhaus steht. Unterwegs Wegelagerer – offenbar sind wir trotz modernem Ambiente in einer mittelalterlichen Gesellschaft. Und Lynchjustiz: Die beiden Räuber werden von herbeieilenden Dorfbewohnern kurzerhand gehenkt – offenbar lebt die Grausamkeit der Inquisition weiter. Im Herrenhaus der Hausmeister und seine beiden hübschen jungen Töchter, ein bisschen verwirrt sich das Ganze jetzt mit diversen Liebesszenen, weil wenn man Frauen am Set hat, dann sollen sie sich auch ausziehen, sonst bringt das ja nichts. Zwischendurch gräbt man an einer Klosterruine nach dem abgeschlagenen Kopf von Alaric. Findet eine Kiste, die als Büchse der Pandora nur Leid bringt, wenn man sie öffnet. Was irgendwelche Dorfdeppen natürlich alsbald tun, weil sie darinnen Gold vermuten. Den Hausmeister kostet's das Leben, den beiden Dorfdeppen geht's bald auch nicht mehr so gut, alle werden nonchalant im sumpfigen See versenkt. Leider sind jetzt Kopf und Körper wieder vereinigt, und der olle Graf ersteht auf und hat wieder telepathisch-hypnotische Macht. Hausmeisters Töchterchen in der Küche wird niedergemetzelt, während sie sich auch noch ausziehen muss. Und diverse Frauen werden entführt, was zu einem feinen Wiedererweckungsritual führt: In einem Sarg nämlich die Knochen von Old-Alarics Geliebter; darauf muss sich das lebendige Fleisch einer feschen Dame legen, die dann vom untoten Grafen betatscht und entkleidet wird, dann bestiegen, in einem Zeugungsakt wird das Leben von der einen in die skelettierte Andere gepumpt – schön und nackt steht die tote Geliebte auf, und nun geht's auf Verführungs- und Tötungsfeldzug ins Dorf.

Inzwischen steht auch Maurice unter Alarics Bann, aber das weiß Hugo noch nicht; was sich kompliziert anhört, läuft auf einen dollen Punkt hinaus: Nachdem eines Abends die Zombies dem See entstiegen sind (jaja, Zombies gibt es auch, irgendwas muss man ja machen mit den Toten) und unsere Helden böse bedroht haben – eine Menge Möbel mussten brennen, um sie zu verscheuchen –, taucht der vermisste Maurice auf. Nun, am Morgen, wollen er und Hugo die Toten aus dem See holen und entzombieisieren. Aber oh Schreck: Der böse gewordene Maurice erschießt seinen Freund Hugo! Ein Wechsel der Hauptperson im Stück, ganz plötzlich – und ja klar, das hat seinen Grund: Sowohl der gute Hugo als auch der böse Alaric: Das ist ja beides Paul Naschy. Und im Endkampf kann er ja wohl schlecht gegen sich selbst kämpfen, was? Soviel Tricktechnik kriegt man nicht hin, und nachdem sich ein paar weitere Fräuleins ausgezogen haben, weiß Maurice, der übrigens jetzt wieder zu den Guten gehört, wie er dem untoten Bösewicht beikommen kann: Im Brunnen dieses alte Amulett mit Thor-Runen (!), das kann Alaric samt Geliebter gar nicht ab. Und während es bei ihr genügt, ihr eine Silbernadel ins Herz zu stechen, muss dem Alaric, um ihn zu überwinden, das Amulett auf die Stirn gelegt werden. »Der Glaube ist auf unserer Seite!«, weiß Maurice, weil er dem hypnotischen Bann entkommen ist. Zusammen mit Hugos Frauchen stellt er sich den Bösewichtern, Silberstift und Amulett bei der Hand, irgendwann sind ganz viele tot, aber die Bösen auch. Paul Naschy brennt. Und wir sind glücklich, dass Runen uns helfen gegen untote Satansmeister, und dass die Inquisition ganz im Sinne von Lars von Triers Antichrist recht hat mit all den Hexenverbrennungen.

Paul Naschy hat das Drehbuch – angeblich – in einer Nacht runtergehauen, unter dem Einfluss gewisser Substanzen. Das spricht mehr als alles andere dafür, dass sich hier etwas losbrechen musste, die tiefen Traumata, die hier miteinander vergoren und verpanscht werden – da ist der Volksseele etwas aufgebürdet, was sich nicht recht loswerden lässt und nun mit filmischem Popanz gebannt werden soll. Die Grausamkeit der Vergangenheit, die Gegenwart, die vergrausamt wird – det is' Spanien!

Die Nacht der reitenden Leichen

La noche del terror ciego

Spanien/Portugal 1972. Regie: Amando de Ossorio.

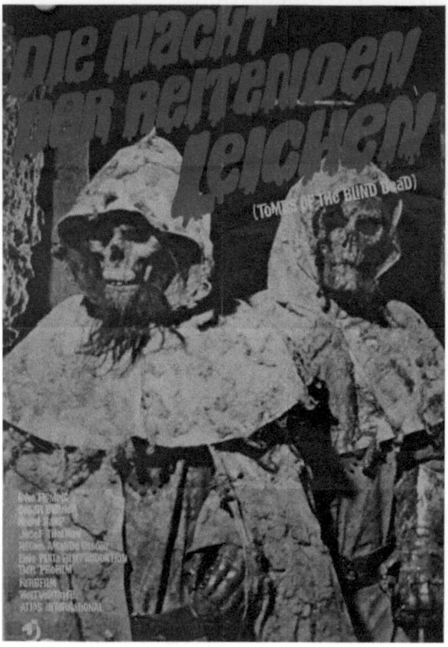

Halbwegs bekannt, dieser Film; lief ja auch schon im Fernsehen. Wobei nach wie vor unklar bleibt, wo denn die Pferde herkommen. Andererseits: Ritter ohne Pferde, das geht natürlich gar nicht! (Gruß an die Pythons!) Und um Ritter geht es hier natürlich, um Tempelritter, legendenumrankte Weltherrschaftsaspiranten, Großverschwörer, Machtansammler: Aus den Kreuzzügen kommen sie, um ihre Herrschaft durchzusetzen, eine Herrschaft, die noch bis ins Heute wirkt. Denn sie haben das Geheimnis ewigen Lebens entdeckt, Jungfrauenblut ist eine Hauptzutat, ewige Jugend ist aber nicht Teil des Ergebnisses... Und so steigen sie aus ihren Gräbern, jede Nacht ist die Nacht der reitenden Leichen!

In diesem Film geht es also spanienbedingt ebenfalls und wiederum um die ins Zerstörerische gewendete Macht eines ewigen Katholizismus, einer immerwährenden, immer neu aufbrechenden Unterdrückungs- und Gewaltmaschinerie. In Form von Zombies natürlich. Zombies auf Pferden. Und es geht um eine rigide Sexualmoral, die allerlei innere Neurosen und Hemmnisse bewirkt, eine Moralstrenge, die total lebensfeindlich ist. Das wäre natürlich Anlass, Nackedeis zu zeigen, doch Amando de Ossorio versagt sich das weitgehend in seinem Film.

Obwohl er durchaus in Verführung hätte geraten können: Beginnt er doch in einem Schwimmbad, eine Schönheit unter der Dusche neben dem Becken, bevor sie eine alte Schulfreundin sieht, die sich in der Sonne räkelt... Beiden ist die Begegnung etwas unangenehm, unbehagliche Erinnerungen an das Früher scheinen irgendwie mitzuschwingen, die Unterhaltung zeigt frühere Verbundenheit ebenso wie oberflächliche Unverbindlichkeit, bis Roger auftritt, seines

Zeichens Macker und Stecher und von sich überzeugt. Er ist der Freund von Virginia, der unschuldigen Dame, die hier von Bella angesprochen wurde: Virginia und Roger planen einen Kurzurlaub, auf Rogers Drängen kommt Bella mit, ein schiefes, unharmonisches Dreieck, wie sich herausstellt. Weil Virginia eher verhuscht ist, und Bella nicht mit ihren Reizen geizt, und Roger sowieso aufgeschlossen ist für alles. Und weil diese Rückblende das Früher zeigt, als Bella und Virginia in der Klosterschule ein Zimmer teilten, und als Bella Virginia zu verführen suchte… Auch dies recht zurückhaltend gefilmt übrigens, es ist wahrscheinlich noch der Frühzeit des Nacktheitskinos geschuldet, dass hier nicht allzu viel Haut zu sehen ist. Tut aber dem Film gut, denn der ist von erstaunlich hoher Qualität, was Spannung und Dramaturgie angeht – zumal damals, Anfang der 1970er, ja all die Stereotypen und Standards erst mal etabliert wurden, so dass dieser hier weniger epigonisch denn vorbildhaft erscheint; auch, wenn die meisten filmischen Situationen inzwischen nun auch schon etliche Male durchgekaut wurden.

Noch aber ist nichts passiert außer im zwischenmenschlichen Bereich: Bella, Virginia und Roger sind unterwegs per Bahn, und weil Roger heftig mit Bella anbandelt, und weil Virginia sich schämt ob ihrer früheren Bindung zu Bella, ein paar giftige Blicke, ein bisschen Schmollen, und hops packt sie sich ihr Reisetäschchen und springt aus dem Zug. Der Lokführer und der Heizer (jawohl: Dampflok! Gute alte Zeit…) sind besorgt – denn gerade sind sie an diesem Ruinendorf vorbeigefahren, das hinten in der Ferne von einem kleinen Berge dräut… Weil wir mitten im Nirgendwo sind, wandert die junge Dame in die Ruine, wo sie sich ein Nachtlager einrichtet. Und in der Nacht, da wackeln die Grabsteine, da trappelt es wie von tausend Pferdehufen, da brechen die Hände durch die Erde durch – zerfledderte, zerlumpte Gestalten machen sich auf, sie spüren jedem Geräusch nach: Später erfahren wir, dass sie blind sind, sie wurden durch Blendung gestraft, als der Templerorden aufgelöst wurde. Nach einer kurzen Jagd holen die Reiter das Fräulein ein, zu Pferde, auf freiem Feld, und sie stürzen sich auf sie…

Was natürlich die Polizei auf den Plan ruft. Eine Leiche auf dem Feld – das muss der Herr Kommissar am nächsten Morgen untersuchen. Aber natürlich sind keine Spuren mehr zu finden… In der Leichenhalle dann wieder Bella und Roger, zur Identifizierung von Virginia – und zur filmischen Einführung dieses Faktotums, so was wie der Hausmeister in der Pathologie, der mit sichtlicher Lust erstmal die falsche Leiche vorzeigt, haha, reingelegt! Der im Übrigen ein Fröschlein sein eigen nennt in einem Glas, in einem Käfig einen Vogel hat. Und nachts nicht merkt, wie hinter ihm sich das Leichentuch bewegt – das war's dann für ihn, Virginia ist wieder da. Und macht sich auch noch an Bellas Mitarbeiterin in deren Fabrik für Schaufensterpuppen her. Die liegt übrigens direkt neben einem Friedhof, was aber nichts zur Sache tut, denn das Grauen kommt aus dem Mittelalter. Die tote Virginia schleicht zwischen den Puppen umher, und wir lernen: Zombies brennen lichterloh.

Bella und Roger forschen nach. Ein alter Professor ist kurz angebunden, was seinen Sohn angeht, der ist nämlich Schmuggler und von daher prädestiniert für eine weitere Nacht in der Ruine. Zusammen mit seiner eifersüchtigen Freundin. Die fängt alsbald Streit mit Roger an, während Bella auf dem Templerfriedhof von dem Herrn Schmuggler vergewaltigt wird. Der ist nämlich dauergeil. Zumindest solange, bis wieder die Grabsteine wackeln…

Die Vergewaltigung macht Bella erstaunlich wenig aus, das liegt aber wohl eher daran, dass der Film jetzt zu einem Ende kommen soll. Und dass er jetzt schon ziemlich alles gesagt hat über unterdrückte, ausbrechende, begehrende und/oder gewalttätige Sexualität. Und natürlich über die Mittelalter-Monster, die wir in einer Rückblende eine blonde Maid zerbeißen sehen, im Rahmen des Ewiges-Leben-Rituals… Leben: Das ist halt ein kostbares Gut, der Heizer bemüht sich deshalb, die fliehende Bella zu retten, auf Kosten eines ganzen Zuges voller Menschenleben – ein schöner, abgründiger Schluss offeriert uns dieser Film, wie es nur die Großen unter den Horrorfilmen – Polanski mit tanzenden Vampiren oder Rosemarys Nachwuchs, Romero mit seinen Friedhofszombies wenige Jahre vor, Herzog/Kinskis Vampir einige Jahre nach den reitenden Leichen – zum Besten geben.

Jäger des tödlichen Jade

Raw Force / Die Jäger des Jade-Schatzes

Philippinen/USA 1982. Regie: Edward D. Murphy.

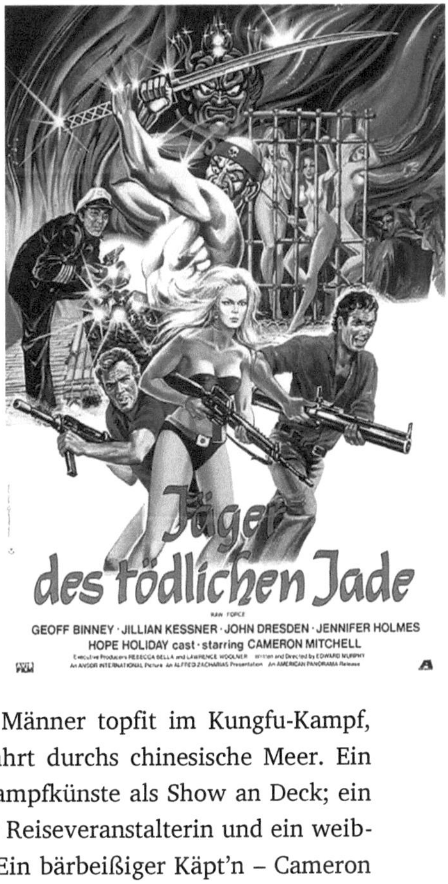

Raw Force ist ein Film, der genau das rüberbringt, was er beinhaltet, nicht mehr, nicht weniger, nicht subtil und hintenrum, sondern geradeaus. Ein Film, der genau das ist, was er scheint, was er sein will, was er sein soll: Eine Geschichte, die ihre Elemente ohne jeden doppelten Boden arrangiert. Als da wären: nackige Weiber; Martial Arts; kannibalistische Mönche; Kungfu-Zombies; und, nicht zu vergessen: ein böser Nazi.

Dabei ist dem Regisseur Edward D. Murphy wurschtpiepegal, wie diese Elemente einander zugeordnet sind; ob sie in sich und im Zusammenhang logisch sind; ob daraus tatsächlich so etwas wie eine Geschichte werden kann. Das Zeigen ist das Wichtige, nicht, irgendetwas zu vermitteln, zu entwickeln oder zu gestalten.

Eine Seefahrt, die ist lustig, das zeigt sich ganz deutlich: Die Weiber sind willig, die Männer topfit im Kungfu-Kampf, mehr braucht's auch nicht bei 'ner Kreuzfahrt durchs chinesische Meer. Ein paar Kumpels sind mit dabei, zeigen ihre Kampfkünste als Show an Deck; ein paar Mädels – unter anderem die Nichte der Reiseveranstalterin und ein weiblicher Cop – zeigen sich recht gerne selbst. Ein bärbeißiger Käpt'n – Cameron Mitchell hat was zu tun gebraucht – zofft sich mit der geizigen Veranstalterin. Ein chinesischer Koch kann auch kämpfen. Zwischendurch gibt es auch andere Passagiere zu sehen, die sind dem Film aber an sich ganz unwichtig, so dass sie irgendwann aus der Story fallen.

Zunächst aber geht's in einer Hafenstadt in den Puff, und es geht in die Kneipe. In letzterer Schlägerei, in ersterem, nun ja: auch. Weil dort kommen die schlagkräftigen Passagiere dem Deutschen Thomas Speer (mit breitem Akzent

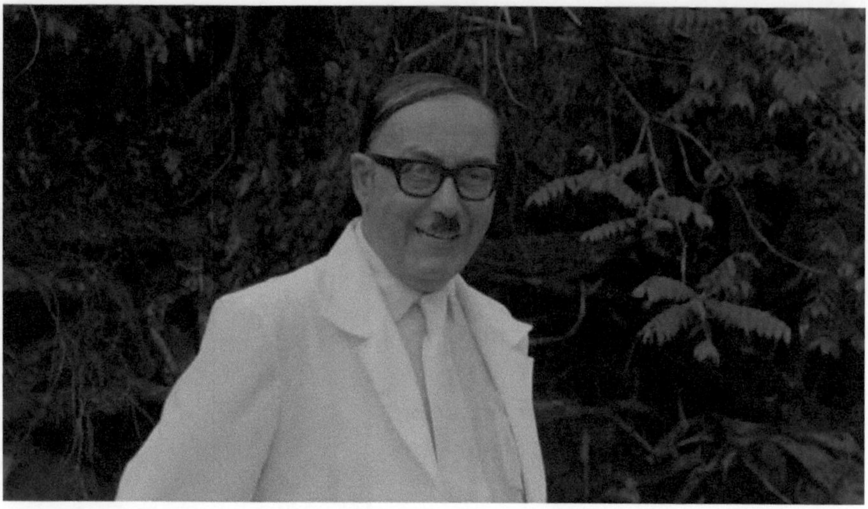

und Hitlerbärtchen) in die Quere. Der handelt nämlich mit Jade. Woher bekommt er die Jade? Von einer Insel. Wer lebt auf der Insel? Ein paar braunbekuttete Mönche. Wofür geben sie die Jade her? Für Mädels, möglichst nackt und fest im Fleisch. Wofür brauchen sie die Mädels? Für ihre Feiern. Zum Aufessen. Eine große, grob aus Baumstämmen gezimmerte Waage wiegt die armen Opfer in Jade auf, Speer und seine Mannen fangen sie ein in den Straßen und Puffs der Stadt. Jetzt ist diese Insel ein Ziel der Kreuzfahrt, weil sich dort ein kultischer Friedhof der größten Martial-Arts-Kämpfer befindet – das bedeutet Gefahr für Speers Unternehmen, und hin und her und hopplahopp hat man plötzlich einen Feind, ohne es zu wissen.

In den Puff sind wir nur gegangen, weil einer der Passagiere ein Späßchen jenseits seiner jungen Ehe gesucht hat – dessen Frau wiederum zum *love object* für einen unseren Helden wird; wie überhaupt der Beziehungsreigen auf dem Schiff sich irrsinnig schnell dreht, damit auch genug weibliche Darsteller die Gelegenheit bekommen, sich auszuziehen. Abendliche Zusammenkunft bedeutet: Flirt, Anmache, Fickificki. Dazu ein paar Witzchen: Der da in der Ecke steht, der sieht doch gut aus! Also auf, kleine Verführung, einfache Übung – nur ist er ein ultrachristlicher Freak, der lustigerweise überall Sodom und Gomorrha sieht. Weil ein paar Gags immer jeden Film auflockern!

Dann greifen Speer und seine Männer nachts an. Endlich wieder ein Kampf! Und ein bisschen Sex. Eine Nackige wird per Harpune niedergestreckt. In einem der Kabinen entbrennt ein Kampf zwischen Lederbiker und Ebennochfickendem, auf dem Bett eine blonde Braut. Der Kampf ist lang und hart, das Mädel hübsch. Dann entbrennt ein Feuer, draußen auf Deck. Explosionsgefahr, Evakuierung. Und alle Passagiere sind in Luft aufgelöst bis auf die, die die Geschichte weiterhin braucht. Die Nackten und die Jesusfreaks und die notgeilen Böcke, die wir bisher schon alle nicht auseinanderhalten konnten, sind weggewischt, vergessen, denn jetzt treibt der harte Kern auf die Insel zu. Die Insel der Kannibalenmönche und Kungfu-Zombies.

Was noch mehr Spaß verspricht, insbesondere, weil auch Herr Speer mitmischt. Diverse Mädchen werden gefangen und entkommen knapp dem Verdauungstod. Die Zombies sind schnell und stark, und sie sind unaufhaltsam. Die Mönche mit ihrem gierigen Lächeln haben alles im Griff: Irgendwie hängt das Menschenfleischessen mit dem Erwecken der Toten zusammen, wer weiß das schon. Die Jademine ist voll. Speer will mehr. Im Meer schwimmen Piranhas (!). Mancher findet seinen Tod. Und jedes Töpfchen übrigens sein Deckelchen: Am Ende fliegen vier Pärchen in einem Flugzeug voll Jade weg von dieser Todesinsel. Das Lustige ist: Kurz vorher noch hat Speer seinen Mitstreitern gegenüber bekräftigt, dass das Flugzeug viel zu schwer ist mit all der Jade – wurde dann aber vom Film geflissentlich vergessen. Und das noch Lustigere: Am Ende der Ausblick auf eine Fortsetzung. Haha, das wäre was gewesen! Aber wahrscheinlich haben die Produzenten vergessen, das Sequel zu produzieren.

Mosquito der Schänder

Schweiz 1977. Regie: Marijan Vajda.

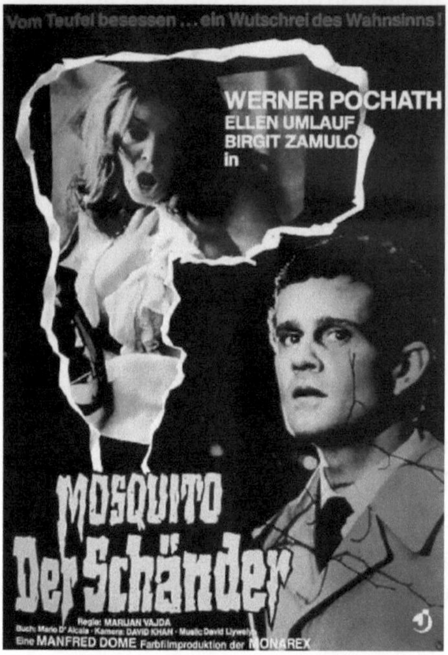

Die Schweizer! Dieses gemütliche Völkchen hinter den sieben Bergen, mit Schokolade und Alm-Öhi und brüderlicher Liebe, 500 Jahre Demokratie und Frieden, und was haben wir davon? Die Kuckucksuhr! Und natürlich diesen Film, der, man fasst es nicht, ohne Erwin C. Dietrich produziert wurde! Und dessen Titel Mosquito der Schänder auch noch komplett wahr ist, obwohl er sich so reißerisch anhört wie tausend andere Filme: Die Hauptfigur nennt sich Mosquito. Und sie ist ein Schänder, von Frauen, besser: von Frauenleichen. Denn der Moskito steigt nachts ein in Beerdigungsinstitute, in Leichenschauhäuser, und dort sucht er sich eine aus, die da im Sarge liegt, und liebkost sie. Sticht auch mal mit dem Messer in ihre Brust, um ihr Blut zu sehen – rote Milch, die ihn nähren soll. Denn das ist sein Liebstes: Den roten Lebenssaft aus den toten Körpern zu trinken, und hui, wie das Blut fließt, als sei es noch frisch!

Jetzt: Wer hat's erfunden? Nein, nicht die Schweizer: Der Film geht ziemlich akkurat dem Fall des »Würgers von Nürnberg« nach: Kuno Hofmann hatte sich Anfang der 1970er bluttrinkenderweis' an weiblichen Leichen vergangen und später ein Liebespaar ermordet, um auch deren Blut zu saugen. Mosquito ist ein Film darüber, nur ganz leicht von der Wirklichkeit versetzt.

Die namenlose Hauptfigur ist taubstumm – Werner Pochath in einer doch recht intensiven Darstellung des Täters, der stets auch Opfer ist. Ein Buchhalter, penibel und genau, er ist ja nicht abgelenkt vom üblichen, laut plappernden Bürogeplänkel seiner Kollegen und der Kollegin, er bekommt zu Filmbeginn eine Gehaltserhöhung, weil er mit den Tabellen der Prä-Excel-Zeit so gut umgehen kann. Zuhause dann sieht er die Nachbarin, die sich wie immer das

Maul über ihre Mitmenschen zerreißt, das Nachbarsmädel – die wohl jung sein soll, vom Verhalten her vielleicht 13, 14, gespielt aber von einer Frau an die 30 –, und der Handwerker im Erdgeschoss prügelt seinen Sohn, keiner greift ein.

Rückgriff auf Mosquitos Kindheit. Der Vater prügelt ihn wegen einer Kleinigkeit, mit dem Gürtel in der engen Stube, halb kaputt liegt der Junge da, an der Tür dann die kleine Schwester: »Papa, Papa«, er nimmt sie in den Arm, auf dem Sofa schmiegt sie sich an ihn, er schmiegt zurück, schmust, betatscht sie, und wie er ihr die Unterhose unterm Nachthemd auszieht, das sieht der Junge mit Angst, Ekel und vielleicht auch Lust... Das ist eine krasse Szene, und sie muss so krass sein: Sie ist der Schlüssel für Mosquitos Taten, für sein ganzes Erwachsenendasein. Psychologie, Psychologieeee!

Mosquitos Wohnung ist voll mit Puppen. Schön angeordnet im Regal. Die Nachbarin beschwert sich, weil seine Wohnung so dunkel ist, sie kann gar nicht richtig durchs Fenster reingucken. In das »junge« Nachbarsmädel ist er verliebt. Aus der Werkstatt des Handwerkers leiht er sich einen Hammer; und ein paar dicke Drähte. Aus denen formt er sich ein paar Dietrichs – wenn schon Erwin C. nicht dabei ist –, mit denen bricht er nächtens in Leichenhallen ein. Dazu läuft jazzig-psychedelische Orgelmusik, ja: Der Soundtrack des Films ist absolut bemerkenswert!

Was sich reißerisch anhört – Leichenschändung! Blutdurst! –, behandelt der Film als ein Porträt des Alltags: Er folgt schlicht dem Täter und ist damit anderen Filmen weit voraus; Henry: Portrait of a Serial Killer kam fast zehn Jahre später raus... Marjan Vajda – den die Schweizer aus Kroatien importiert haben – beobachtet ganz ruhig die Untaten und kontrastiert die (psychische) Erlebniswelt des Mosquitos mit seinem gleichgültigen bis feindseligen gesellschaftlichen Umfeld: Ja, der Film ist tatsächlich Drama.

Aber auch Bahnhofskino. Blutrünstige Szenen mit den Leichen, ein brutaler Mord, zwischendurch fällt eine von Mosquitos Puppen vom Balkon und liegt zerstört auf dem Beton, grässlich anzusehen und ein Vorausblick auf das »junge« Mädchen, das irgendwann auf dem Dach tanzt und abstürzt – die Bestürzung darüber treibt Mosquito noch mehr an. Zwischendurch auch ein paar Sexszenen, weil Mosquito eine vom Strich auflieβt, die dann sauer ist, weil er nichts mit ihr anfängt, später guckt er im Puff einer langen Lesbenszene zu, vernünftiges Sexleben hat er halt nicht. Dafür kauft er sich im Medizinerladen ein Glasröhrchen, das sich auf der einen Seite gabelt, damit sticht er in die Leichen ein, um noch besser Blutsaugen zu können – mit seinen Puppen hat er's zuhause geübt.

Mosqito ist einer der unauffälligen Menschen, einer der stillen Nachbarn, denen man »so etwas« nie zugetraut hätte.

Woodoo – Die Schreckensinsel der Zombies

Zombi 2

Italien 1979. Regie: Lucio Fulci.

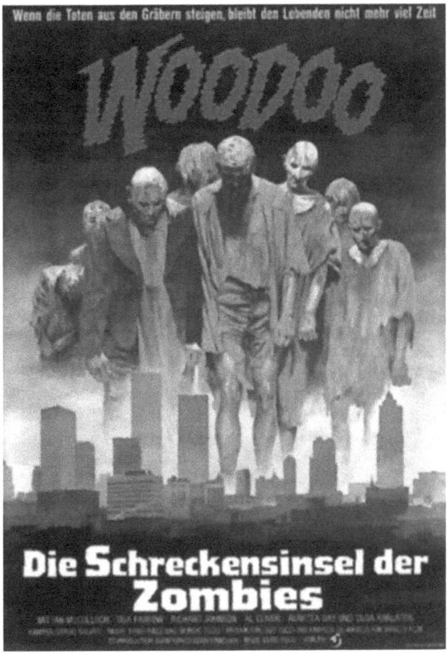

Ein Segelboot treibt übers Meer. An der Freiheitsstatue vorbei. Am World Trade Center vorbei. Die Kamera in einem Hubschrauber, aufgeregte Funksprüche. Die Küstenwache rückt an. Zwei Polizisten steigen an Bord. Keine Menschenseele da. Vergammeltes Essen in der Kabine. Zehn-Zentimeter-Tausendfüßler auf der Klaviertastatur. Unter einem Handtuch eine vergammelte menschliche Hand. Und im Hinterzimmer – nein: nicht Nosferatu, aber etwas ähnlich schlimmes. Ein fetter, glatzköpfiger Zombie, der dem einen Uniformierten…

Auftakt zu einem typischen Fulci-Zombiefilm, sprich: effektiv erzählt und effektvoll inszeniert; mit einer Menge stylisher Untoter, zerfleddert, vermodert, mit Würmern und Maden behangen; eine Menge dickes rotes Blut; hoher Ekel- und Horrorfaktor; und irgendwo im Handlungsverlauf auch schockierend; wiewohl die Logik auch mal hintangestellt wird, um gute Ideen gut herauszuarbeiten.

Das Segelschiff zum Beispiel: Es kommt von den Antillen, das wissen wir bald; aber warum und wieso, woher der dicke Zombie kommt, und warum da der Abschiedsbrief eines Papas an seine Tochter drin liegt (»Ich liebe dich, aber ich habe es zu spät bemerkt«), in dem von einer seltsamen Krankheit auf dieser und jener Tropeninsel die Rede ist: wurscht.

Die Zombies, das ahnen wir im Lauf (und durch den Titel) von Woodoo – Schreckensinsel der Zombies, sind durch irgendeinen Voodoo-Zauber erstanden; aber vielleicht ist das auch nur Aberglaube. Sie sind da, und man muss mit dem Problem umgehen, das ist die pragmatische Einstellung von Dr. Menard auf der Zombieinsel, der irgendwo zwischen Traumschiff-Besatzungsmitglied und Mad Scientist changiert, der zuviel säuft, aber auch hart arbeitet in seinem Labor, um die Zombieseuche zu verstehen. Klar, dass ihm das nicht gelingt. Immerhin bemüht er sich, auch wenn das auf Kosten seiner Ehe geht, die Frau will nur noch weg, angsterfüllt weiß sie: Der Tod kommt immer näher.

Fulci wäre nicht Fulci, wenn er diese treffliche zwischenmenschliche Situation nicht ausnützen würde: Während der Gatte im Hospital weilt – das in einer alten Holzkirche untergebracht ist –, muss die verzweifelte Hausfrau zuhause alleine ausharren. Klar, dass sie duscht, wie die Kamera wohlgefällig bemerkt, ach, ihr Körper ist in ausgezogenem Zustand sehr anziehend, nicht nur für uns Zuschauer, auch für – ja: Da ist sie, am Fenster, die bläulich-blasse Untoten-Hand... Fulci hat es ja immer gerne mit den Augen und in die Augen – nun greift die Zombie-Hand durch die Holzlamellen-Badezimmertür, packt die Frau am Schopf, zieht sie zu sich ran, direkt auf einen Holzsplitter zu, wir fühlen uns wie in der Bibelstunde, Matthäus 7, 3: »Was siehst du aber den Splitter in deines Bruders Auge, und wirst nicht gewahr des Balkens in deinem Auge?« – nein, natürlich geht's nicht grauslig ums Sehorgan dieser Frau, sondern um die Puppe, die die Frau darstellt bei diesem Splattereffekt, und dass man das Gemachte erkennt, ist auch gut so, sonst wäre der Film sicherlich von Jugendschützern zerhackstückt worden. Nun aber, mit einem harmlosen Puppenspiel: Das ist auch was für die lieben Kleinen, ganz klar.

Doch ich habe jetzt sowieso vorausgegriffen. Denn die erste Nackige im Film ist Susan, die Frau des blonden, bärtigen, vor Gesundheit und Kraft strotzenden Skippers Brian. Den hat nämlich der Journalist West zusammen mit Ann Bowles, Tochter des Zombie-Segelboot-Besitzers, angeheuert, sie auf die Voodoo-Insel zu bringen. West ist der Held des Films, mit vollem blondem Haar, das nur durch die kreisrunde kahle Stelle am Hinterkopf einen unschönen Charakterfehler hat; Ann wird gespielt von Tisa Farrow, Schwester von Mia, die auch genauso aussieht wie diese in ihren frühen Woody-Allen-Tagen – und die die Farrow-Tradition des Schreckens – von Polanski bis Fulci – weiterleben lässt.

Susan jedenfalls hat sowieso die ganze Zeit eine transparente Bluse ohne was drunter an. Dann will sie tauchen gehen, und West setzt sich bequem hin, denn er weiß: Jetzt gibt es was zu sehen. Zack, ist sie nackig, nur noch mit engem weißem Tanga und Sauerstoffflasche gekleidet, gleitet runter zum Korallenriff, wo all die schönen bunten Fische miteinander tanzen. Dann aber, von hinten: Ein großer weißer Hai! Höchste Gefahr, sie versteckt sich unter einem der Korallen-Felsen, als eine Totenhand sie antatscht – – – und wir zu der Szene kommen, wegen der dieser Film in die Geschichte eingeht. Denn Fulci macht nicht einfach so ein Spielberg-Ding, nein: Bei ihm muss es das Ultimative sein, und dass er dieses nicht protzig und großmäulig rausstellt in seiner Inszenierung, sondern es sich einfach so ergeben lässt, irgendwann mitten drin, das zeugt von einer gewissen Größe. Jedenfalls: Es kämpft unter Wasser ein Hai mit einem Zombie. Und wie! Die geben sich nix, beißen sich gegenseitig, krallen sich aneinander wie in einem agonischen Geschlechtsakt. Sagenhaft.

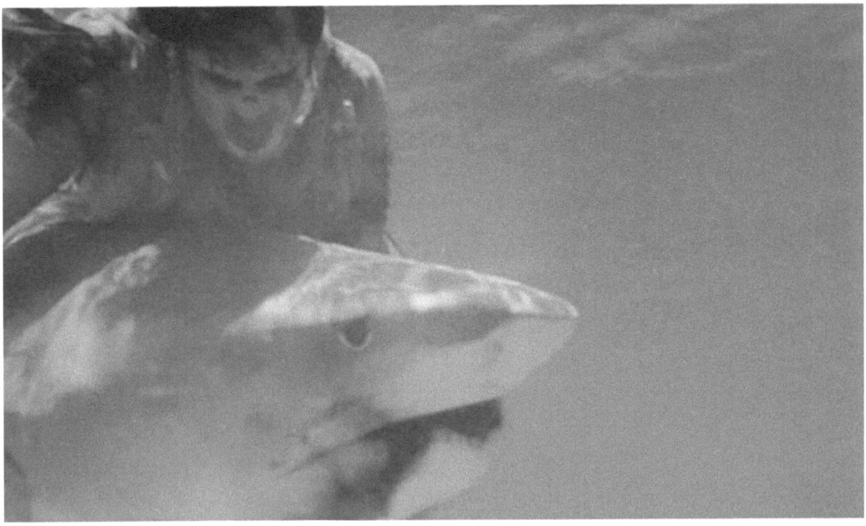

(Anzumerken ist, dass nie erklärt wird – und auch ganz egal ist – wieso da auf dem Meeresgrunde ein Zombie lauert. Dass die nackige Taucherin später ebenso zerfleischt wird wie die, die nackig duscht, sei der Jugend als moralische Warnung mit auf den Weg gegeben: Kleidung schützt!)

Das Weitere im Film ist ungefähr das Übliche, aber handwerklich so sauber gearbeitet, dass er zur Avantgarde wird – auch für Fulci und seine künftigen Untotenfilme selbst. Zombies beim Leichenschmaus; Zombiehände, die aus ihren Gräbern greifen; eine Menge Kopfschüsse; die Hemmungen, die ehemalige, nun leider verstorbene und wiederauferstandene Freundin endgültig zu killen. Aber all das hat Fulci, wie es seine Art ist, schon richtig gemacht: Wenn die Toten aus ihren Gräbern steigen, dann sehen wir das aus ihrer Perspektive;

mit Erde, die den Blick verstellt, dann das Aufrichten von der Horizontalen in die Vertikale, der Himmel, die Baumwipfel, und dann kommt auch schon das nächste Opfer ins Blickfeld...

Und am Ende gelingt es Fulci wieder einmal, eines dieser verstörenden Bilder zu schaffen, die bleiben: Die Flut der Zombies ist nicht aufzuhalten, denn das Böse ist in der Welt.

SEXUALRAUSCH

THE TOY BOX

USA 1971. Regie: Ronald Víctor García.

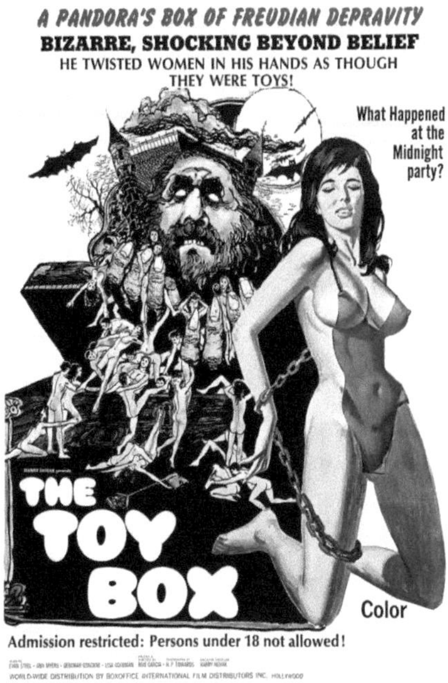

Starkes Stück: So etwas habe ich noch nie gesehen. Ein derart obskures, zusammengekloopptes Machwerk, das mitten reinhaut in perverse Sexorgien, die dazu angetan sind, dem aufgegeilten Filmpublikum ordentlich Zucker zu geben; das dabei jede Art von Handlung über Bord wirft und dennoch Sinn und Bedeutung behauptet, auch wenn diese noch nie vorhanden waren; und das am Ende abschließt mit einer plötzlichen Science-Fiction-Idee, die den Film zu umschnüren versucht so, als wolle man einen Pudding ohne Verpackung mit der Post verschicken. THE TOY BOX heißt der Film, auf deutsch übersetzt: SEXUALRAUSCH.

Zunächst haben wir eine Blondine, Donna, im Auto. Sie spricht nicht, aber wir hören ihre Stimme,weil Gedanken und so. Gedanken, die sich um Ralph drehen. Der hat einen Pornoschnurrbart und einen bitterlich geilen Blick in den Augen. Und übergibt ihr, bevor er »noch was zu erledigen« hat, im Auto ein Geschenk vom Onkel. Darin ein weißer Vibrator. Die Gedanken von Donna rasen, soll ich, soll ich nicht, guckt Ralph zu oder nicht, kurz: Sie tut es. Ralph nach seiner Rückkehr findet's gut. Und sie ist auch happy.

Das Ganze war, glaube ich, eine Rückblende auf das erste Mal, als sie mit dem Onkel zu tun hatte und dabei ihre letzten Hemmungen verloren hat. Inzwischen sind Donna und Ralph regelmäßig beim Onkel, weil's dort hoch her geht. Der Onkel ist aber vielleicht tot. Das erfahren wir in Dialogen, während Donna und Ralph miteinander rummachen auf dem Sofa. Bumsen, bumsen, mit einigen gynäkologischen Einblicken zwischen Donnas Schenkel. Das Lustige ist, dass die Dialoge den ganzen Film über zwar hör-, aber nicht sichtbar sind, weil sich die Münder der Schauspieler nicht bewegen. Könnte Telepathie sein. Vielleicht stand freilich auch beim Dreh die Handlung noch nicht fest, die dann hinterher eingesprochen wurde.

Nach dem Bumsen jedenfalls geht's los in Onkels Haus. Der aber, wie gesagt, vielleicht nicht mehr lebt. Im Dachboden jedenfalls sitzt sein Körper, der aussieht wie eine Rabbi-Fantasie aus einem Coen-Film. Hinterm Karl Marx-Bart ein blasses Gesicht, dunkle Augen, alles bewegungslos. Aber den Kopf kann er drehen, dann geht mechanisch der Mund auf, und wir hören seine Stimme, ohne Lippenbewegungen. Was das soll, wissen wir nicht. Was das Nacherzählen des Films auch noch schwieriger macht: Dass man vieles, vielleicht gar alles erst im Nachhinein erschließen kann, freilich nie mit Sicherheit, immer nur mit einem bestimmten Wahrscheinlichkeitsgehalt, was das Geschehen angeht. Und dieses nachträglich erworbene Ahnen um die Hintergründe fließt in die Inhaltsschilderung ein, so dass sich das vollkommen verwirrende Gefühl des ersten Sehens dieses Films kaum schreibenderweis rekapitulieren lässt.

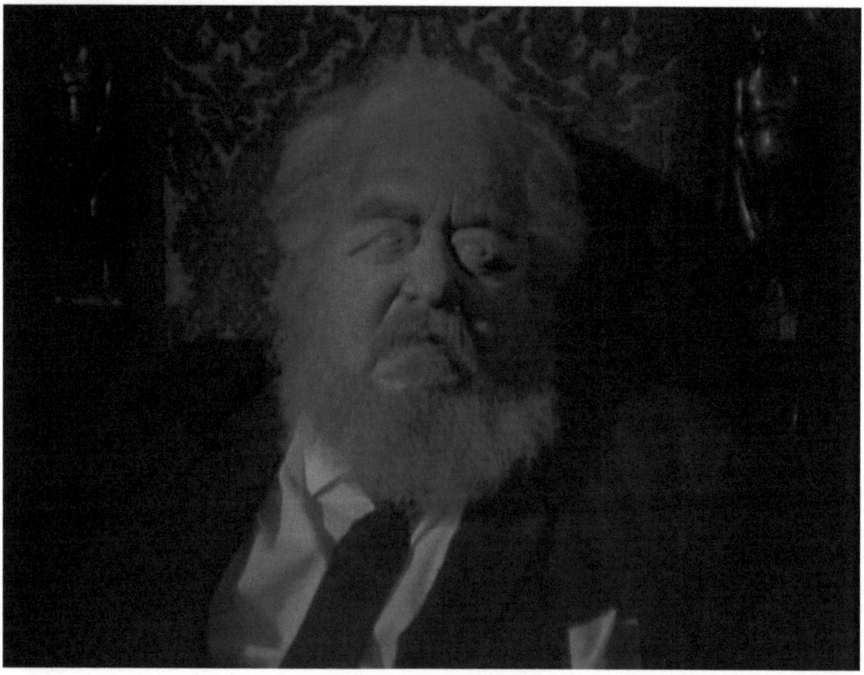

Unten, im Erdgeschoss, jedenfalls sind eine Menge Leute versammelt, die sich immer wieder ausziehen, um zu bumsen. Allein, zu zweit, zu vielt. Eine Performance gibt es auch, zwei Frauen, ein Mann, Römertoga, die Frauen als Löwinnen, denen der Mann vorgeworfen wird, den sie dann vernaschen. Das spielt sich zwar vor dem Orgienpublikum ab, könnte aber auch eines der Spiele des Onkels sein, der nämlich zu den vollen Stunden einzelne oder mehrere der Partygäste nach oben kommen lässt – bzw. er ruft sie nicht, sie wissen von allein, was zu tun ist. Auf dem Dachboden nun führen sie Szenen sexueller Phantasien vor, die wahr werden. Eine üppige Dame entkleidet sich vor dem Schminkspiegel, aus ihrer Puderdose greift eine Hand nach ihren Brüsten, »OK, aber nur kurz!«, dann legt sie sich ins Bett und wird von den Bettlaken (!) liebkost bis zum süßen Orgasmus. Dann öffnet sich eine Truhe für sie.

Ab und zu taucht plötzlich, aus dem Nichts, unten bei der Orgie eine Leiche oder so was auf. Was treibt denn der Onkel heute?, wundern sich die Leute, irgendwas ist anders als sonst.

Was hamwer noch. Einmal befindet sich ein Pärchen, das zum Onkel rauf ist, plötzlich auf einer Wiese. Die Frau spricht – in der amerikanischen Originalfassung! – deutsch, gekleidet sind sie nach der Mode des Fin de siècle. Aber nicht lange, weil sie natürlich in der Natur bumsen. Eine andere Szene: Ein Metzger hackt Fleisch. Hinter ihm hängen zwei nackte Frauen an Fleischerhaken. Die eine Tote nimmt der Metzger ab, betatscht sie, befummelt sie, bumst sie. Während er lustvoll dabei ist, hängt sich die andere Tote selbst ab, kommt herzu und zerhackt den Metzger. Plötzlich sind die drei wieder schauspielermäßig vor dem Onkel, der alles gut fand – soweit eine bleiche Leiche etwas gut finden kann –, wie immer nach einer solchen Show öffnet sich eine Kiste. Und wir begreifen: Unten die Orgie ist zum Aufgeilen der Menschen, die dann vor dem Onkel eine Sexszene performen, nacheinander und im Voraus eingeübt (so wie Donna und Ralph beim Bumsen auf dem Sofa), und der Onkel guckt als guter alter Voyeur zu und belohnt aus der Spielzeugkiste – daher der Filmtitel. In der Kiste: ein Haufen Geld.

Derweil werden Donna und besonders Ralph misstrauisch. Es stimmt was nicht, weil immer wieder Leichen auftauchen. Und wieder verschwinden. Beide werden in der Abstellkammer eingesperrt, wo ihnen das Gesicht des Onkels erscheint. Und wieder verschwindet. Eine Nackte ist auch da. Und verschwindet wieder. Dann kommen sie wieder frei. Sind das Halluzinationen? Spielchen des Onkels, der sie alle in der Hand hat mit seiner Spielzeugkiste? Oder ist da mehr? Nach ca. einer Stunde Bumsen kommt es zum Finale. Das ist so ungeheuerlich krass, dass man es gar nicht zu erzählen sich traut. Plötzlich ist eine nackte Dame riesengroß, während Donna und Ralph ganz klein sind. Und die Riesin redet was von einer anderen Welt. Und dann ist der Onkel ein Alien, und noch wer, was wir aber nicht verraten. Was jedenfalls nicht passt zu irgendwas von vorher. Aber die Welt geht unter, weil Onkel plus Komplizin die Menschen mit Geilheit verdorben haben und sie nun mitnehmen auf einen anderen Planeten, wo sie, wenn ich mich recht erinnere, zu Futter werden. Oder zu Sexspielzeug. Wer weiß das schon.

Blood Rage

Nightmare at Shadow Woods / Slasher

USA 1983. Regie: John Grissmer.

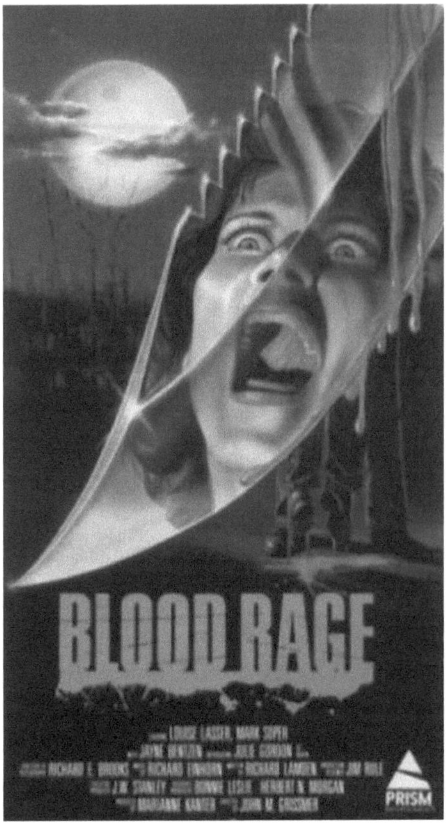

Da hat jemand seinen Freud sehr genau gelesen. Urszene; Ödipus; und bestimmt gibt's in der Werkausgabe auch den *evil twin*, irgendwo zwischen Verschiebung, Verdrängung, Projektion und Witz.

Es geht großartig los in John Grissmers Blood Rage: Ein Autokino, all die Teenager, die sich hier mit dem Nötigsten fürs Leben versorgen, nämlich mit Blut und Sperma. Ted Raimi, Sams Bruder, verkauft wahnsinnig klandestin Kondome auf'm Klo. In den Autos wird rumgeknutscht, was das Zeug hält, und der eine oder die andere entledigt sich der Bekleidung; der Film auf der Freilichtleinwand – The House That Cried Murder, geschrieben und produziert von John Grissmer, aus dem Jahr 1973 – findet wenig Beachtung. Louise Lasser ist auch da. Sie ist am Rumpusseln mit ihrem Lover, aber sie hat Hemmungen. Ihre kleinen Jungs könnten sie hören – die liegen nämlich im Kofferraum des Kombis, schlafend... Bis der Herr Liebhaber seine Zunge in den Mund von Mutter Maddy steckt. Da wachen die Zwillinge auf. Sehen ihre Mama bei einer sexuellen Aktivität. Stehlen sich durch die Heckklappe aus dem Auto. Einer der beiden, die so ganz und gar gleich aussehen, findet auf einem Pickup-Truck eine Axt. Hält sie voll Vorfreude ins Mondlicht. Findet alsbald ein Fahrzeug, in dem Männlein und Weiblein sich paaren. Und hackt dem Fremden den Kopf zusammen. Während der Bruder völlig gelähmt dabeisteht – und weil dieser blutverschmiert die Axt in die Hand gedrückt bekommen hat, wird er für den kindlichen Killer gehalten.

Zehn Jahre später. Wir freuen uns, dass Louise Lasser entgegen unserem ersten Eindruck keinen Teenie spielen muss, sie ist ja schließlich schon über 40. Und wir freuen uns, dass sie überhaupt da ist: Irgendwie scheint sie ihre Frisur nicht geändert zu haben seit zehn, fünfzehn Jahren, seit damals, als die für drei Jahre die zweite Ehefrau von Woody Allen war, als sie in TAKE THE MONEY AND RUN oder in BANANAS mitgespielt hat; blond, mit seitlich aufgesteckten Lockenzöpfen, irgendwie total *strange*. Sie hatte ihre eigene Hairstylistin am Set, ausweislich des Abspanns – was aber auf IMDB nicht erwähnt wird, wie überhaupt dem Film einen Hauch von Mysterium umweht.

Gedreht wurde er 1983, im Auslaufen der Slasher-Welle; dass er einer der Höhepunkte dieses Genres ist, hielt ihn nicht davon ab, erst 1987 im Kino rauszukommen, in einem *limited release*, mit wenigen Kopien, unter dem Titel NIGHTMARE AT SHADOW WOODS; geschnitten übrigens. Außerdem auf VHS, mit mehr Blut, aber mit anderen fehlenden Szenen. Ein weiterer Titel des Films – um alles noch mehr zu verwirren – war schlicht und einfallsreich SLASHER. In Deutschland war der Film nie zu sehen.

Uh, böse Zwillinge! Oh, eine Übermutter! Ach, die Sexualneurose! Ohje, Übersprungshandlung, Affektentladung! Eh, Verdrängung, Gewaltausbruch, Übertragung…! Ihhh, wenn sich zwei Menschen geschlechtlich begegnen! Und wer ist nun eigentlich der Böse?

Todd, der eine Zwilling, muss nach der schrecklichen Nacht im Autokino in die Geschlossene. Gefährlich ist er, der Mörder! Was keiner weiß: Eigentlich war Terry der Täter, der lebt jetzt zehn Jahre lang friedlich bei seiner Frau Mama. Allerdings hat die pfiffige Psychiaterin rausgekriegt, dass Todd zwar traumatisiert, aber kein Killer ist… Eine Auskunft, die Mama Maddy (nomen est omen) geflissentlich ignoriert, hat doch ihr Familienmodell mit Sohnemann Terry so wunderbar funktioniert. Dann aber bricht Todd aus. Und das Morden geht wieder los, weil jetzt bei Terry wieder alle Hemmungen gefallen sind. Und so häufen sich die Leichen in der kleinen, feinen Nachbarschaft des Reihenhaus-Komplexes, unter den Teenies mit ihren kleinen Liebeleien ebenso wie unter den Erwachsenen, die alle irgendwas miteinander haben – Fickificki ist eben leider der Auslöser der blutigen Tat…

Das Schöne an dem Film ist, dass er einerseits ein satter Slasher ist mit allem, was dazugehört. Nun ist dies freilich, wie bekannt, nicht allzu viel: Ein Irrer, ein paar Opfer und diverse bizarre Mordwerkzeuge reichen im Grunde aus, als

Kür können diese Zutaten mit schönen Splattermomenten und fein ausgedachten Groteskleichen angereichert werden. Bei Blood Rage ist das alles zur vollsten Zufriedenheit vorhanden, es kommt aber außerdem dazu, dass das komplette Personal des Films einen an der Waffel hat, der Killer sowieso, aber auch sein unschuldiger, so lange Zeit katatonischer Zwilling, der unbeholfen durch die Gegend tapst, die Frau Mama mit ihrer tief eingeprägten Illusion, was eine glückliche Familie ausmacht, eine Illusion, an der sie festhält, auch wenn sie wie eine Seifenblase zerplatzt. Die Teenagerin, die im Nachbarhaus babysittet, ist eine hemmungslose Nymphomanin, die Nachbarin ihrerseits bringt ein schüchternes Männchen nach Hause, der mit körperlicher Annäherung nichts anzufangen weiß (gespielt wird er von Ed French, der hier die Killer-Tötungswunden-Makeups gestaltet hat; eine seiner ersten Arbeiten, bevor er später zu Terminator und Star Trek stoßen sollte) –; und natürlich all die witzigen Teenager mit ihren Sprüchen und ihren Hemmungen und ihren Annäherungen und ihren *practical jokes*.

Und dann ist da noch diese Ebene im Film: Dass Regisseur John Grissmer den Zuschauer bewusst immer wieder ins Messer laufen lässt, so dass es tatsächlich Momente gibt, an denen man nicht weiß, wie es denn jetzt weitergehen wird (und das ist in der so linear aufgebauten Dramaturgie des Slashersfilms ein nicht zu unterschätzendes Kunststück!) Das Autokino mit all dem Rumgefummel und all dem Blut ist schon mal ein schöner selbstironischer Auftakt; nach einem Zehn-Jahres-Zeitsprung befinden wir uns in der Wohnsiedlung, um plötzlich aber, in der Psychiatrischen Landesirrenanstalt, in den Kopf der Psychologin zu springen, die in einem Voice Over von Todd und Terry berichtet, mit der schwierigen Aufgabe, die Mutter von der Umkehrung der Verhältnisse zu unterrichten. Zack, ein Thanksgiving-Dinner – ist jetzt immer noch die Psychologin so etwas wie eine Hauptfigur, Van-Helsing-mäßig? Immerhin taucht sie wieder auf, auf der Suche nach dem ausgebrochenen Todd, von dessen Unschuld sie weiß – dennoch verlieren wir sie in einer wunderbaren Szene im Wald, wo es sie förmlich zerreißt, zwischen zwei Zwilligen wählen zu müssen. Sie war nur eine geschickte falsche Fährte des Films. Später dann verführt eine Frau einen Mann, im Nebenzimmer muss sie immer wieder danach schauen, dass das Baby schläft – und der Killer dringt ein. Er wird doch nicht…? Kann das sein: Ein so junges Waisenkind…? Und plötzlich durchfährt uns die schmerzliche Ahnung, dass das designierte Final Girl vielleicht auch nicht davon kommen wird – oder doch? Nichts ist sicher.

Nur die schauspielerische Leistung: Standesgemäß exaltiert, künstlich, überzogen, weil es sich ja um einen Killerhorrorfilm handelt – aber auch fein ziseliert, fast subtil, wie Darsteller Mark Soper zwischen den verschiedenen Charakteren Todd und Terry umschaltet, verunsichert und zusammengesunken der eine, charmant, einnehmend und fies der andere... Und Louise Lasser, die weiß genau, was von ihr erwartet wird, eine hintergründige Komik, die aber niemals aus den Neurosenschichten ihrer Maddy-Figur ausbrechen darf; auch nicht, wenn sie verzweifelt ihren Lover anzurufen versucht, der – wie wir wissen – schon seit Längerem hübsch drapiert an seinem Schreibtisch aufgebahrt ist, per Machete aufgeteilt in puzzleartig zusammengesetzte Einzelstücke... Wie sie mit den Telefonistinnen verhandelt, weil sie fernmündlich nicht durchkommt, und dabei in abseitiger Verzweiflung all ihre Wünsche, Ängste und Hoffnungen in den Hörer plappert...

PANIK IM TOKIO-EXPRESS

SHINKANSEN DAIBAKUHA / KILLER TRAIN – HÖLLENFAHRT INS JENSEITS

Japan 1975. Regie: Jun'ya Satô.

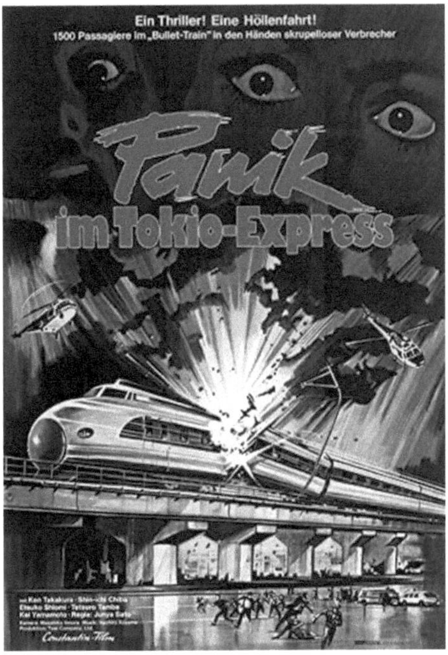

Vor ungefähr, naja, schon 'ne Weile her, da lief dieser eine Film in den Kinos, großer Erfolg, na, wie hieß er noch? Ach ja: DER BUS, DER NICHT ANHALTEN KONNTE! Da fahren die und dürfen nicht langsam sein, weil sonst explodiert's. Und jetzt pass auf: Ungefähr 20 Jahre vorher lief ein Film in den Kinos, der hieß, na, »Der Zug, der nicht anhalten konnte«, oder so ähnlich. Beziehungsweise PANIK IM TOKIO-EXPRESS. Von 1975. Es geht darum, dass die nicht langsamer fahren dürfen, weil sonst explodiert's.

Die Japaner! Das Spannungskino haben sie drauf, wahrscheinlich, weil sie STOPPT DIE TODESFAHRT DER U-BAHN PELHAM 123 gesehen haben. Und so legen sie hier einen ganz straighten Thriller vor, und das in Überlänge von zweieinhalb Stunden. Gütezeichen: Kommt einem nicht so vor. Klar ist manches ein bisschen billig inszeniert. Zum Beispiel die Rückprojektionen, die eine Zugfahrt simulieren. (Aber andererseits hat Hitchcock in dieser Disziplin auch versagt, wie in seinen diversen Filmen seit Ende der 50er zu besichtigen ist.) Oder die Panik der Passagiere, die immer ein bisschen zu gewollt ist und wo man sieht, dass die Statisten halt nicht die besten Schauspieler sind.

Aber andererseits ist der Film sehr schön aufgebaut: Wir haben den Zug, eine Art Proto-ICE, der von Tokio nach Hakata rast und immer über 80 km/h bleiben muss. Wir haben die Eisenbahnbehörde mit ihrem tollen Kontrollraum, wo an den Wänden mit blinkenden Lichtern die Positionen der Züge angezeigt werden. Wir haben die Polizei, die alles tut, um die Erpresser zu ermitteln; auch die Passagiere dem Risiko des Todes aussetzen. Und wir haben die Verbrecher, und deren Boss bekommt als einziger im Film eine Backstory verpasst, die mehr ist als seine Handlungsfunktion. In Rückblenden erfahren wir sein Schicksal, der Verlust seiner Firma, der drohende Bankrott, die Scheidung, und seine jungen Freunde, zwei Männer, die er bei sich aufgenommen hat. Und nein, dass die drei irgendwie schwul sind, wird nie behauptet! Und selbst wenn das im Subtext aufscheinen würde: Es wäre nicht schlimm, wird nicht verteufelt. Nein, das ist ein armer Hund, und Menschenleben will er auch nicht aufs Spiel setzen.

Zwischen Eisenbahn und Polizei gibt es feines Kompetenzgerangel – Kompetenz weniger im Sinne von »Zuständigkeit« denn von »Fähigkeit«. Die einen zeihen die anderen der Inkompetenz, die Ziele sind eben auch unterschiedlich zwischen Rettung und Verbrechensbekämpfung. Und zwischendurch bekommt der Film seine besondere Kraft durch die Dynamik, die sich ergibt, weil diese beiden Institutionen des Guten trotz ihrer Gegensätzlichkeiten zusammenarbeiten müssen. Die Polizei ermittelt auf ihre Art, via Fingerabdrücke, Beschattung, Zugriff. Die Eisenbahner versuchen, das Versteck der Bombe im rasenden Zug herauszubekommen, mittels Hochgeschwindigkeitsfotographie: Kameras filmen von unten den über eine Brücke brausenden Zug…

Ja, ein guter Film, ein echter Thriller, kaum trashig, dafür Hochgeschwindigkeitsaction, aus der man Blockbuster stricken kann.

The Six Thousand Dollar Nigger

Super Soul Brother

USA 1978. Regie: Rene Martinez Jr.

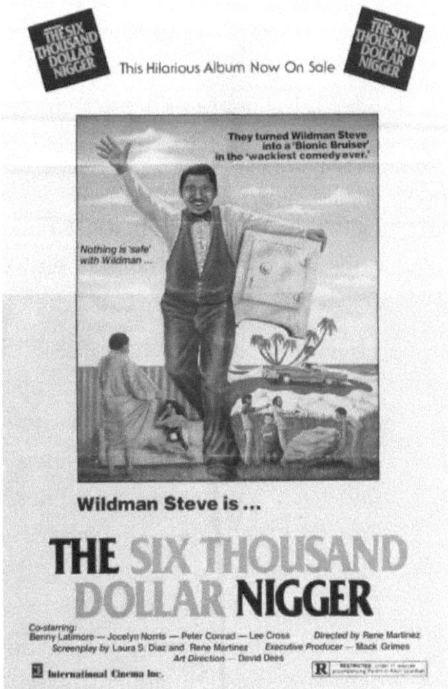

Nicht mal Müll ist dies. Ein Miami-Regionalkrimi, oder so was, der niemals in Deutschland zu sehen war, billig produziert, vermutlich hobbymäßig am Wochenende, mit Blaxploitation-Touch, aber vor allem mit einem kleinwüchsigen Wissenschaftler (warum nicht?) namens Dr. Dippy (warum nicht!), der zwei schwarze Gangster als Investoren gewonnen hat. 6.000 Dollar für eine neue Erfindung, ein Medikament nämlich, das superstark macht (und nein, Russland impft das nicht seinen Olympioniken, wer das behauptet, ist ein Sauburschel!). Dass der Film Super Soul Brother heißt, ist nicht weiter erwähnenswert – denn sein Haupttitel lautet The Six Thousand Dollar Nigger, und das ist kaum zu toppen.

Die beiden Blackies werden jedenfalls ungeduldig, weil's nicht vorangeht mit dem Muskelpusher, das Problem: Man wird zwar stark, aber auch tot nach sieben Tagen. Macht nichts, sagt der eine, und schwupps, sind wir im Ghetto, wo ein paar Nigger rumlungern und einen anderen fertigmachen. Der aber auch an sich schon sehr fertig aussieht, dick, besoffen, verwirrt, völlig hirnzerfressen. Er wird der Star des Films. Ihn nimmt der Gangster mit. Und die schöne Krankenschwester Peggy, die alles macht im Labor, während der Wissenschaftler gar nichts macht, aber er ist der Wissenschaftler, sie nur die Hilfskraft, so ergeht es den Frauen, jedenfalls: Sie untersucht den Penner eingehend, und er lässt sich alles gefallen, denn ihm winkt ein schönes Appartement. Mit eigenem Bett. Und als Zugabe noch eine Nutte. Was ein Leben! Und was eine Gelegenheit für billige Witze!

Wer Deep Throat gesehen hat, weiß, was ich meine. Wenn Dr. Dippy untersagt, nach Mitternacht was zu essen, dann ist klar, was Steve, der Penner, isst: Pussy, hahaha! Und einen Witz hat er auch drauf: Marihuana, das ist verboten! Aber wenn zwei Männer miteinander rummachen, das ist erlaubt! Wenn du also an 'nem Joint nuckelst, achte darauf, dass der Eier hat! Hahahaha!

Es ist ein niederes Niveau von Witzen, aber man sollte da jetzt keine frauen- oder schwulenfeindliche Tendenzen reinlesen. Der Film ist einfach zu dumm dafür, und das ist in diesem Fall ja etwas Gutes.

Zwei Nächte darf Steve mit zwei Frauen rummachen, in der ersten Nacht die Nutte, in der zweiten die Krankenschwester, obwohl sie nicht will, weil sie noch Jungfrau ist, ha, was ein Glück, und ja, Steve ist ganz vorsichtig, trotz seines riesigen Gerätes, das die Frauen reihenweise verrückt macht.

Nach dieser Bumsphase des Films kommen wir in die Krimiphase, Steve bekommt sein Mittelchen,wird superstark und dann zum Bösen eingesetzt. Denn die Gangster wollen ihr Investment wieder zurück haben, und Steve, der Superstarke, soll im Juwelierladen den Tresor klauen. Das ist ein schöner Überfall, ein vorgespielter Ehekrach zwischen Dr. Dippy und seiner Frau/Mutter/Nutte – jedenfalls eine dicke Matrone, mit der er gerne rummacht – sorgt für Ablenkung, Steve packt den Tresor und trägt ihn in den Kofferraum des Fluchtautos. Und was muss das für eine Arbeit gewesen sein für das Filmteam, soviel Styropor zusammenzukriegen, es dann in Form zu bringen, zusammenzupappen, bis ein Metallsafe daraus wird! Und das war noch nicht alles: Einen riesigen Felsen mussten sie auch noch formen, darunter versteckt Steve die Juwelen, keiner kann da rankommen, deshalb gibt es Mord und Totschlag, doof, dass Steve auch kugelsicher geworden ist.

Doof auch, und das verspricht ein letztes Mal Spannung, dass Steve, unser Held und großer Liebhaber, in sechs Tagen sterben wird. Also schüttet er diverse bunte Flüssigkeiten in der Blumenvase zusammen, und mit Gottes Hilfe ist genau dies der Neutralisator, der das Gift im Körper vernichtet. Der Gute lebt, die Bösen sind tot, Peggy ist zur Frau geworden und darf sich an Steves Megaschwanz erfreuen, Happy End. Zumal das Ende verspricht, dass »Wildman Steve«, der Sechstausend-Dollar-Nigger, wiederkehrt! Ein Sequel, das noch immer auf sich warten lässt.

FLUCHTWEG ST. PAULI – GROSSALARM FÜR DIE DAVIDSWACHE

BRD 1971. Regie: Wolfgang Staudte.

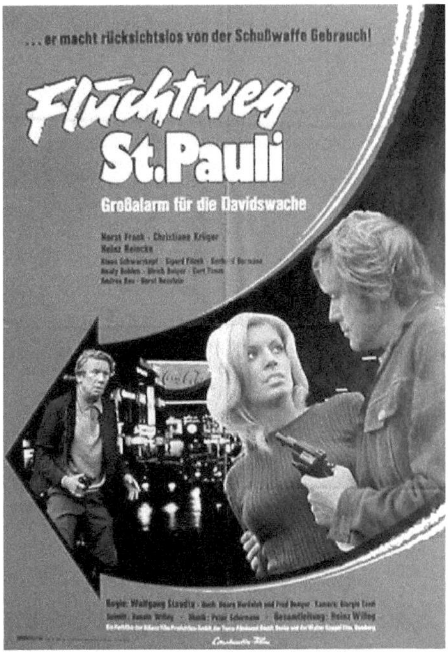

Hier spielt die Musik! Nämlich so ein merkwürdiges Jazz-Rock-Geplänkel auf dem Soundtrack, der ziemlich penetrant und aufdringlich wirkt und das Schlechteste ist an Wolfgang Staudtes vorletztem Kinofilm: FLUCHTWEG ST. PAULI – GROSSALARM FÜR DIE DAVIDSWACHE. Staudte ist einer der Könige des deutschen Kinos. Einige der besten Nachkriegsfilme gehen auf sein Konto– der erste übrigens auch, DIE MÖRDER SIND UNTER UNS, 1946. Im Herbst seiner Karriere drehte er viel fürs Fernsehen, das Kino hatte ihn überholt: Zwischen Sexreporten und Neuem Deutschen Film war kein Platz mehr für ihn. FLUCHTWEG ST. PAULI ist sein Versuch, einen Mittelweg zu finden: Ein großes Unterwelt-Brüder-Drama, weniger mit Action als mit innerer Spannung; und ein paar Einblicke ins St. Pauli-Milieu. Wobei der Film in der Tat keineswegs reißerisch ist, ganz anders, als sein Titel vermuten lässt: »Aber beim Titel fängt der Ärger schon wieder an«, so wird Staudte im von Egon Netenjakob, Eva Orbanz und Hans Helmut Prinzler herausgegebenen *Staudte*-Band des Volker Spiess-Verlags zitiert, »FLUCHTWEG ST. PAULI wollten die Verleiher. Richtig schön provinziell, aber ich kann es nicht ändern: ich bin ja nur der Regisseur.«

Gleich am Anfang: Heinz, der Taxifahrer, gondelt eine heftigst Betrunkene durch die Hamburger Nacht. Die sich auf der Rückbank nackig auszieht, weshalb er sie auf der nächsten Polizeiwache – ratense mal, welche – abliefert. Dort kennt man sie schon. Und Heinz auch: Weil sein Bruder wegen Bankraubs einsitzt. Dieser Willy nun entfleucht aus dem Knast und sucht seine Beute – die aber, Zeki Müller lässt schön grüßen, just im Dachboden eines Hauses versteckt ist, das gerade abgerissen wird. Er braucht Geld, er haut seinen braven Bruder Heinz an. Sein Komplize: Timpe, Heinz' Taxifahrerkollege. Die Bösewichter entführen Willys Ehefrau, die inzwischen, während der Haft des Göttergatten, mit Heinz glücklich geworden ist. Kommissar Knudsen kriegt das alles mit, weil er von Klaus Schwarzkopf gespielt wird, der aussieht, als würde er sowieso immer alles mitkriegen und würde unter der Last dieses Wissens am liebsten einpacken und gehen. Aber er ist Beamter. Er muss den Fall durchstehen.

Das ist ziemlich spannend gemacht – zunächst freilich scheint vor allem Kommissar Zufall das Drehbuch zusammengestoppelt zu haben, denn immer ist irgendwer genau da, wo gerade was passiert; allmählich merkt man, dass das Methode hat: Die Kamera weiß, wo das Schicksal wieder mal unbarmherzig zuschlägt, und ist als unser Zeuge vor Ort. Große Action gibt es nicht – es geht um das Zusammen- oder besser Gegeneinanderspiel der Figuren, um die Kreise, die ihre Handlungen ziehen und die die Kreise der anderen stören. Gut: Das alles ist offenbar ziemlich hastig und nicht sehr sorgfältig gefilmt; und wahrscheinlich wegen der vielen Außenaufnahmen direkt *on location* wurden Ton und Sprache komplett nachsynchonisiert, was dem Film eine gewissen Fremdheit verleiht. Zudem: Wenn man sich anschaut, was zu jener Zeit einige Jungfilmer in Hamburg getrieben haben: Klaus Lemke mit Rocker zum Beispiel, oder Roland Klick mit Supermarkt – die haben einen ebenso ungeschliffenen Ansatz, aber mehr jugendliche Energie, um ihn auch als Weltbild, als Haltung, als Grundsatz zu präsentieren. Und wer Heinz Strunks Tatsachenroman *Der goldene Handschuh* gelesen oder Fatih Akins Verfilmung gesehen hat, bekommt einen noch viel intimeren Blick in die Eingeweide von St. Pauli vorgeführt, als es Staudte je könnte.

Als Thriller aber, als einer zumal, der einige Stars der 70er vereinen konnte: Horst Frank, Christiane Krüger, Heinz Reincke, Klaus Schwarzkopf, funktioniert Fluchtweg St. Pauli sehr gut – ein Unterweltsknaller, vielleicht nicht so hammerhart wie Zinksärge für die Goldjungen von Jürgen Roland, aber dennoch ein starkes Stück Hamburg.

IM AUGENBLICK DER ANGST

ANGUSTIA

Spanien 1987. Regie: Bigas Luna.

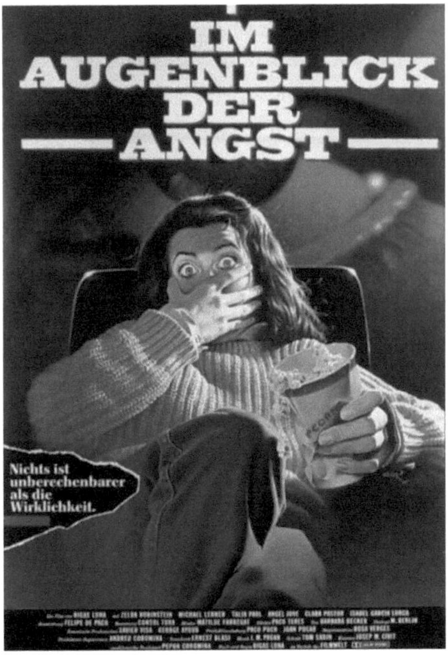

Ganz tief hinein in die Hollywood-Doktrin taucht Bigas Luna: Er treibt die Identifikation von Filmfigur und Kinozuschauer zum Äußersten. Zunächst aber geraten wir – also: wir hier im Grindhouse-Saal im Cinema Quadrat – hinein in eine bizarre Wohnung. Schnecken kriechen umher, in einem großen Vogelbauer viele, viele Tauben, dazu ein dicklicher Mann – John – und eine gnomenhafte Frau. Das ist seine Mama. Er ist der Sohn. Unter ihrem Pantoffel. Mit greller, schriller Stimme gellt sie ihre Befehle; denn alles ist Befehl bei ihr, auch Liebesbezeugungen gegen den Herrn Sohnemann. Eine Taube entwischt. Er verfolgt sie durch die vollgestopften Räume, sie steckt hinter einem Schrank fest, nörgelnd sieht sich die Mama genötigt, sich vom Sessel zu erheben, John legt ein paar Holzplatten frei, um hinter den Schrank zu kommen, mit zärtlichem Würgegriff, angefeuert von der Frau Mutter, befreit er den Vogel, um ihn zurück in den Käfig zu stecken. Anschließend: das Nachtmahl.

Sehr, sehr schräg das Ganze, auf groteske Art witzig und zugleich höchst bedrohlich. Hitchcock ist nicht fern. Die Atmosphäre ist derart merkwürdig – insbesondere, wenn John seinem Beruf nachgeht: Praxishelfer beim Augenarzt. Er selbst mit dicker Brille, der totale Weichling, ein Nerd *avant la lettre*. Der viel zu tapsig ist, um einer Patientin Kontaktlinsen einzusetzen. Und der zugleich so etwas wie Zurecht- oder Zurückweisungen gar nicht abkann. Nachts macht er sich auf. Jetzt habe er die richtigen Kontaktlinsen dabei, sagt er am Tor der edlen Villa. Drinnen killt er die Frau, sehr brutal, und schneidet ihr die Augen raus. Der Mann des Opfers muss auch dran glauben.

Und wir glauben nun zu wissen, wie der Hase läuft: Ein Psycho-Slasher-Film, mit sehr originellen Bildern, exquisit atmosphärisch inszeniert und mit einer genregerechten Handlung.

Allein: So einfach ist es nicht. Denn plötzlich befinden wir uns in einem Kinosaal.

Im Kinosaal, in dem der soeben gesehene Film läuft. Der heißt »The Mommy« – im Unterschied zu dem Film, den wir sehen – also: wir im Cinema Quadrat im Grindhouse-Saal. Und wir begreifen, wie großartig der deutsche Filmtitel ist: Im Augenblick der Angst – das Sehen in mehrfacher Ebene, der augensammelnde Psychopath, die stets überwachende Mama, die Zuschauer, die ihm zusehen, wir, die wir den Zuschauern zusehen... Und ja, das ist nicht nur was für die Grindhouse-Reihe, sondern tatsächlich ist diesem Film denn auch beim 30. Mannheimer Filmsymposium, Thema: »Zuschauer(t)räume«, mit Vorführung und Vortrag breiter Raum geboten worden; und das jährliche Symposium ist das filmkundlich Höchste, was das Cinema Quadrat aufbietet!

Doch ganz direkt und augenblicklich sind wir gefangen von diesem Film. Der einen spannenden Film im Film zeigt, der die gespannten Reaktionen im Publikum zeigt und damit eine quadratpotenzierte Spannung erzeugt: Immer wieder sehen wir im Kinosaal den Kinosaal, in dem »The Mommy« läuft, in beunruhigender Doppelung. Irgendwann gerät »The Mommy« ins Delirium, und mit ihm die Kinozuschauer, die in hypnotischen Rausch zu verfallen scheinen ob der Formen und Farben, denen sie ausgesetzt sind, und der Film selbst – die äußere Ebene, der wir zusehen – verbindet in der Konsequenz Trance und Psychedelik mit Urängsten... Und natürlich geht das Ganze vom Psychischen ins Handfeste über, ein Psychokiller geht nicht nur auf der Leinwand um, sondern auch im Zuschauerraum, weil man wirklich nirgendwo mehr sicher sein kann. Und zwei Teenie-Freundinnen, die etwas ahnen, die Zeuge werden von Unaussprechlichem. Irgendwann häufen sich die Leichen auf der Toilette, und alle Türen werden verrammelt.

Und dazu diese bohrende Stimme der Film-Mutti mit ihren bösen Einflüsterungen – mittels telepathischer Muscheln (!) –, so böse, dass sie sogar das zartbesaitetere Mädel im Publikum telepathisch zu beeinflussen scheint: weil die Schranken, die die Leinwand, die die Fiktion aufrichtet, eingerissen werden ebenso wie die, die die Seele errichtet hat. Ein komplexes, verschachteltes Meisterwerk ist das, verstörend, weil es direkt darauf zielt, wo wir sitzen, im Kino und im Leben…

ALIEN – DIE SAAT DES GRAUENS KEHRT ZURÜCK

ALIEN 2 – SULLA TERRA

Italien 1980. Regie: Ciro Ippolito.

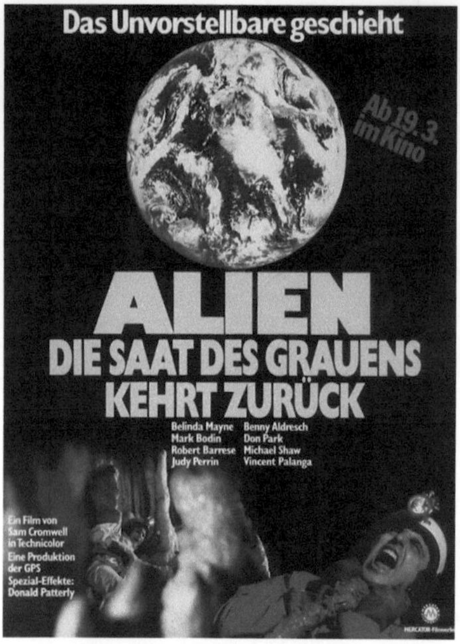

ALIEN 2 – SULLA TERRA heißt auf deutsch ALIEN – DIE SAAT DES GRAUENS KEHRT ZURÜCK, und sein Science-Fiction-Horrorwerk geht Regisseur Ciro Ippolito schamlos dreist an: Juristisch gesehen taufte er seinen Film in Anlehnung an einen uralten Roman – weshalb Hollywood aus irgendwelchen Quatschgründen nichts gegen den »Alien«-Teil im Titel unternehmen konnte; obwohl kurz zuvor Ridley Scotts Meisterwerk rausgekommen war… »Reiner Zufall«, würde Herr Ippolito dazu wohl sagen, »was will man machen?!«

Tatsächlich spielt sich der Film vornehmlich in einer Höhle ab, nicht in der Höhe des Weltalls. Immerhin wird zu Anfang des Films kräftig auf die Ankunft einer Raumkapsel nach erfolgreicher Weltraummission gewartet. Deshalb interviewt ein Herr Interviewer im TV-Studio auch kräftig eine – ähm, ja: Höhlenforscherin, logisch. Die wird live im Fernsehen ohnmächtig, ihr Freund – mit Conchita-Wurst-Bart – weiß auch, warum: Sie hat wieder einen ihrer hellseherischen Anfälle, denn sie ist telepathisch veranlagt. Thelma hat auch noch was vor, sie trifft sich nämlich mit ihren Höhlenforscherfreunden in einer Kegelbahn (! – fragen Sie nicht), und dann geht's auch schon los, nachdem einer der Forscher noch in einem Laden Magnesiumstäbe gekauft hat, die aber den ganzen Film über nicht mehr auftauchen. Im Übrigen ist das alles eher so eine Art Wochenend-Ausflug, eine Höhlenparty vergnügungssüchtiger junger Leute.

Wir Geologen, Paläontologen und Troglodyten im Filmpublikum kriegen das kalte Grausen, wie sie ohne Schutzhelme in die Höhle runtersteigen, wie sie respektlos an herrlichen Tropfsteinen rumturnen, und natürlich muss unsere Heldin zwischendurch ihre Brüste freilegen. Sie sieht zwar hell, aber nicht hell genug, um die Gefahr abzuschätzen, die von dem blauen Stein ausgeht, den sie gefunden hat und im Rucksack mit sich herumschleppt. Daraus schlüpft irgendwann so ein Alienteil, das die Höhlenmeute nach und nach niedermetzelt – mit schönen Effekten, weil das irgendwie auch alles Körperfresserqualitäten hat und das Alien aus scheinbar intakten Menschen durch die Augenhöhle rausbrechen kann. Später fliehen die Überlebenden weiter, weiter nach vorne, da sind dann auch so eine Art lebende Steine, die alienmäßig die Leute zerfleischen. Telepathisch kann unsere Heldin dann dieses Geschöpf mental sprengen. Um dann im desillusionierenden Ende zum eigentlichen Sinn und Zweck des Films vorzustoßen: Der besteht nämlich in der brillanten Idee, subjektiv den Alienblick aufzunehmen, während Thelma durch die verlassene Kegelbahn irrt: Die Kamera mit Fleischfetzen behängt, blicken wir durch die Augen der menschenfressenden Apokalypsereiter.

LOS CAMPEONES JUSTICIEROS

THE CHAMPIONS OF JUSTICE

Mexiko 1971. Regie: Federico Curiel.

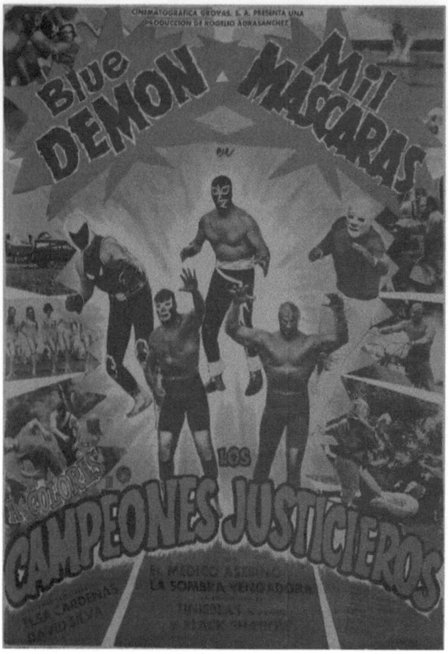

Steht zufällig jemandem der Sinn nach Zwergenwerfen?

Aber hallo. Aber HALLO! Wir kommen zu einem der lustigsten Filme der Cinema-Quadrat-Geschichte. LOS CAMPEONES JUSTICIEROS, ein Catcherfilm aus Mexiko, im Mittelpunkt Blue Demon, begleitet von Tausend Masken, vom Killer-Arzt, vom Schwarzen Schatten, von einigen Miss-Mexiko-Anwärterinnen. Jau, das sind alles reale Personen, echte Menschen, denen wir hier bei ihrem Alltag zusehen dürfen: Beim Ringkampf und beim Posieren, in Masken bzw. Bikini.

Blue Demon ist Meister-Wrestler, und mit seinen Kollegen kämpft er für die Gerechtigkeit. Das ist nicht leicht, weil ein paar rotbekapuzte Zwerge ihn ausschalten wollen. Die sind im Auftrag von Dr. Zarkoff hinter den »Champions of Justice« her... Zwerge. In roten Capes! Nein: Ist nicht lachhaft, denn wir bewegen uns in einer Welt, in der die Helden stets maskiert sind. Immer. Andauernd. Einmal sehen wir »Tausend Masken«, wie er seine Maske wechselt, und zwar so geschickt blitzschnell, dass nicht eine Pore Gesichtshaut zu sehen ist. Im Maßanzug, im Schlafanzug: Die Maske ist aufgesetzt. Es sind schließlich Helden. Helden des Sports und der Kriminalitätsbekämpfung, zumal gegen diesen üblen Superschurken, der auch unter dem Namen »Schwarze Hand« schon früher – vermutlich in vorherigen Filmen – für allerlei Ungemach gesorgt hat. Jetzt hat er Armreife entwickelt, die auch den kleinsten Kleinwüchsigen übermenschliche Kräfte verleihen. Und natürlich hat er auch einige maskierte Ringer um sich geschart, damit Blue Demon und Co. ihre Fertigkeiten im Ring ausführlich zeigen können. Recht günstig, dass zu diesem Zweck eine Kampfmatte im Labor herumliegt. Ein Labor übrigens mit Teleschirm, durch den Dr. Zarkoff weit entfernte Kämpfe und Verfolgungsjagden beobachten kann.

Etwa das Handgemenge auf der Wiese zwischen diversen Ringern und den neun Zwergen, die so superstark sind, außer wenn das ferngesteuerte Kraft-Armband nicht funktioniert. Dann werden sie durch die Gegend geschmissen, aufgefangen, weitergeworfen, eine helle Freude! Das Ganze geht natürlich in eine Autoverfolgung durchs Gebirge über, mitsamt Reißnägeln, die auf der Fahrbahn verstreut werden, Öl, das verspritzt wird und so weiter! Absturz den Abhang hinunter, Explosion, ja warum denn nicht. Das Ganze gezeigt mittels einer Kameraführung, die eher zufällig dabei zu sein scheint als tatsächlich das Geschehen irgendwie dramaturgisch oder bildgestalterisch rüberbringen zu wollen: *Was* geschieht, muss genügen für die Immersion, *wie* es gezeigt wird, dafür reichen die Fähigkeiten der Köpfe hinter der Kamera denn doch nicht aus.

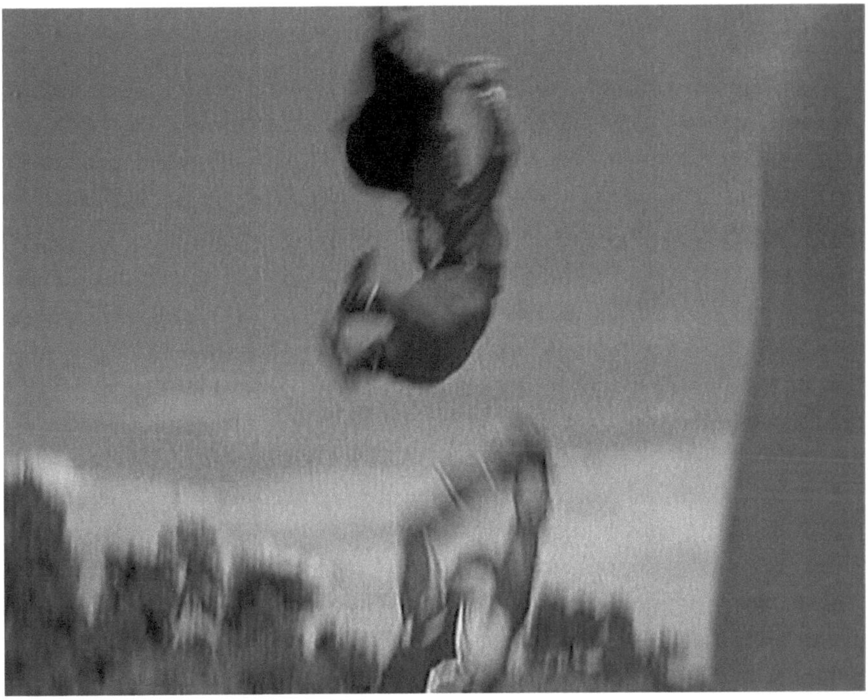

Welch böser Plan: Miss Mexiko und ihre Sub-Misses sollen in Kälteschlaf versetzt werden, in Bikini erstarren sie in ihren Kabinen, und dann will Zarkoff sie eine Gehirnwäsche unterziehen! Welch böse Mittel: Einer der Helden wird nächtens angerufen, doch es kommt rauchähnliches, betäubendes Gas aus dem Hörer! Welch böse Falle: Eine Spur führt in ein Lagerhaus! Welch bösen Dialoge: »Das ist eine gefährliche Falle! Wir gehen mit!« – »Genau das will die Schwarze Hand!« – »Was es wohl für eine Falle ist?« – »Vamos!« Dort dann werden sie in einem riesigen Netz eingefangen, anschließend natürlich Prügelei, das muss man wohl nicht extra erwähnen.

Später dann, wenn wir auf den Höhepunkt zugehen, schlägt die schöne Dame, die die Helden begleitet, vor, Wasserski zu fahren. Während Blue Demon ein Flugzeug bespringt und entert, in dem die eingefrorenen Mädels außer Landes gebracht werden sollen. Aber, und das ist der Clou: Das Wasserskifahren ist nicht einfach nur zum Spaß, nein, wir haben es mit einer extrem unvorhersehbaren Volte zu tun, jemand ist ein Doppelagent, im Boot eine Bombe, und unter Wasser lauern harpunenbewaffnete Feinde, als wär's ein James Bond-Film!

Der Endkampf im Labor – teils Catchen auf der Matte, teils Prügelei – bietet wieder einen Zwergenwurf, diesmal in einen der Bildschirme, woraufhin der rotgewandete Kleinwüchsige sofort Feuer fängt – ein unsterblicher Moment. Dr. Zarkoff wiederum, den kümmert's nicht: Mit einer Unsichtbarkeits-Pille macht er sich aus dem Staub, für den Fall eines Fortsetzungsfilms.

Seit mal in einer Arte-Reihe zum Trashkino Santo und Blue Demon gegen Dracula und Wolfsmensch lief, ist das Genre der mexikanischen Wrestlingfilme denn doch nicht angekommen im bundesdeutschen Cineastendiskurs. Schade. Hat die Vorführung des noch weit phänomenaleren Los campeones justicieros in der Grindhouse-Reihe den Hype des Catcher-Actionmovies zu pushen vermocht? Man darf es bezweifeln, zu weit weg ist diese Spielart einer »Sportart«, die an sich schon auf schlechter Inszenierung beruht, was durch miese Regie und mieses Schauspiel in den dazugehörigen Ringkampf-Filmen mexikanischer Bauart nochmal gedoppelt wird. Dies wiederum natürlich soweit, dass wir direkt und ganz genau dahinein geraten, wo der Trashfilm die höchsten Gefühle entwickelt. Und das im übrigen bei einem Titel, der normaler nicht sein könnte: die »siegreiche Gerechtigkeits-Gang«, das ist die schlichte Aussage über die maskierten Helden des Films. Nichts Reißerisches, nichts Aufputschendes.

Blue Demon ist eigentlich ansonsten der Sidekick für Ringkampf-Ikone El Santo, der diesem ganzen Genre unweigerlich seinen Stempel aufgedrückt hat; doch hier schlägt sich der Blaue Dämon ganz wunderbar, ja eigentlich unübertrefflich, allein durch – der Arte-Film, in dem El Santo und Blue Demon sich mit einem Dracula- und einem Werwolf-Verschnitt auseinandersetzen müssen, ist nicht halb so komisch.

Und wir als Zuschauer wünschten uns, in Deutschland gäbe es ähnliche Filme, die reale Sportler in ganz großartig erhebende Heldenstellungen hinaufkatapultieren würden. Schließlich gibt es nicht wenige Sportarten, in denen Deutschland traditionell Weltmarktführer ist: Das ginge vom Dressurreiten – welche Möglichkeiten für Verfolgungsjagden! – über das Fechten – diese Kämpfe, die ich imaginiere! – bis zum Fußball – Bayern und Dortmund treten sich gegenseitig in den Arsch! Wo ist der Autor, der hier stimmige Stories ersönne, wo der Regisseur, der aus Helden des Sports Helden der Leinwand machen wollte?

Willie Dynamite

USA 1974. Regie: Gilbert Moses.

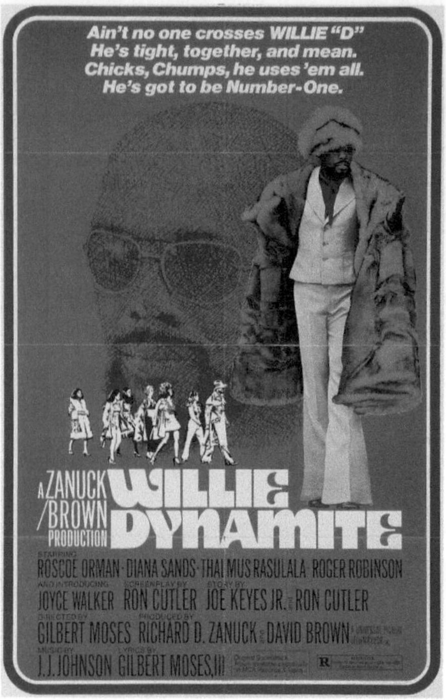

Purpurmantel wie ein überkandidelter König, goldenes Gewand, auch mal ein weißer Strampelanzug: Modisch lässt es Willie Dynamite krachen. Der Titelheld ist ein Pimp, wie er im Buche steht, und das muss er zeigen. In keinem der bisherigen Blaxploitations in der Grindhouse-Reihe war die Kleidung so sehr als Statussymbol inszeniert. Willie muss sowas tragen, und ein Blick in seinen begehbaren Kleiderschrank zeigt, dass er durchaus noch mehr Auswahl hätte. Seine Gewänder sind so was wie seine Uniform, seine Arbeitskleidung, ohne die er nicht aus seinem Haus kann. Ebenso sein grün-goldener Straßenschlitten. Man muss zeigen, was man ist, was man hat, sonst ist man nichts und hat bald nichts mehr.

Willie Dynamite hat, wie uns der Titelsong verrät, »seven women in the palm of his hand«, die für ihn anschaffen. Er hat sie aus der Gosse geholt und damit an sich gebunden, jetzt bietet er ihnen als Arbeitsplatz ein Luxushotel, als Klienten Geschäftsleute, die sich abends, weit weg von zuhause, ein bisschen entspannen wollen. Ein Aufstieg, das flüstert er seinen Miezen immer wieder ein, sie sind Teil eines Produktionsprozesses, wie am Fließband, müssen Umsatz schaffen, und dafür haben sie diverse Annehmlichkeiten wie Sicherheit, Willies Zuneigung und einen Einigermaßen-Anteil am Erwirtschafteten. »Wir sind schließlich Kapitalisten!«, ruft Willie beim Spitzentreffen der Zuhälter-Funktionäre von New York, als ein Konkurrent den Vorschlag macht, sich zusammenzutun, die Stadt aufzuteilen, füreinander einzustehen. Eine Art Kartell wäre das; oder, andersherum: die Einführung des Sozialismus in die Prostitution. Pfui.

Willie will die Nummer 1 sein, und er ist auf dem besten Weg dahin. Aber wie das so ist, kommt ein dickes **Aber**. Und zwar in Form einer engagierten Sozialarbeiterin. Bzw.: einer aggressiven. Wir lernen sie kennen im Bett mit dem stellvertretenden Staatsanwalt, sie ist neckisch und fordernd und frei, lehnt einen Heiratsantrag ab und schüttet Cola über den Geliebten, der nicht aus den Federn will. Und sie geht hart Willie Dynamites Geschäfte an, und deshalb geht sie Willie Dynamite selbst hart an. Sie war früher selbst Bordsteinschwalbe, das betont sie gerne, das gibt ihr *street credibility*, und mit dem scharfen Auge der gelernten Hure macht sie das schwächste Glied unter Willies angeketteten Weibern aus. Deshalb lässt Sozialarbeiterin Cora gezielt die junge Passion verhaften, dringt gezielt in das Domizil der Damen ein und versendet verbale vergiftete Pfeile, die den Nutten ihren sozialen Status und ihre Abhängigkeit klarmachen. Sie bricht bei Willie ein und kopiert seine diversen Sparbücher, und vor Gericht drängt sie sich Passion auf, als Hilfe, als Alternative.

Und für Willie geht alles den Bach runter. Sein stolzes Auto wird abgeschleppt, das ist ein Running Gag im Film. Er wird verhaftet, unter hanebüchenem Vorwand (»Du siehst einem Verdächtigen ähnlich: Mann in braunem Mantel«, heißt's – als Willie gerade seinen weinroten Umhang spazieren führt); Polizeibrutalität, Willkür, Durchsuchung ohne richterlichen Beschluss: reine Schikane. Und fies noch dazu. Mit tollen Dialog-Streitigkeiten zwischen Pimp und Cops, und mit einem Zuschauer im Zwiespalt: Willie Dynamite ist ein schlimmer Finger, ein Großprotz, arschlochiger Turbokapitalist, ein Ausbeuter weiblicher Körper, der alle Tricks der Psycho-Manipulation beherrscht, um seine Ladies bei der Stange zu halten; und wird zugleich von Polizei und Sozialamt böse und gemein behandelt, wie man es sich nicht vorstellen kann. Der wird vom Staat fertiggemacht! Mitleid? Aber ja!

Gut: Die schauspielerischen Leistungen im Film sind jetzt oft nicht soooo; Willy hat sieben Nutten, davon zwei als Sprechrollen, die anderen als darstellerische Null-Staffage. Der Filmschnitt ist auch, sagen wir: originell. Bzw. vielleicht auch ungelenk. Jedenfalls: Die Ausstattung ist fantastisch: Der überflamboyante Willie steckt in einer dreckigen Welt, die New York in den 70ern nun mal war, zwischen all den normalen Leuten, eine gelungene Dissonanz sind seine Kleider im Big Apple-Alltag. Und wie er von zwei Cops – die sich auch gegenseitig nix schenken, der eine ist schwarz und Moslem und wird vom anderen deshalb dumm angemacht –, wie Willie von den beiden angegangen wird, teils aus Langeweile, teils aus Bösartigkeit, teils aus persönlichem Hass; und wie Cora, die Sozialtante, das Gute für die Nutten will und dafür die fiesesten Mittel anwendet, wie ihr dann aber, als sie ihr Ziel fast erreicht hat, alles aus den Fingern gleitet und für ihren Schützling das Leben praktisch vorbei ist; wie ganz nebenbei die Story von Willie sich in der Story seines überdimensionierten Straßenkreuzers spiegelt, der nach vielerlei Abschleppen irgendwann ausgeweidet wird von den vernachlässigten Straßenkids, und auch in der Passion der Passion, die als unschuldige Hure alle Last tragen muss: Das ist unter einer Oberfläche, die Blaxploitation verheißt, richtig großes Kino.

WIE TOLLWÜTIGE HUNDE

COME CANI ARRABBIATI

Italien 1976. Regie: Mario Imperioli.

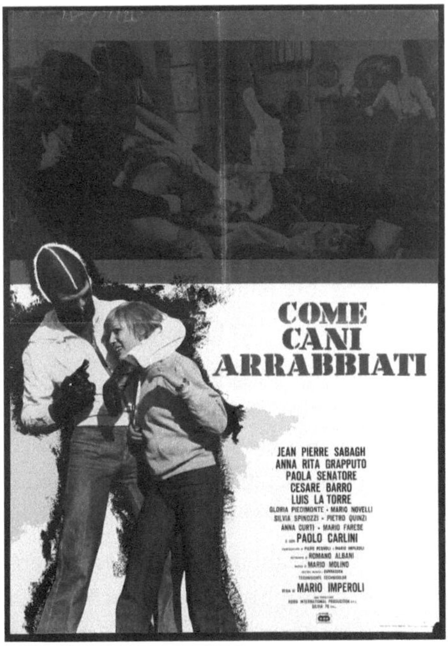

Ein Fußballstadion. Kein kleines. Zweite Liga, mindestens. Noch ist es leer. Zwei junge Männer setzen sich. Mützen auf dem Kopf, weiße Polyester-Sportjacken. Die Ränge füllen sich. Die Kamera schweift über die Zuschauer. Das Spiel beginnt. Gelegentlich fängt die Kamera zwischen Schwenks und Zooms Spielszenen ein, nichts Spektakuläres, keine Spielhöhepunkte, kein Tor des Monats; ansonsten die Zuschauer im Bild, immer wieder unsere zwei Protagonisten. Die stehen irgendwann auf, laufen durch die Katakomben, überfallen die Kasse, schießen einen Polizisten tot.

WIE TOLLWÜTIGE HUNDE ist ein Film, der lange verschollen war. Und der nun wieder aufgetaucht ist, zum Glück, muss man sagen: Er ist ein wirklich spannendes und ziemlich hochkarätiges Stück Kriminal- und Sozialkino, reingesetzt in die von gesellschaftlichen Spannungen und allseitiger Gewalt geprägten Gesellschaft des Italiens der 1970er. Drei Jugendliche stellt der Film uns alsbald vor, Studenten, reich, verzogen, gelangweilt. Der Anführer hat einen Papa, den er hasst, der sein Geld unsauber verdient, der von Erfolg spricht und davon, die anderen zu übertrumpfen mit allen Mitteln. Auf der Gegenseite ein Kommissar, der zwar ermittelt, der aber zugleich persönlich ein Arsch ist. Zwischendurch Verstörung:

Beispielsweise, wenn wir uns plötzlich in einem verdunkelten Raum befinden. Eine Frau zieht die Vorhänge auf, als Silhouette sehen wir im Gegenlicht ihren gewölbten Bauch. Dann steigt die Schwangere aufs Fensterbrett und stürzt sich runter, und – habe ich das noch richtig in Erinnerung: Ist der Sturz in subjektiver Kamera gefilmt? Ich kann's nicht mehr sagen, die Wirkung aber ist groß. Weil wir nun überhaupt nicht wissen, was hier passiert. Später wird in einem Dialog ganz *en passent*, quasi im Nebensatz, erklärt, dass die Selbstmörderin die Verlobte des ermordeten Polizisten sei, unehelich schwanger, Trauer und Schande...

Oder: Nach einem Überfall nehmen die drei eine Frau als Geisel. Die erwacht irgendwann in einem kargen Raum, kann sich befreien, kriecht voll Panik durch das scheinbar verlassene Gebäude, doch immer wieder Schatten bewaffneter Typen, sie kommt zu einer Tür, trifft auf eine Frau – aber von der wissen wir, dass sie eine der Täterinnen ist. Und dass sie der Lockvogel ist. Weil man einer Frau so was nicht zutraut. Jedenfalls haben sie die Geisel dann am Haken, reißen ihr die Kleider runter, doch nicht in sexueller Absicht: Einfach aus Spaß an der Demütigung. Und um Angst zu erzeugen. Bevor die drei Killer sie über die Badewanne beugen und ihr das Gehirn rausblasen.

Die drei Killer sind ein eingeschworenes Dreierpack. Zwei junge Männer, eine junge Frau, die das Leben als Spiel begreifen, das Töten als Spaß, und das Sexuelle zwischen ihnen als ironisches Schauspiel, das sie füreinander aufführen: Als es mal an einen Dreier geht zwischen ihnen, läuft das über Shakespeare-Zitate, die sie als Othello, Desdemona, Iago deklamieren, als Vorspiel für die eigentliche – uneigentliche – Sache.

Der Kommissar, auf der anderen Seite, ist gut (auch, wenn er aussieht wie das Morphingopfer zwischen Herbert Lom und Graham Chapman). Er hat bald seine Pappenheimer in Verdacht. Um den Beweis zu erhalten, greift er zu unkonventionellen Mitteln: Er hat nämlich eine Assistentin. Die ist jung und hübsch und sendet laufend Signale aus an unseren Herrn Kommissar, die der geflissentlich übersieht. Der freilich die Waffen dieser Frau zu nutzen versteht: Er verwandelt sie in eine Stricherin und schaut auch genüsslich zu, wie sie nuttige Kleider anzieht. Er ist halt schon auch geil auf sie. Aber er weiß auch: Die drei Kriminellen suchen sich die Nutten des Vaters aus, holen sie ab und killen sie. Also gibt sich die Polizistin als Daddys Lieblings-Bordsteinschwalbe aus, und schon hamwer die Täter...

Zugegeben: Dieser Plotzweig ist reichlich doof. Es ist zwar völlig klar, dass Papa Bonze irgendwie drin verwickelt ist – sein Geld wird gestohlen, seine Nutten umgebracht –, aber es muss ja noch andere Mittel geben, die Feinde des Ausbeuters zu finden. Nun ist die Assistentin, als Stricherin verkleidet, im Wagen mit den zwei Mörderjungs, die ihren Spaß mit ihr haben – und der

Kommissar kommt erst im allerletzten Moment... Hat die Assistentin nun genug von dem feinen Herrn Chef? Nein, sie lässt sich intim mit ihm ein. Und während der Polizeichef diverse Bestechungsangebote erhält und der Kommissar rumtappt, sich den Verdächtigen nähert, die blonde Killerin beim Autorennen beobachtet, mit dem Herrn Sohnemann beim Ausritt parliert, beschattet die junge, heiße Assistentin die Bösewichter, und zwar näher, als ihr lieb ist...

Mario Imperioli macht das sehr geschickt: Die, sagen wir, exploitativ-spekulativen Elemente der Story lässt er unter dem ständigen Rückbezug zur Realität verschwinden; das fängt mit dem tatsächlichen Fußballspiel vom Anfang an und hört bei den nebenbei einfließenden Kommentaren zur sozialen Situation nicht auf: Das Geld, das fehlt, die Politik, die sich nicht kümmert, die Ökonomie, die nur in die eigene Tasche wirtschaftet... Am Ende, ziemlich krass, haben wir eine Verfolgungsjagd. Und eine Demo wütender, enttäuschter Arbeiter. Und wenn der rücksichtslose Killer in diese Straße einbiegt, und in der Menschenmenge nicht weiterkommt, und nicht respektvoll ist, dann ist es das Ende, nicht nur des Films. Ein Film, der wie eine gelungene Mischung aus Clockwork Orange und Funny Games wirkt; und zwar durchdekliniert als Parabel zum Nationalsozialistischen Untergrund.

LASERKILL – TODESSTRAHLEN AUS DEM ALL

LASERBLAST

USA 1978. R: Michael Rae.

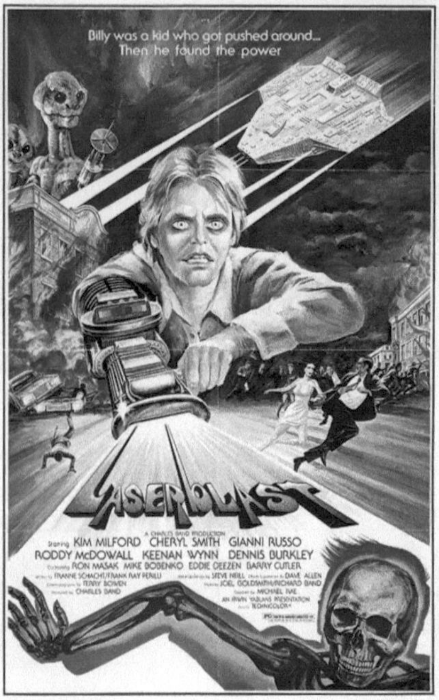

LASERBLAST: ein Melodram der Jugend, ein verkehrter Entwicklungsroman, der ins Verderben führt, eine Meditation über das Böse und die Rettung, die von außen kommen kann; und über den Preis, der bezahlt werden muss für das Wohl der, wie anzunehmen ist, gesamten Menschheit.

Billy hat eine Freundin, aber die hat einen bösen Opa, na ja, böse: Er ist verwirrt, ein Schwätzer, ein Verschwörungsdenker, der Billy fortjagt, weil er ja auch nur einer von denen ist. Mit Kathy muss sich Billy also anderweitig treffen, am malerischen Picknickplatz, wo Billy es schön romantisch einrichtet. Aber Billy ist sowieso anders als die anderen, wird von zwei Polizisten schikaniert und von den Orts-Bullies beschimpft. Und zwar, weil er aus reichem Hause kommt und sich manchmal komisch benimmt. Dieses komische Benehmen sehen wir nicht, müssen es aber glauben, weil der Dialog es so will. Seine Mama muss immer mal wieder nach Acapulco und lässt ihn allein, und er muss immer mit freiem Oberkörper rumlaufen.

Die Polizei kifft, Gras genug wird ja konfisziert, und das sind die beiden lustigen *comic reliefs* im Film: Dick und doof sind die Bullen, weil die immer alles ziemlich falsch machen und der Dicke dem Doofen immer das Essen wegisst. Hihi. Die jedenfalls haben ein scharfes Auge auf Billy geworfen. Und zudem beschimpfen ihn zwei jugendliche Grobiane in ihrem Cabrio und sagen »Arschloch« und vergewaltigen mal fast Cathy. Eine Prügelei entspinnt sich, und dann scheidet man unentschieden.

Aber in der Nacht, da... Doch halt. Ich möchte zunächst am Anfang beginnen. Da rennt nämlich eine zombieähnliche Gestalt durch die kalifornische Wüste. In der Hand: eine Laserkanone. Das ist so eine Art Plastik-Ofenrohr, in das man seinen Arm reinsteckt, und vorne dran ist so was wie ein Auspuff in Handstaubsaugerform, und daraus schießt es Laserstrahlen. Und deshalb gibt es einen Kampf mit Aliens. Jawoll, mit Aliens: die perfekten *scene stealers* in diesem Film, man wartet immer drauf, dass die wieder auftauchen! Die Außerirdischen sehen aus wie Schildkröten ohne Panzer, sie haben kleine, aber mächtige Laserpistolen, und sie sind in Stop Motion animiert. Das ist ganz, ganz toll, herzallerliebst! Allein, dass sich jemand die Mühe gemacht hat, diese Außerirdischen zu kreieren und aus Knete oder sonst was zu basteln und dann auch noch Bild für Bild zu bewegen! Und diese Aliens und der Zombietyp schießen aufeinander, und dann verbrennt der Zombietyp zu Asche.

Später dann fährt Billy, in seiner sexuellen Frustration und in seiner vom Film behaupteten Teenager-Einsamkeit (bei der man nicht vergessen darf, dass der Billy-Darsteller schon auf die 30 zugeht!), jedenfalls ist er in der Wüste und findet den Laser-Ofenrohr-Auspuff. Und mit dem spielt er rum wie ein kleines Kind mit der Faschingspistole, aber immerhin, das ist dem Film zugute zu halten, ruft er nicht »Piffpaff«. Sondern findet beim Aschehaufen des zuvor von den Aliens Gehetzten so eine Art Fahrradkette, an dem so ein metallischer Hoden bommelt, der im Dunkeln übrigens blinken kann. Das hängt er sich um den Hals, und zu seinem (und unserem) Erstaunen schießt jetzt die Laserkanone. Weil das ist außerirdische Technologie: Man muss so ein Funk-Ei um den Hals tragen, damit Energie entsteht.

So, wieder zurück, beziehungsweise voraus, denn nach der Poolparty mit der Beinahevergewaltigung schießt Billy mit seinem Laserstrahl das Auto der beiden Bösewichter zusammen. Und er sieht dabei aus wie ein Möchtegern-Alice Cooper!!! Was Energie in den Laser schleust, erzeugt offenbar auch heftiges Gesichts-Makeup. Und wir bekommen das Leitmotiv des Film zu erleben: große, schöne Explosionen. Und was für welche! Andauernd! Der Pyrotechniker muss ein Workaholic sein! Billy lässt es sich nicht nehmen, Nacht für Nacht seinen inneren Alienzombie rauszulassen und auf Zeug zu schießen. Zum Beispiel auf den Doktor, der ihn behandelt hat: Denn das bommelnde Ei hat auf seiner Brust eine Wunde hinterlassen, in die eine außerirdische Metallplatte aufgeklebt ist, die der Arzt rausoperiert und um Mitternacht ins Labor bringen will – wieder geht ein Auto hoch. Oder die beiden depperten und bösartigen Polizisten – ein Glück sind die gerade bei einer Tankstelle, da gibt's noch mehr und noch größere Feuerbälle!

Kurz und gut: Billy wird böse, und tagsüber weiß er nichts davon. Die Aliens im Weltraum kriegen das mit, weil ihr Boss ihnen per Alien-Skype zeigt, was in der Wüste vorgeht: Und wieder bekommen wir Einblicke in avancierteste Alien-Technologie, denn was auf dem großen Infobildschirm im Raumschiff erscheint, das sind die Bilder des Films, wie Billy mit dem Lasergewehr in der Wüste rumspielt. Die können offenbar das Bildmaterial vom Schneidetisch der späteren (!) Postproduktion abzapfen und direkt aufspielen, so dass im Film der spätere geschnittene Film auftaucht, ein unglaublicher Paradoxon-Effekt, und wir würden uns nicht wundern, wenn die Aliens die Quadratur der eierlegenden Wollmilchsau in dutzendfacher Lichtgeschwindigkeit durchführen könnten. Im Quantenuniversum.

Jedenfalls: Washington ist ja auch noch da. Wir haben also nichts zu befürchten. Der geschniegelte Mann in seiner schwarzen Limousine ist von, wahrscheinlich, FBINSACIA und er weiß Bescheid. Er verfügt auch über die natürliche Autorität, den örtlichen Sheriff sofort strammstehen zu lassen. Er hat Billy bald im Blick, die Aliens auch, und sie alle wollen nur helfen. Nämlich verhindern, dass Billy seinen Amoklauf ungehindert fortführt. Er schießt auf Briefkästen und Telefonhäuschen und auf Autos und auf Häuser und freut sich dabei so sehr, dass alle Klischees des Horror-Buckligen in ihn zusammenfallen – er ist ja jetzt dauerhaft so ein Zombie-Geschöpf, und Cathy ist deshalb traurig.

Ende des Films.

Ach ja: Produzent Charles Band hat damit kokettiert, dass der Film quasi nix gekostet habe. Das können wir nicht glauben. Benzin oder was immer da dauernd explodiert hat auch in den 70ern ein paar Cent gekostet. Im Übrigen blafft der dicke Polizist einen der Bullies – der von Laser redet – an, dass der wohl zu oft Krieg der Sterne geguckt hat. Und Billy zerschießt ein Star Wars-Werbeplakat. Das ist lustig.

MANIAC COP

USA 1988. Regie: William Lustig.

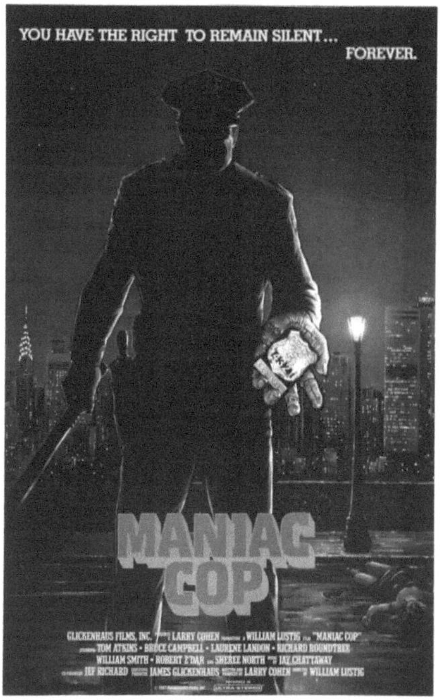

Zeit, einmal nachzudenken über den Begriff des Reißerischen. Der begleitet ja die Trash-/Grindhouse-/Exploitationfilme seit jeher, ja, macht sie per definitionem aus. Was wird beim Reißerischen gerissen? Die Latte? Das wäre ja schon fast schlüpfrig, aber vielleicht kommen wir gerade so drauf: Ist das Reißerische das, was auf unsere »niedrigen Instinkte« zielt? Das Voyeuristische, das Gewalttätige, das ansonsten Tabuisierte macht natürlich das Grindhouse-Kino aus. Aber eben in unterschiedlichem Maße. Und Tarantino nimmt das auf, und es ist Kunst. Oder Kurosawa. Oder Scorsese. Oder Melville. Oder Bergman. Gewalt – oder auch Sex – sind also nicht per se Kennzeichen des Reißerischen, des Exploitativen, eher, sagen wir, der Selbstzweck – auch so ein Schlagwort fürs Grindhouse-Kino. Selbstzweck: Ist nicht alles, was in einem Film vorkommt, Selbstzweck: Bezweckt nichts anderes, als in genau diesem Film vorzukommen? Mit dem Genaunehmen der Begrifflichkeiten kommen wir wohl nicht weiter. Selbstzweck: Das ist also das Aufnehmen eines Motivs – nackte Brüste oder blutig zerstückelter Torso – in den Film mit keinem anderen Zweck, als den Zuschauer aufzugeilen: sexuell oder in sonst einem Begehren: nach Männlichkeit, nach Befriedigung seiner Gewaltfantasien. Freud kommt auf: Eros und Todestrieb, konzentriert und gebündelt im Ausbeutungsfilm.

Selbstzweck: Wer definiert das? Der Zuschauer. Aber wohl kaum der Zuschauer, der dem Selbstzweck, also der Befriedigung seiner libidinösen oder brutalen Triebe, erliegt. Der »mündige«, der »aufgeklärte« Beobachter. Ist das gleichzusetzen mit dem Sittenwächter? Zensurgeschichtlich auf jeden Fall. Was da oftmals mit hanebüchenen Begründungen angemahnt oder gar verboten wurde... (Ich bin glücklicher Besitzer der des Buches *6000 Filme*, die Auflistung der Filme, die die katholische Filmkommission in den 50ern bewertet und oft genug verworfen hat...! Vom Jugendschutz in den 80ern gar nicht zu reden.) Aber zum Glück gibt es auch zugewandte Beobachter: Die innerlich mitgehen und geistig sich distanzieren, die begutachten, analysieren, bewerten. Die sich mit den Filmen beschäftigen. (Ich selbst bin da nur ein kleinstes Licht.) Man kann sich erfreuen, seinen Trieben freien Lauf lassen, ist schließlich alles schön fiktiv und auf die Leinwand gefesselt; und kann dabei drauf schauen, was das Gesehene filmisch ausmacht: Filmgeschichtlich, genrespezifisch, zeitgeistlich.

Wenn nun der Selbstzweck, wie vage auch immer, auf das Zeitgeistliche verweist – beispielsweise Blaxploitation auf die Bürgerrechtsbewegung, Sexploitation auf die Liberation der Libido, Nazisploitation auf den Muff von tausend Jahren unter den Talaren –, dann ist er plötzlich kein Selbstzweck mehr, sondern so eine Art soziologischer Seismograph. Ex negativo, von mir aus.

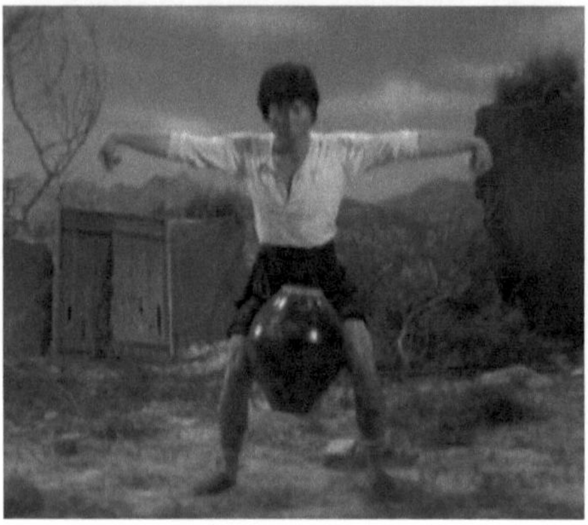

MONKEY KUNG FU

Der Punkt ist: Es ist nicht so einfach mit dem Reißerischen, dem Selbstzweck, dem Grindhouse. Wobei andererseits: Manche Filme, die ab und an im Cinema Quadrat-Grindhouse-Double-Feature laufen, sind denn doch eindimensional. Unterhaltsam, das sicher: Aber in sowas wie MONKEY KUNG FU (aka HURRA, DIE KNOCHENBRECHER SIND DA aka CHO LUNG MA LIU aka STROKE OF DEATH, Hongkong 1979, Regie: Mar Lo) ist Handlung auf alle Fälle wurscht. Es geht halt vor allem um höchst akrobatische Martial Arts, die direkt aus dem Zirkus stammen könnten – Affentechnik meets Geier- und Betrunkenenstil, wenn zwei aus dem Gefängnis Ausgebrochene es mit dem Gibbon-Clan aufnehmen: Das hat was von der guten alten »Robert und Bertram«-Story. (Wobei Obacht: Die Millowitsch-Torriani-Filmversion von ’61 unbedingt meiden, und die von 1939 ist der üble Versuch einer antisemitischen Propaganda-Komödie; bemerkenswert unlustig noch dazu... Ich empfehle ja immer die 1915er-Erstverfilmung von Max Mack, in der neben den lustigen Vagabunden auch Ernst Lubitsch mitspielt. Aber das gehört nicht hierhin.)

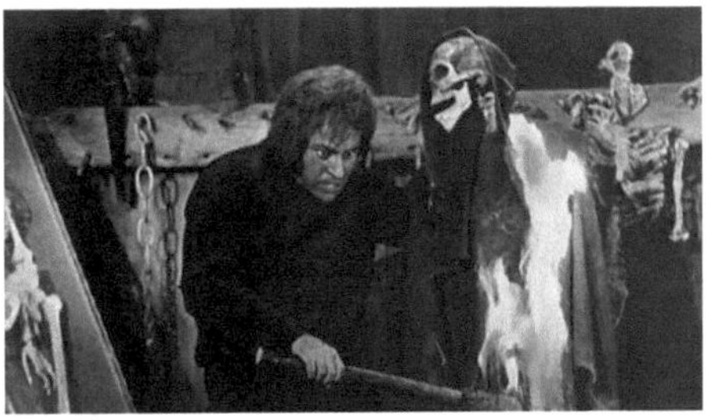
Die Stunde der grausamen Leichen

Oder: Mit El jorobado de la morgue (aka Die Stunde der grausamen Leichen, Spanien 1973, Regie: Javier Aguirre) hat Paul Naschy – Drehbuch und buckliger Hauptdarsteller – einen billigen Frankenstein-Abklatsch gedreht inklusive brennender Ratten und einem per Menschenfraß gentechnisch kreierten Urzeitmonster, das aussieht wie ein in Gummi gewickelter Komparse. Interessant: Spielt im bayrischen Flecken Feldkirch, wohl, weil Frankenstein persönlich ja aus Ingolstadt kam... Ansonsten aber halt doch eher Wegwerfware, bzw. Guck- und Genieß- und Abhak-Ware.

In derartigen Fällen sind Grusel und Kungfu tatsächlich Selbstzweck. So wie Zirkus oder Geisterbahn auch nichts anderes bedeuten wollen als sich selbst.

Ganz anders bei anderem. Da haben wir beispielsweise, zum Abschluss dieses kleinen Büchleins, zwei Filme mit Untoten, die eigentlich doch keine sind. Untote sind ja die Fantasiegestalten, in die der Filmemacher ungefähr alles reinprojizieren kann. Hier aber: Nur scheinbar tot! Das macht das Ganze schon mal interessant. Und dann haben wir eben in Maniac Cop von William Lustig eine junge, schöne Frau in einem durch und durch verkriminalisierten New York, und sie kann sich gegen zwei puertoricanische Handtaschenräuber mit aller Kraft wehren und rennt dann auf einen Uniformierten zu: »Officer, Officer!«, das sind ihre letzten Worte. Mit ungeheurer Kraft nimmt der ungeheuer große Polizist sie am Hals, hebt sie hoch, sie ist tot. Das ist der Anfang einer heftigen Mordserie, die die Stadt erschüttert. Und weil ein Cop – der weiße Schnurrbart zeigt seine Erfahrenheit an – ahnt, dass ein echter Polizist der Täter ist, leakt er das an die Presse. Und eine Ebene der Medienreferenzen tut sich auf, denn nun werden die Toten in den Nachrichten gemeldet, und alle Welt fürchtet sich vor allem, was uniformiert ist. Eine Hysterie, die in Einklang steht mit der filmisch etablierten Atmosphäre eines New York im Ausnahmezustand, zwischen Verbrechen und Polizeigewalt: Der Film stammt aus den 80ern, der Big Apple voll von bösen Würmern war, die irgendwie auszutreiben sind. Was sich freilich rückwirkt auf die Befindlichkeiten, dieser Film zeigt es, und er legt den Finger in die Wunde: Die Verunsicherung in den Reihen der Polizei ist nicht geringer als die Verunsicherung der Bevölkerung, weil nie klar sein kann, aus welcher Ecke das Kriminelle kommt.

Dann werden plötzlich Szenen einer zerfallenden Ehe gezeigt, ein Polizist, groß genug, um der Mörder zu sein, wird von seiner Frau (im Nachthemd) durch die Straßen verfolgt, weil sie ihm nicht traut – bzw.: weil sie ihm alles zutraut. Und dann, lediglich: eine Affäre, in einem billigen Motel. Wütend zieht die gehörnte Ehefrau ab, und dann wird sie von bekannt muskulöser Hand in einen Wagen gezogen. Und tags drauf tot im Motelbett gefunden. Und die Polizei, die schnelle Aufklärung liebt, mehr noch als die Wahrheit, die hat in ihrem Ehemann den gefunden, den sie als den Killer hinstellen kann. Nur ist da noch besagter erfahrener Cop. Und eine Frau mit Gehkrücke. Und am Pier 14 dieser Hüne, der rachsüchtige Bösewicht, der ungefähr alles überleben kann. Und so spitzt es sich zu, ein ganzes Polizeirevier wird massakriert, die St. Patricks-Parade beinahe zur Killerkatastrophe – das ist alles zwar in B-Film-Manier gefilmt, aber herausgesogen aus den Straßen von New York, nicht unähnlich dem TAXI DRIVER, Urbild des Stadtgewaltfilms.

Am Ende dann ein erstaunlich großartiger Stunt, ein Gefängniswagen der Polizei fällt mitsamt durchstoßenem Killer und dem Helden auf dem Trittbrett in den Hudson River, und nein: Das ist keine Puppe, die im Stürzen vom Auto abspringt, das ist ein tatsächlicher Mensch! Doch gerettet ist erstmal niemand, die Unsicherheit geht weiter im Hinweis auf das Sequel, das Lustig denn auch pflichtschuldig zwei Jahre später drehte.

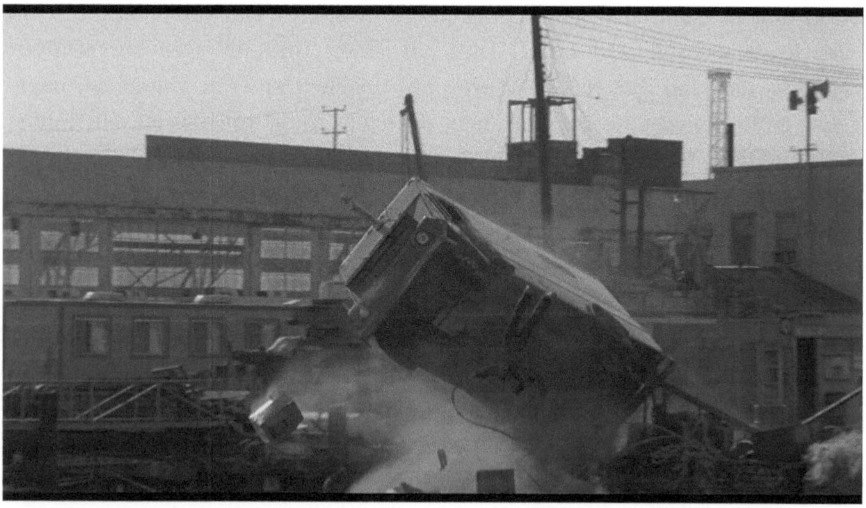

Was nun erhebt MANIAC COP über die »Knochenbrecher« oder die »grausamen Leichen«? Nun: Durch seinen Film, so wahnsinnig er sein mag (der Bösewicht ist ein Ex-Polizist, der in Sing Sing beinahe hops ging und nun, nach seinem Nahtod, übermenschlich wirkt!), legt Lustig seine Fantasie über die urbane Gewalt getrost in die Welt, wie sie wirklich ist. Die Realität schimmert durch, hinter der Polizeifilm-meets-Horror-Fiktion. Eine Philosophie wird sichtbar, krude vielleicht, oder vage, aber fatalistisch genug, um wahrhaftig zu wirken und die Menschen anzusprechen.

PATRICK

PATRICKS HÖLLENTRIP – EINE REISE IN DIE EWIGKEIT

Australien 1978. Regie: Richard Franklin.

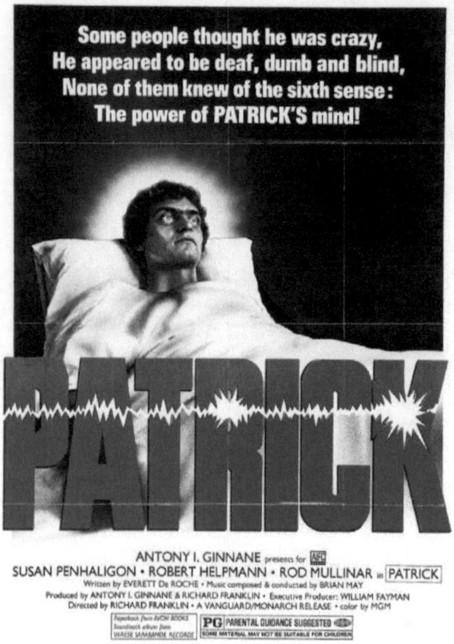

Lustigs MANIAC COP-Überbau ist freilich noch gar nichts ist gegen den Australier Richard Franklin, dem es 1978 in PATRICK gelingt, die »Tommy«-Story der Who ins Grauen zu überführen und dabei THE SHINING vorwegzunehmen.

Ein tauber, stummer/dummer, blinder Junge liegt im Krankenhausbett, völlig karthatisch, ohne sichtbare Regungen, scheinbar ohne Sinneswahrnehmung. In einem ruhigen Land der Vibrationen hat er Gedanken, so kühn, wie Gedanken nur sein können: Die Krankheit wird sicherlich seinen Verstand erreichen, und er spielt zwar nicht Flipper, aber dafür mit allen Gegenständen, die seine Gedankenmacht erreichen kann. PATRICK ist ein Telekinesefilm, das ist ja schon mal selten. Ein Film, der reingeht in die Gedankenkraft seiner Titelfigur, die die allermeister Zeit regslos, mit weit geöffneten Augen, im Krankenhausbett liegt. Und die dennoch ihre Umgebung manipuliert. Wie, glaubst du, macht sie das? Ich weiß es nicht!

Ihn sehen, ihn fühlen, ihn berühren, ihn gar heilen: Das funktioniert nicht. Die neue Krankenschwester Jacquard tut ihr Bestes, ist einfühlsam, streichelt Patrick die Wange. Mit dem Ergebnis, dass er spuckt. Seine Art der Ejakulation, wie man annehmen muss. Seine einzige Art, sich auszudrücken. Das aber, aus Zuneigung (oder Begierde? Oder Obsession?), sehr deutlich: Denn Schwester Jacquard gelingt es tatsächlich, mit dem komatösen Patienten zu interagieren. Einmal spucken: Ja. Zweimal spucken: Nein. Und dann tippt die Schwester auch noch in Trance seine Gedanken auf die Schreibmaschine…

Was hier, in der schnellen Zusammenfassung, krude und durcheinander wirken mag, entwickelt der Film mit langsamer, zwingender Stringenz. Und genau das macht ihn aus: Wie er einerseits den privaten Trouble der Krankenschwester zeigt, die sich von ihrem Mann getrennt hat und sich einem Playboy-Arzt zuwendet – und andererseits tut sie ihre Pflicht bei den täglichen Schichten mit dem Patienten Patrick, der reglos und anscheinend hirntot dahinvegetiert, seit drei Jahren. Zuvor, am Anfang des Films, das Schockerlebnis für ihn: Die Mutter, die mit einem Mann rummacht, ohne an Patrick im Nebenzimmer den kleinsten, lusttötenden Gedanken zu verschwenden. Der daraufhin den beiden in der Badewanne den Garaus macht. Und sich in sich selbst verschließt. Vermutlich, der Film legt es nahe, in ultimativem Narzissmus. Vielleicht aber auch das Opfer langjähriger Vernachlässigung? Oder das Böse an sich?

Patrick jedenfalls, der weder Körper noch Geist mehr ist, begehrt seine Krankenschwester. Und manipuliert per Gedankenkraft ihr Leben, vor allem ihr Liebesleben. Ihr Liebesleben zwischen zwei Männern, anderen Männern als Patrick: Das ist das Problem. Psychoanalytiker sollten sich diesen Film mal vornehmen, da haben sie wahrscheinlich alles, was Freud sich jemals hat träumen lassen! Wo William Lustig im MANIAC COP die Ängste und Unsicherheiten veräußerlicht, da setzt Franklin ganz auf das Innerliche: Die Kraft des Verstandes, geschärft, weil nichts anderes mehr funktioniert, dahingehend, dass mit dem Geistigen physische Aktionen möglich sind. Den Playboy-Arzt im Swimming Pool unter Wasser festzuhalten, zum Beispiel. Oder dem Ex-Mann die Hände zu verbrennen. Oder Schreibmaschinenbuchstaben zu bewegen. Oder. Oder. Oder. Es steigert sich, das hat ein Film so an sich. Aber es ist von Anfang an unheimlich – auch das im freudschen Sinne: un-heimelig –, und zusehends werden menschliche Verhaltensweisen von Mitgefühl oder Nächstenhilfe unterwandert und subversiv abgetragen. Nicht nur, weil Patrick bei der Liebe der Krankenschwester Agape mit Eros verwechselt, bewusst, wie einem scheinen kann, auch, weil die Oberschwester gleich zu Anfang klar macht, wie fräuleinrottenmeyerhaft kaltblütig sie ist, sich ins Privatleben einmischt und alles andere als barmherzig handelt.

Und wenn diese Oberschwester in ihrer roten Tracht vor grün gemustertem Teppichboden von oben gefilmt wird, wie sie versucht, in Tommys, Verzeihung: Patricks Krankenzimmer einzudringen, dann hat das was von den labyrinthischen Fluren des Overlook Hotels. So, wie Patricks starre Augen die von Alexander DeLarge sind, während der hirnzerfressenden Ludovico-Therapie.

Patrick hat nichts Grelles. Patrick ist wie Patrick: Scheinbar bewegungslos, aber mit größter Wirkung. Das hat Richard Franklins Koma-Horror dem Maniac Cop voraus, der auch mal auf seine heftigen Szenen setzt, auf das krasse Zeigen von Gewalt und auf die Action. Was ja klar ist, weil es sich um einen Killer-Thriller handelt.

Was kann dies alles nun aussagen? Kommen wir weiter in unseren Überlegungen? Klar ist, dass diese Filme ihre je eigenen Philosophien haben. Sind die auszuformulieren, in Worten? Oder nur in Film auszudrücken, in einer Form, die interpretativ unklar bleibt und doch Ahnungen hervorruft? Vielleicht ist das ja das Geheimnis, das die Grenze zwischen Trash aka Selbstzweck und B-Movie aka verkanntes Kunstwerk ausmacht: Dass das Reißerische auf der anderen Seite nur die Hirnareale aufreißt, die sonst für Körpersäfte zuständig sind, für Blut- und Spermafluss, und die im Sinne des Kultur- und Zivilisationsprozesses besser unterdrückt bleiben. Und bei Filmen der »höheren Kategorie« wird das Hirn rechts- und linkshälftig aufgerissen, zueinander gedrückt, ineinander verschoben, so dass sich Assoziationen ergeben, die das Psychologisch und Philosophische erreichen, zumindest ansatzweise, zumindest… Die etwas aussagen über den Menschen, über das Böse und über das Gute, das über Banalitäten hinausgeht: Eben nicht hanebüchen zwei Holzstücke zusammenfügen, um weitere Bösewichter vermöbeln zu

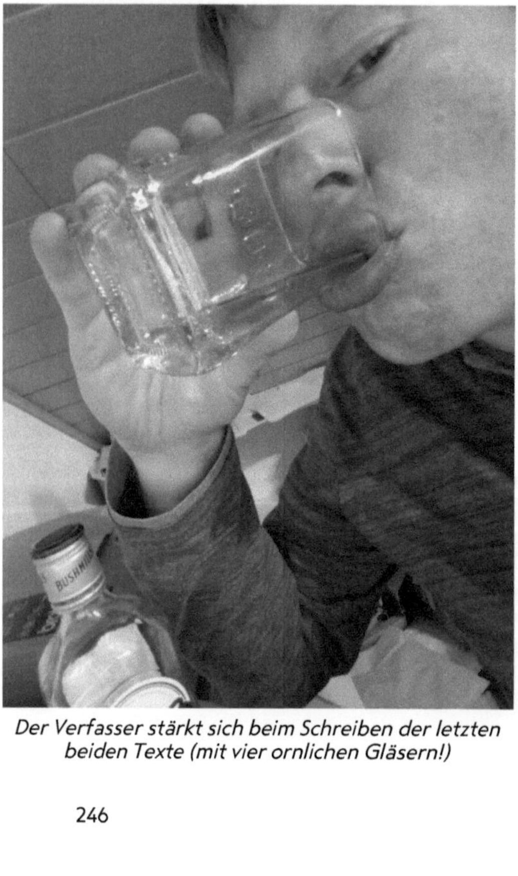

Der Verfasser stärkt sich beim Schreiben der letzten beiden Texte (mit vier ornlichen Gläsern!)

können, wie im Hongkongaknochenbrecherfilm, oder einen Mad Scientist den buckligen Diener schöne Frauen killen lassen wie im Paul Naschy-Vehikel. Sondern, ob gewollt oder nicht, etwas aussagen über die Conditio Humana: Im New York der Dauerkriminalität oder im Spinnennetz der menschlichen Beziehungen, auch, wenn die rein über Gedankenkraft gelenkt werden.

Bilderverzeichnis

Django – Unbarmherzig wie die Sonne: Adria Filmverleih | Der Tote kehrt zurück: Alameda Films | Die Grausamen: Alba Cinematografica | Communion: Allied Artists | Jessy – Die Treppe in den Tod: Ambassador Films | Jäger des tödlichen Jade: Avis Film | Chikago Poker: American International Pictures | Frauengefängnis; Das Haus an der Friedhofsmauer; Mad Foxes – Feuer auf Räder; Der Mann mit der Stahlkralle; Savage Streets: Ascot Filmverleih | Patrick: Australian International Film Corp. | Das Frauenhaus; Häutet sie lebend – Unternehmen Wildgänse: Avis Filmverleih | Die Bestien: Beate Uhse Filmverleih | Sexualrausch: Boxoffice International Film Distributors | Love Rebellion; The Texas Chainsaw Massacre 2: Cannon Films | Dr. M schlägt zu: CCC Filmkunst GmbH | Kesse Mary – Irrer Larry; Wild Beasts: 20th Century Fox | Laserkill – Todesstrahlen aus dem All: Charles Band Productions | Los campeones justicieros: Cinematografica Grovas | Gamera gegen Barugon; Fluchtweg St. Pauli – Grossalarm für die Davidswache; Frankenstein – Der Schrecken mit dem Affengesicht; Panik im Tokio-Express; Frankensteins Todesrennen; Zinksärge für die Goldjungen: Constantin Film | Ein Mann wird zum Killer: Cosa Nueva Productions | Brennende Rache: Cropsy Venture | Black Shampoo; The Twilight People: Dimension Pictures | Halloween III – Die Nacht der Entscheidung: Dino De Laurentiis Corporation | Intruder: Empire Pictures | Operation Eastern Condors: Eyecatcher Movies | Das Kommando der Frauen: Feature-Faire Productions | A Lizard in a Woman's Skin: Fida Cinematografica | Hydra – Verschollen in Galaxis 4: First Leisure | Maniac Cop: Glickenhaus Films, Inc. | Das Grauen kommt nachts: G. R. P. Cinematografica | Frauenlager der Ninja: Filmark International | Im Augenblick der Angst: Filmwelt | Das zehnte Opfer: Interfilm | The Six Thousand Dollar Nigger: International Cinema Inc. | Die Stunde der grausamen Leichen: Janus Films | Madman: Jensen Farley Pictures | Mosquito der Schänder; Die Nacht der reitenden Leichen; Sternenkrieg im Weltall; Weltkatastrophe 1999?; Woodoo – Die Schreckensinsel der Zombies: Jugendfilm Verleih | Die Gewalt bin ich: Medusa Distribuzione | Alien – Die Saat des Grauens kehrt zurück; Blutmesse für den Teufel: Mercator-Filmverleih | In the Folds of the Flesh: M.G.B. Cinemapografica | Im Fieber der Lust: Neue Fortuna | Der Krieger und die Hexe: New Horizons Picture Corp. | Nackte Fäuste – Die tödliche Karatelady; Gib Gas... und lass dich nicht erwischen: New World Pictures | Die Exekution: Nikkatsu | Dracula jagt Frankenstein: Omnia Deutsche Film Export GmbH | Ein Bulle sieht rot: Parafrance Films | Five Dolls for an August Moon: Produzioni Atlas Consorziate | Blood Rage: Prism Entertainment Corporation | The Devil's Sword: Rapi Films | Die Säge des Todes: Residenz Film / Bauer Media Group | Wie tollwütige Hunde: Roma International Production | Das Schwert des gelben Tigers: Scotia Deutschland | Monkey Kung Fu: Shaw Brothers | Hölle hiner Gittern: Splendid | Der Mann auf dem Dach: Svenska Filminstitutet | Curse of the Dog God; Jeans Blues: No Future: Toei Company | Wenn es Nacht wird in Manhattan: United Artists | Willie Dynamite: Universal Pictures | Die Kleine mit dem süssen Po: Victoria Film | Bruce Lee – Der Unbesiegte: Vikings Films | Ninja – Die Killer-Maschine: Warner-Columbia | Hi-Riders: World Amusement Company | Flashman: Zenith Cinematografica | Apotheken-Umschau: Wort & Bild Verlag | Besoffenes Selfie: ich selbst

Sollten trotz aller Bemühungen nicht alle Rechteinhaber gefunden oder aufgelistet sein, bittet der Verlag um Rückmeldung.